尋求歷史的謎底

——近代中國的政治與人物

上　冊

文史哲出版社印行

國立中央圖書館出版品預行編目資料

尋求歷史的謎底：近代中國的政治與人物／楊
天石著. -- 初版. -- 臺北市：文史哲，民
83
　　冊；　公分
　　ISBN 957-547-908-4(上冊：平裝). -- ISBN
957-547-909-2(下冊：平裝)

1. 中國 - 歷史 - 晚清(1840-1911) - 論文
講詞等　2. 中國 - 歷史 - 民國1-38年(1912-
1949) - 論文,講詞等

627.607　　　　　　　　　　　　　　　83012010

尋求歷史的謎底（上冊）

——近代中國的政治與人物

著　　者：楊　　　　天　　　　石

出版者：文　史　哲　出　版　社

登記證字號：行政院新聞局局版臺業字五三三七號

發 行 人：彭　　　　正　　　　雄

發 行 所：文　史　哲　出　版　社

印刷者：文　史　哲　出　版　社

　　　　臺北市羅斯福路一段七十二巷四號
　　　　郵撥○五一二八八一二　彭正雄帳戶
　　　　電話：（○二）三五一一○二八

實價新台幣 四二○元

中 華 民 國 八 十 三 年 十 二 月 初 版

序　　一

　　人們在讀史時，大抵都會遇到一些使人感到困惑而又無法回避的「謎」。這些「謎」的產生，有種種不同的原因：或者是由於史籍對某些關鍵問題語焉不詳，令人難以索解；或者是由於某些記載失實，又復以訛傳訛，轉使眞相漸泯；或者是由於數說並存，各執一是，令人不知所從；還有的是由於情況複雜，各種因素交相作用，撲朔迷離，一時不易作出確切的判斷；至於有關當事人出於某種需要，有意無意地掩蓋事實眞相，甚至歪曲和僞造歷史，自然更增加了混亂。

　　這些「謎」往往激起讀史者的極大興趣，力圖撥開重重謎霧，找出歷史的謎底所在。這不僅由於人們總是渴望解開頭腦中存在的種種懸念，而且因爲只有先弄清歷史的眞相，才談得上進一步探索各個歷史事實之間的內在聯繫，給予科學的解釋，並引出足資借鑒的經驗教訓。否則，從那些模糊不清以至失實的記載出發，得出的結論只會將人引入歧途，離眞知越來越遠。那樣的歷史研究，便毫無價值可言。

　　但是，要眞正解開歷史的謎底又談何容易。如果事實俱在，一眼便能看清它的底蘊，也就不成其爲謎了。何況有些歷史上的關鍵事件往往相謀於密室，當世已鮮爲人知，事後又屢經塗飾，後代人要找出確據，通過嚴密的論證，使眞相大白於天下，自然更非易事。它不僅要求治史者具有淵博的知識，廣泛涉獵浩如煙海的史籍，搜羅以往沒有被人注意的重要史料，而且需要具有清晰而縝密的頭腦和犀利的識見。沒有這樣的條件，縱然有重要史料放在那裏，也可能因不認識它的價值而交臂失之。

　　楊天石先生收在這本集子中的文章（包括他同其他學者合作所寫的文章），我過去大多讀過。在他這次結集的時候，又系統地重讀了一遍，仍覺獲益良多。

　　作者選擇的研究課題，大多是在中國近代史上產生過重要影響、因而被史學研究者們談論過多次的問題。但他不採取人云亦云的態度，而是旁搜博采，嚴格地從比較可信的原始資料出發，經過細心的考辨，努力弄清歷史的真相。他利用了大量當時報刊、檔案、筆記、信札、日記、未刊稿等珍貴資料，特別是注意挖掘人們以往很少利用的重要資料，對這些資料的真偽、時間、有關人物和史實等進行認真的考訂，細心地同其他資料比較參證，鉤沉索隱，為一些原來若明若昧的疑難問題找到了答案。

　　作者在分析問題時，很少那種為先入之見所左右、好就絕對地好、壞就絕對地壞的武斷誇張之詞，而是尊重客觀歷史現象自身的複雜性，留心考察事物的各個側面，立論力求切實公允。

　　對一些同實際不符的習見說法，作者不僅指出它的錯誤在哪裏，而且常進一步指出這些說法是怎樣造成的，從而使讀者感到入情入理，疑團頓釋。

　　這裏，可以舉兩個例子：

　　在戊戌百日維新中，康有為等是否曾謀圍頤和園、監禁以至捕殺西太后，是一件大事。當年清廷上諭和袁世凱《戊戌日記》等都言之鑿鑿，康有為本人卻多次否認其事，學者亦多不予置信。楊天石先生不僅依據多種當事者所寫的筆記進行論證，並且從日本外務省檔案所藏畢永年日記內找到了密謀屬實的確證。此後，他又引用臺灣出版的《萬木草堂遺稿外編》中梁啟超致康有為的密札殘件，說明康、梁等後來竭力掩蓋事實真相的緣由。這一來，這樁聚訟有年的公案可以說是水落石出了。

　　1926年3月20日的中山艦事件，在大革命時期國共關係的演變中，更是一件大事。這件事發生時，許多人因缺乏精神準備，

感到它像晴天霹靂一樣地突如其來。事件的經過又撲朔迷離，使
人存在許多疑團。以往，人們常認爲這是蔣介石事前有計劃地製
造的。楊天石同志根據當時大量有關人士的函件、報告、日記和
其他檔案資料，經過細心剖析後指出：這次事件的直接引發，是
由於蔣介石聽信伍朝樞、歐陽格等的謊言，認爲中山艦的調動是
爲了要把他强行送往莫斯科，這裏有著偶然的因素；但就當時國
民黨內左右派之間的激烈鬥爭和蔣介石已準備排汪反共的基本趨
向看來，在偶然事件背後，又有著必然性在起支配作用。看來，
這種說法是可信的。

　　當然，書中值得重視的論文還很多，作者的長處也決不止於
所舉的數端。但一部有價值的學術著作總有它自己的鮮明個性和
特色。我以爲，前面說到的那些也許是這部論文集最具特色的地
方。作者選擇《尋求歷史的謎底》作爲這本論文集的書名，用意
大概也在這裏。

　　當這本論文集行將出版的時候，楊天石先生要我在書前寫幾
句話。我高興地寫下了這些，權充自己的讀後感，也是向廣大讀
者的介紹。

金 沖 及

1991年12月於北京毛家灣

序　二

　　楊天石先生的大作即將出版，希望我寫篇序言，我因自感不堪此任，曾打算推辭，但是，往日與先生相互切磋，受益很多，爲了感謝先生的厚誼，並進一步發展多年來的交流關係，明知可能「出醜」，仍願執筆勉爲其難。

　　我與楊天石先生初次見面是在1979年4月。當時，我作爲吉川幸次郎先生率領的「參觀杜甫遺跡訪華團」的一員，途經北京，一天，劉大年先生（自劉先生1963年訪日以來，我就有幸與先生相識）偕同兩個年輕人來到我的房間，介紹說：這兩位是近代史研究所的研究人員楊天石、王學莊，是編撰《中華民國史》第一編《中華民國的創立》的主要成員，他們需要日本的各種有關資料，希望兩國年輕的學者今後密切協作。這個建議正是我嚮往已久的，自然欣然贊同，忙答道：今後也請多加指導。──這就是我們日後友誼與交流的起點。

　　第二次見面是在1981年秋。當時，正在武漢召開「紀念辛亥革命七十周年國際學術討論會」。這是我第一次參加大型的中國近代史國際學術會議。在這次會上，楊天石先生與王學莊先生聯名發表了《湯化龍密電辨訛》一文。該文指出：武昌起義時，立憲派代表人物湯化龍出任湖北軍政府總參議，有關他與清朝官僚聯名密電，要求清軍南下鎮壓革命的說法是一種訛傳。這篇文章以實事求是爲原則，縱橫驅使第一手資料，論據確鑿，鞭辟入裏，一讀便使人心悅誠服。從本書開頭第一篇，糾正了范文瀾以來的錯誤的先生的處女作──《關於宣南詩社》，到最近的新作《胡適和國民黨的一段糾紛》，先生的作品始終貫徹著這種實事求

是的學風。我想，這一點首先就會得到讀者的贊許。

　　與實事求是的學風密切相關，楊天石先生從歷史主義的觀點出發，敢於衝破某些歷史研究的成說，例如立憲派湯化龍是兩面派這一觀點，多年來眾口一辭，幾乎已成鐵案，楊先生卻提出並論證了與之相反的結論。《康有為謀圍頤和園捕殺西太后》一文，利用仔細查閱日本外務省檔案所發掘的新資料，出色地揭開了為當事人後來一直否認的事實真相，學術界多年來的疑雲為之一掃而光。先生的文章以「學有根柢」的淵博知識為基礎，儘可能地廣收博采有關資料，分析與立論敏銳而明快，人們即使原來持有某些不同見解，一讀之後，也會有一種「炎暑飲冰」的爽快感。這決不只是我個人的感受吧！

　　將楊天石先生優異成果中的一部分集成《尋求歷史的謎底》一書出版，實在是一件可喜可賀之事。先生的不少文章發表後即受到普遍的注意，《中山艦事件之謎》已被譯成日文和英文。相信本書的面世必將受到學界的歡迎。

　　與楊天石先生初次見面以後，又多次在學術會議上相會。1984年4～7月，我受日本學術振興會派遣，到近代史研究所從事研究，得到楊先生的多方關照。1985年5～7月，楊先生受京都大學人文科學研究所的邀請來日時，又得以親接謦咳。楊先生在我們的「國民革命研究班」上所作的報告——《四·一二政變前後武漢政府的對策》也收進了本書。在有關歷史問題的研究結晶變成鉛字前，就得以身臨其境地「體會」優秀研究人員智慧的運思與構想過程，我衷心感謝這次幸運的機會。

　　楊天石先生是在一九四九以後接受了中、高等教育而後進入史學研究領域的。他在六〇年代就寫了若干論文，「文化大革命」後得以專職從事著述活動，是解放後中國史學界的第二代學者，八〇年代以來的開放政策的成果之一，是使大陸的史學界迎來了思想解放的新的發展時期。我相信，楊天石先生作為解放後第

二代史學家中的最前列的研究者之一，一定會完成向下一代傳授優良學風的重任。（張萍譯，鄒念之校）

狹 間 直 樹

1992年3月於京都北白川之

人文科學研究所分館

序　　三

　　天石兄工作於中國社會科學院近代史研究所，長年致力於中國近現代史的研究，除以主要精力參與編著《中華民國史》外，還寫了不少論文。自鴉片戰爭前夜以迄1949年，其間重要史事，多有論述，抉幽鉤隱，新見迭出，常有發人之所不能發者。最近欣聞編錄成集，題名《尋求歷史的謎底》。

　　尋求謎底，不是猜謎，需要大量的發現與考訂工夫。既往的歷史之所以會成謎，不外三大原因：一因史料殘缺，使眞相難明；二因當時以及後人的故意歪曲，使眞相面目全非，三因主觀的價值論斷，使眞相戴上假面具。歷史工作者的神聖使命，即是重建或恢復歷史的眞相。就近現代史而言，史料雖較完整，眞相並不一定易求，主要是人爲的障礙。劉勰論史，早已說過「時同多詭」的話，乃指時代愈近，人情的牽制亦愈密。黨同伐異固然是人情之常，敬畏權勢也是人情之常。現代史研究者，尤須透視「人情」的重重簾幕，如撥雲霧而見青天，以獲致眞相。

　　天石兄出身北大，具有良好的文史訓練，而他從事近現代史的研究，又適值較爲寬鬆的時候，國內外學術交流也頗爲暢通便捷，對於他的研究工作，幫助多而阻礙少。不過，天石兄最得天獨厚處，在於他最能發掘以及運用原始資料。十九世紀德國史學大家蘭克（Leopold Von Ranke）之所以成爲西方史學之父，主要因他提倡利用檔案。檔案大都是「當時的記錄」，無傳聞之失，較爲原始可信，復加考證權衡，據之著史，才能信而有徵。是以蘭克以後的西方歷史教科書，極具信心地宣稱：「（檔案）文獻無可取代，沒有文獻即無歷史可言」（There is no substitute for documents, no documents, no history）。天石兄自進入近代史研究所後，即重視原始檔案文獻，接觸到大量寶貴的未刊材料。近年拜改革開放之賜，他更能遠渡重洋，到日本、美國各地訪求史料。他獨具慧眼，在塵封的檔案裏，發現了不少前所未知的珍貴材料，例如在日本外務省檔案中發現畢永年的《詭謀直紀》，在哥倫比亞大學發現魯迅給胡適的信，在哈佛大學發現胡漢民文件等等。這些收穫的一部分已收入本書，另一部分他將結集爲《散落的秘密——海外訪史錄》出版。儘管如此，天石兄根據原始文獻揭開歷史之謎的本領，已充分見之於此集。天石兄風華正茂，正是裁絹著書的年代。如果把這一集看作是一桌風味獨特的菜餚，我們完全可以預期，他會爲我們提供更爲豐盛可口的滿漢全席。

我於1981年10月在武漢參加辛亥革命七十周年國際學術討論會時，初識天石兄。東湖蹤跡，蛇山心影，迄今難忘。此後數度返回祖國，每次都有把晤的機會。前年他以美中學術交流協會訪問學者的身份來美，訪問東西兩岸著名學府之餘，特至寒齋，相聚約十餘日，大快從容論學之樂。天石兄此集即將付梓，萬里馳書，徵序於我，欣然應命，謹表一二，並誌友情。

汪 榮 祖

七七抗戰55周年日，

時居維州之柏堡

尋求歷史的謎底
目　　錄

插圖目錄

關於宣南詩社

　　范文瀾先生在《中國近代史》中說：「林則徐是中國封建文化優良部分的代表者，又是滿清時代維新運動的重要先驅者。他在1830年（道光十年）與黃爵滋、龔自珍、魏源等結宣南詩社。這一小詩社中人，黃爵滋發動禁煙運動，龔、魏發動維新思潮，林則徐成為他們的首領……。」①自此，有些關於林則徐的研究著作常常提到宣南詩社。陳友琴先生在《略談林則徐的詩及其文學活動的影響》一文中甚至說它是後來的「『南社』的先驅」，「是當時封建統治階級中較為進步的知識分子的結合，目的在反對帝國主義，起的進步作用也不小。」②既然宣南詩社是關涉到近代歷史重大事件的一個組織，那末，關於它的成立始末以及經過、活動情況，自然就有注意的必要了。但是，當筆者接觸過一些材料以後，卻發現：宣南詩社雖然有這麼一個組織，卻並非成立於道光十年；林則徐雖然參加過，但關於林、黃、龔、魏結宣南詩社的說法卻完全不可靠。

一

　　宣南詩社，亦稱宣南詩會、宣南吟社、城南吟社、消寒詩社。
　　詩社初建於嘉慶九年(1804)，參加者有陶澍（子霖）、顧純（南雅）、朱珔（蘭坡）、夏修恕（森圃）、吳椿（退旃）、洪介亭等。這幾個人都是嘉慶七年的同榜進士，當時都在翰林院中擔任著編修、檢討、侍講、庶吉士一類的官職。初名消寒詩社，在朱珔的雙槐書屋舉行過「消寒第一會」，內容是賞菊並賦詩，第二會在吳椿齋中，以「憶梅」為詩題。陶澍在《潘功甫以宣南

詩社圖屬題撫今追昔有作》一詩中說：「憶昔創此會，其年維甲子。賞菊更憶梅，名以銷寒紀。」③這確是實錄。第二年秋，陶澍因丁憂歸里，其他人亦風流雲散，詩社活動停頓。

嘉慶十九年冬，翰林院編修董國華（琴南）復舉詩社：「一為登高呼，應者從風靡。」參加者除陶澍、朱琦外，尚有胡承珙（墨莊）、錢儀吉（衎石）、謝階樹（向亭）、陳用光（碩士）、周藹聯（肖濂）、黃安濤（霽青）、吳嵩梁（蘭雪）、李彥章（蘭卿）、梁章鉅（茞鄰）、劉嗣綰（芙初）、周之琦（稚圭）等。這些人也大都是進士出身，在翰林院供職。人多了，活動也頻繁了，胡承珙的《宣南吟社序》說：「間旬日一集，集必有詩，嗣是歲率舉行，或春秋佳日，或長夏無事，亦相與命儔嘯侶，陶詠終夕，不獨消寒也；尊酒流連，談劇間作，時復商榷古今，上下其議論，足以袪疑蔽而泯異同，並不獨詩也。」④這一時期，詩社舉行過哪些活動，寫過哪些詩呢？舉例如下：

第一集，集董國華花西寓圃，賦明宣宗釃壇銅盞歌。

第二集，集朱琦齋中，賦寶晉齋第二硯。

第四集，集胡承珙齋中，觀沈暐本元祐黨人碑。

第六集，集陶澍印心石屋，試安化茶，並賦詩。

寫的詩題還有《擬李長吉北中寒》、《擬溫飛卿塞寒行》、《九寒詩（雲、月、雁、鴉、柳、竹、鐘、燈、山）》、《菩提葉》、《瑯琊台秦刻石》、《甘泉宮瓦硯》、《岳麓碑》等。

又，嘉慶二十一年十二月十九日，梁章鉅、李彥章等曾發起為蘇軾作生日。

嘉慶二十四年，陶澍以補川東道出京。林則徐入京，加入宣南詩社。這一年入社者，尚有程恩澤（春海）。六月二十日，黃安濤召集京都二十四位詩人集會於淨業湖李公橋酒樓為荷花作生日，張維屏應邀參加。事後，黃安濤輯詩社同人唱和詩為一編；宣南詩社圖成，胡承珙作序。⑤

　　嘉慶二十五年，潘世恩在京為長子潘曾沂報捐中書。道光元年，潘曾沂入京後，「同人招入宣南詩會，月輒數舉，以九人為率。」⑥這九人是：吳嵩梁、陳用光、朱琦、梁章鉅、謝階樹、錢儀吉、董國華、程恩澤和潘曾沂。道光二年，梁章鉅去湖北，程恩澤去貴州，朱琦歸里，又吸收了張祥河（詩舲）、湯儲璠（茗孫）、李彥章三人參加，仍為九人。此外，鮑桂星（雙湖）也曾列名社籍。這一時期，詩社舉行的活動除消寒飲酒外，尚有為歐陽修、蘇軾、黃庭堅作生日等。關於這一時期詩社的情況，朱綬有《宣南詩會圖記》可參閱。⑦

　　道光四年，潘曾沂自京師歸里，詩社漸趨停頓。道光六年，梁章鉅已有「詩會中人出京者多」之嘆。至道光十年，詩社已經完全停止活動，其證有四：

　　　　一、潘曾瑩詩：《得陳石士閣學（用光）書並詩卻寄》：
　　　　　「往者西江盛詩派，主其會者陳元龍（公在京師，詩會極盛）。先生別後頗寂寥，天風幾度吹飛蓬。」⑧

　　　　二、潘曾瑩詩：《陸祁孫大令（繼輅）屬題宣南話舊圖》：「往日騷壇盛，宣南雅集時。」⑨

　　　　三、張祥河詩：《贈張南山司馬即題其（聽松廬詩稿）後》：「宣南詩社近寥落……健筆何人控霄嵽？」⑩

　　　　四、吳嵩梁詩：《宣南詩社圖為潘功甫作》「論詩舊結城南社，踪迹頻年感斷蓬。」⑪

以上四首詩都作於道光十年。既曰「往者」、「往日」、「舊結」、「近寥落」，可見當時宣南詩社已停頓很久。林、黃、龔、魏在這一年也沒有另結一個宣南詩社。

　　道光十一年，由徐寶善（廉峰）、張祥河等發起，詩社活動再起，舉行消寒集會。參加者大都是新人，有卓秉恬（海帆）、汪全泰（大竹）、吳清皋（小谷）、吳清鵬（西谷）、朱為弼（椒堂）、彭春農等。自此二、三年後，即一蹶不振消沉下去。⑫

　　宣南詩社的成立始末及其經過、活動情況大致如此。

<h2 style="text-align:center">二</h2>

　　宣南詩社是不是當時「進步的知識分子的結合」，「起的作用也不小」呢？筆者的回答是否定的。

　　宣南詩社是清王朝處於暫時穩定情況下的產物。它始建的嘉慶九年，正是延續八年之久的白蓮教大起義被鎮壓下去的一年，它繼建的嘉慶十九年，正是天理教起義被鎮壓後的一年。白蓮教和天理教起義被鎮壓，清王朝得到喘息機會，給了這些文人學者以錯覺，以為天下從此太平無事，「國家閒暇可清吟」⑬，他們才有這份心思飲酒賦詩，歌詠昇平。事實上，它的目的也正是如此。陶澍說：「匪曰築騷壇，庶以廣經壘。潤色太平業，歌詠同朝美。」⑭朱綬說：「國家承平日久，士大夫褒衣博帶，雅歌投壺，相與揚翊休明，發皇藻翰，不獨藝林之佳話，抑亦熙化之盛軌也。」⑮但是，道光年間，清王朝的各種危機都日益尖銳，屋倒牆圮的徵象愈加明朗，詩社的這種「揚翊休明」的活動自然不能長期吸引人們的興趣。

　　其次，從它的活動內容看，不過是文酒唱酬、消寒避暑、摩玩古董、議論考據，並未觸到任何一個現實問題。

　　從它的成員看，都是「文學侍從」之官。其中一些人後來官做得很大，例如吳椿，官至戶部尚書，是所謂「以誠慤受知」的。又如梁章鉅，官至江蘇巡撫；陶澍，官至兩江總督。他們在任內雖然也做過一些「開水利」之類的對人民有益的事，但亦無大建樹；對於如何改良當時的封建政治，也並無見解。其他人則更是平庸的官僚，在當時即無大影響。另一些人則是樸學家，他們在故紙考據上有許多努力。例如胡承珙，是有名的經學家，著有《毛詩後箋》、《儀禮古今文疏義》、《小爾雅義證》等書；程恩澤，「對於天算、地志、六書、訓詁、金石，皆精究之」；朱

珧，著有《說文假借義證》、《經文廣異》、《文選集釋》等。

從它的文學主張上看，在散文方面，許多人是宗法「桐城派」的，例如朱珧、陳用光等。陳甚至被譽爲「守惜抱軒宗旨，不逾尺寸。」在詩歌方面，許多人是推崇宋詩的，梁章鉅、劉嗣綰、陳用光、李彥章等都是翁方綱的「蘇齋詩弟子」。在嘉慶、道光間，桐城派和在翁方綱影響下的宋詩派都具有較嚴重的擬古主義、形式主義傾向，沒有什麼進步作用。這些人的詩文集中也大都是缺乏現實社會內容的作品。

因此可以相信，宣南詩社並不是一個具有進步作用的組織。

三

現在，我們來考察林則徐、龔自珍等人和宣南詩社的關係。

林則徐是嘉慶二十四年加入宣南詩社的。[16]但第二年四月，即因授杭嘉湖道出京。道光元年，引疾歸里。二年，秉承父親的意思入京，引見，仍發浙江做官。至道光七年五月，入京，授陝西按察使，再出京。道光九年，因父親病卒，家居，道光十年四月，服闋入京，六月，補湖北布政使，出京。他在京停留的日期不多，如他自己所說是：「況自分符辭帝京，萍梗隨流無住著。兩度朝天未久留，舤棲回首栖金爵。」[17]因而，他和宣南詩社的關係也不深，僅僅是「偶喜追陪飫文字」而已。龔自珍只在道光二年應邀在吳嵩梁的石溪漁舍參加過爲歐陽修作生日的紀念活動，與會者有陳用光、黃安濤、湯儲璠、張祥河、李彥章等，他們都是宣南詩社成員，但與會的另一些人如朱方增、徐松、潘錫恩、李彥彬等都不是宣南詩社的成員。[18]因而，不能據此認爲龔自珍參加過這一組織，宣南詩社的成員中也沒有任何人承認他。

至於魏源、黃爵滋，筆者還不曾發現過他們任何與宣南詩社有關的記載。

四

　　那末，上述關於宣南詩社的傳說是怎樣發生的呢？考其本源，這就是魏應祺的《林文忠公年譜》。其道光十年條云：「與龔自珍、潘曾瑩、潘曾沂、黃爵滋、彭蘊章、魏源、張維屛、周作楫結宣南詩社，互相唱酬。」下注：「張維屛《南山集》。」筆者沒法查閱了這部《張南山集》。它是張死後由其子編輯的，流傳較少。其十六冊《松心宴集詩》中有這樣兩首詩：

　　其一題爲：

　　　　庚寅六月初二日龔定庵禮部（自珍）招同周芸臬觀察（凱）、家詩舲農部（祥河）、魏默深舍人（源）、吳紅生舍人（葆晉）集龍樹寺，置酒蒹葭簃

　　其二題爲：

　　　　庚寅六月十三日，潘星齋待詔（曾瑩）招同卓海帆（秉恬）、朱椒堂（爲弼）兩京兆、林少穆方伯（則徐）、周云臬觀察（凱）、黃樹齋（爵滋）、周夢岩（作楫）兩太史、彭詠莪舍人（蘊章）、查梅史大令（揆）、顧杏樓工部（元愷）集寓齋即事有作

魏譜所提到的宣南詩社的幾個成員除潘曾沂外，在這兩首詩題中都有。這兩條材料給人的印象是：第一，龍樹寺在北京宣武門南；第二，這些人中也恰有好幾個，例如張祥河、卓秉恬、朱爲弼、林則徐等都是宣南詩社成員；第三，熟悉宣南詩社歷史的人也清楚，它的活動方式就是這樣，幾個文人湊在一起，或於某名勝地，或於某人寓齋，吃吃酒，寫寫詩。筆者分析，魏應祺就是根據這些作出結論，然後從中挑選了幾個有名的人寫進林則徐年譜中去的。

　　但是，這些理由都是不能成立的。當時北京這樣的文人活動很多，今天在什剎海看荷花，明天去陶然亭登高，後天在龍樹寺

置酒，宣南詩社的這些人都是當時的名官僚、名詩人，也就常有
參加的，豈能一概視爲宣南詩社的活動？而且，詩中又未明言是
結宣南詩社，又豈能輕率地作出結論？龔自珍在龍樹寺請客，不
過是一般的宴集。潘曾瑩請那麼多人到他家裏去，不過是爲了給
他兒子過周歲。潘的《紅蕉館詩鈔》卷五有一詩，題爲《庚寅六
月十三日，同兒試周，詩以紀之》中云：「季夏十三月，吾兒試
周期，堂前設戈印，盤內羅珍奇……」句中注云：「是日招林少
穆方伯、周芸皋觀察、張南山司馬……（都是上面的那些人，不
贅引——筆者）」可見，和宣南詩社完全無涉。

　　最後，附帶說一句，陳友琴先生把道光十年林則徐邀集「辛
未同歲生三十四人宴會於龍樹院」一事視爲宣南詩社的「文酒聚
會」也是不確的。實際這是林則徐邀集同榜進士的一次純係官場
應酬的宴會，細讀林則徐的《龍樹院雅集記》便知。

（作於1961年）

【註　釋】

① 《中國近代史》上冊，人民出版社1955年9月版，第16頁。

② 《文學遺產》第 305 期，《光明日報》，1960年3月20日。

③ 《陶文毅公詩集》卷五十四。

④ 《求是堂文集》卷四。又見梁章鉅：《師友集》卷六，文字小有異同。

⑤ 以上材料，據《陶文毅公詩集》、梁章鉅《退庵詩存》、胡承珙《求是
堂詩集》等輯錄整理而成。

⑥ 見《小浮山人年譜》。

⑦ 見《功甫小集》卷八。

⑧ 《紅蕉館詩鈔》卷五。

⑨ 同前註。

⑩ 《詩舲詩錄》卷五。又見張維屏《花地集》卷四。

⑪ 《香蘇山館今體詩集》卷十三，《今體詩鈔》卷十八。

⑫　參閱吳清鵬：《笏庵詩》卷六，張祥河《詩舲詩錄》卷六及《張祥河年譜》。

⑬　潘曾沂：《宣南詩會圖自題》，《功甫小集》卷八。

⑭　同註③。

⑮　同註⑬。

⑯　據陶澍：《潘功甫以宣南詩社圖屬題撫今追昔有作》詩。

⑰　林則徐：《題潘功甫舍人（曾沂）宣南詩社圖卷》，《雲左山房詩鈔》卷二。

⑱　《功甫小集》卷六。

龔自珍的《明良》四論

　　《明良論》是龔自珍政治思想的代表作之一，歷來爲龔自珍的研究者所注意。但是，關於它的寫作年代，卻一直沒有正確的考訂。1908年刊行的吳昌綬《定庵先生年譜》，據文後段玉裁評記所署《甲戌秋日》字樣，定爲嘉慶十九年所作(1814)，時作者二十三歲。自此以後，許多研究者都採取這一說法。黃守恒的《龔自珍年譜》是如此，1959年中華書局上海編輯所出版的《龔自珍全集》前言是如此，1961年11月3日《光明日報》吳松齡《龔自珍的政治、經濟思想有資本主義傾向嗎？》一文，也是如此。其實，這一說法是沒有確切根據的。段玉裁所署年月，只是自記他看到這幾篇文章的日期，並不就是龔自珍的寫作日期。只有侯外廬先生的說法比較穩妥，他根據作者文後自記「四論乃弱歲後所作」及段評，定爲作者二十歲至二十三歲之間的作品。①但是，究竟是哪一年寫的，卻沒有明確地說出來。

　　我的意見是：《明良》四論始作於嘉慶十八年(1813)九月二十四日以後的若干日內，時作者二十二歲（寫定的時間不可考），較現在通行的說法雖只一年之差，看來關係不大，但其中卻包含著一個很重大的歷史事件。

　　查《明良論》㈡有云：「昨者上諭至，引臥薪嘗膽事自況比，其閱之而肅然動於中歟？抑弗敢知；其竟憮然而無所動於中歟？抑更弗敢知。」這篇上諭是我們考訂《明良論》寫作年代的線索。檢《仁宗實錄》，它保存在第二五七卷中，節錄如下：

　　　　嘉慶十八年癸酉九月丁亥（二十四日）諭諸王大臣：「逆匪突入禁城，實非常之大變，今雖首逆伏誅，餘黨就戮，

閭閻安輯，城市如常，此正我君臣臥薪嘗膽之日，永懷安
不忘危之念，勵精圖治，夙夜在公，庶幾補救前非，仰承
天眷。」②

按：嘉慶十八年九月，天理教徒於直隸長垣、河南滑縣、山東定
陶、曹縣等地起事，十五日，天理教首領林清等聯絡宮內太監，
攻入禁城，後被逮捕，犧牲。「上諭」所說的「逆匪突入禁城」
事，即指此。《明良論》㈡既云「昨者上諭至」，則必作於九月
二十四日以後不久。

《明良論》是在林清事件後不久寫的，爲林清事件而發，搞
清楚這點，對於研究龔自珍的思想很重要。首先，《明良論》更
好讀了；其次，龔自珍是在農民暴動的威脅下開始對封建社會的
批判的，於此也是一個明證。

林清事件曾經給封建統治集團以很大震動，被認爲是「變生
肘腋，禍起蕭墻」，是「漢、唐、宋、明未有之事」。統治集團
曾經採取了若干無關痛癢的措施，顒琰也曾發了不少諭旨，企圖
挽救通過這件事所表現出來的封建社會的危機。一時熱鬧異常，
頗有一點「改革」的樣子。《明良論》㈣所云「聖天子赫然有意
於千載一時之治」，即係對此而言。九月十六日，顒琰頒《罪己
詔》。二十日，召集諸皇子、諸王、文武大臣訓話，下詔求言：
「如能洞見致患之源，官常吏治有亟須整飭修明者，各據所知，
剴切直陳。」③同日，免去年老多病，不能視事的大學士慶桂、
劉權之的職務，宣稱現在是「整飭紀綱之時」。二十七日，頒《
盡心竭力仰報天恩諭》。十月三日，頒《報天恩、肅吏治、修武
備論》。十一月十日，定順天府屬州縣官考察升調例。十二月二
十四日，頒《致變之源說》、《原教》、《行實政論》。此外，
還有一些通飭各衙門甄別衰庸、各大臣「博舉賢能」之類的諭旨
，不備舉。龔自珍的《明良論》正是在這種情況下向統治階級的
進言和議政之作。研究顒琰的上述諭旨，不僅可以勾勒出四論的

思想背景，有助於對它們作出切實的評價，同時，值得注意的是，在它們之間以及龔自珍以後所寫的一些文章間，還存在著若干觀點上的聯繫。不避繁冗，作一比較。

（一）龔自珍直接批駁諭旨的觀點。例如顒琰在《盡心竭力仰報天恩諭》中痛罵群臣：「只知私家為重，國事為輕，誠昏愚之極矣！有國然後有家，國破家豈能存？」④（著重點係引者所加）又在《報天恩、肅吏治、修武備諭》中指斥山東、直隸、河南的督撫州縣官「私心太重，以致吏治不肅……良知泯而利心深，戀人爵而輕天爵。」⑤而龔自珍則對此提出異議，在《明良論》（一）中指出，統治者對臣下太苛刻了，俸祿過薄，群臣「廩告無粟，廄告無芻，索屋租者且至相逐家人嗷嗷然呼。當是時，猶有如賈誼言國忘家、公忘私者，則非特立獨行忠誠之士不能，能以概責乎三院、百有司否也？內外大小之臣，具思全軀保室家，不復有所作為，以負聖天子之知遇，抑豈無心，或者貧累之也。」後來，更有《論私》一文，鼓吹「私」以反對封建統治集團的「公」。

（二）和顒琰指出的某些現象類似，但出發點不同，找的根源不同。如顒琰在諭旨中把林清事件的責任都推給了奴才們，指斥群臣「自甘卑鄙」⑥、「頑鈍無恥，名節有污」⑦，罵他們是「寡廉鮮恥之徒」⑧。原因呢？「皆君不正群臣之咎，而內外臣工亦各有不能正己之處」⑨實際上是把自己開脫得一點責任也沒有。在《明良論》（二）中，龔自珍也指出了官僚集團上下無恥的現象，但是卻指出，這是最高統治者威逼過甚，奴僕視臣下的結果：「主上之遇大臣如遇犬馬，彼將犬馬自為也。」把帳算到了顒琰頭上。後來，在《古史鈎沉論》（一）中，他更說：「（霸天下之氏）大都積百年之力，以震蕩摧鋤天下之廉恥，既殄，既獮，既夷，顧乃席虎視之餘蔭，一旦責有氣於臣，豈不暮乎！」「一旦責有氣於臣」的歷史內容，原來指的就是顒琰這一時期對群臣的責罵。又如，顒琰也承認當時「中外已成痼疾」⑩，但是原因呢？卻

認爲是由於官僚們「因循怠玩」，「遇一公務，彼此推諉」⑪，「文不能辦事，武不能操戈」⑫。一句話，都是奴才們不好：「吏治之壞，至今極矣！」在《明良論》㈣中，龔自珍把封建社會的危機比作「人有疥癬之疾」，但是，其責任卻在於最高統治者專權果甚，臣下無權，「縛之以長繩，俾四肢不可以屈伸」的結果，鮮明地反對顧琰的看法。

　　㈢提出的某些改良措施的語言形式相同，而內容不盡相同。如顧琰也準備「改例」、「破例」，他曾要各督撫保舉賢能之員，專摺具奏，表示：「即與例未符，朕自能鑒別，加恩允准。」⑬表面上，他甚至也反對只作某些細枝末節的改動，對官僚們說：「若瑣瑣焉摘一事，改一例，博建言之名……朕甚無取焉。」⑭但是，顧琰所準備改的不過是「順天府屬州縣官考察升調例」一類的東西。而龔自珍則賦予這個「例」以更深廣的內容：「天下無鉅細，一束之於不可破之例，則雖以總督之尊，而實不能行一謀，專一事。夫乾綱貴裁斷，不貴端拱無爲，亦論之似者也；然聖天子亦總其大端而已矣。」這裏，接觸到了封建主義專制極權制度問題，要求皇帝讓出一點權力來了。龔自珍要求更法，從更徹底的意義上警告統治者，不要只作「瑣瑣焉屑屑焉」的改革。當然，龔自珍這裏所要破的例，也還只是上層建築的某些環節，並不如一些論者所說，似乎就是封建主義制度。我們不能把古人理想化。

　　根據這些比較，我們有理由相信，《明良論》的許多觀點是針對顧琰這一時期的諭旨而發的，或反對，或引申，或作了不同的解釋，有其具體的戰鬥內容。我們必須聯繫當時的政治背景和思想背景來加以考察。

（原載《光明日報》，1962年1月12日）

【註　釋】

① 《中國早期啓蒙思想史》，人民出版社1956年版，第 650 頁。

② 《大清歷朝實錄》，第六五三冊。

③ 《仁宗實錄》，第二七四卷。

④ 《仁宗實錄》，第二七五卷。

⑤ 《仁宗實錄》，第二七六卷。

⑥ 《罪己詔》，《仁宗實錄》，第二七四卷。

⑦ 《原敎》，《仁宗實錄》，第二八一卷。

⑧ 同前註。

⑨ 同前註。

⑩ 同前註。

⑪ 《報天恩、肅吏治、修武備諭》，《仁宗實錄》，第二七六卷。

⑫ 同註⑦。

⑬ 《嘉慶十八年癸酉十一月己卯諭》，《仁宗實錄》，第二七九卷。

⑭ 《癸未諭內閣》，《仁宗實錄》，第二七四卷。

龔自珍的戒詩與學佛

　　讀過定庵集的人，都會碰到這樣一個饒有興味的問題，即龔自珍為什麼戒詩。嘉慶廿五年秋，龔自珍發憤戒詩，不再寫作。道光元年夏，因考軍機章京未錄，賦《小游仙詩》，遂破戒。至道光七年十月，編定這一時期所作的詩為《破戒草》後，又發憤戒詩：「今年真戒詩，才盡何傷乎？」此後，就不大動筆。道光十九年，辭官出京，又破戒寫成了有名的 315 首《己亥雜詩》。

　　這是為什麼呢？

　　搞清楚這一問題，將有助於我們深入地了解龔自珍生平、思想和創作的某些側面。

一

　　嘉慶二十五年，龔自珍有《觀心》詩：

　　　結習真難盡，觀心屏見聞。燒香僧出定，嘩夢鬼論文。

　　　幽緒不可食，新詩如亂雲。魯陽戈縱挽，萬慮亦紛紛。

觀心，佛家語，佛教「四觀」之一，即觀察心性如何，是一種修證方法。佛教天台宗特別強調「觀心」功夫，有所謂「一心三觀」法。在這首詩裏，龔自珍說自己「幽緒」繁雜，新詩如雲，萬慮紛紛，不能平靜，即使有揮日的魯陽之戈也無法把它們排遣。龔自珍不滿意這種情況，他要懺悔，於是，寫了《又懺心一首》，再次陳述思潮起伏的情況：白天，考慮的是「經濟文章」；晚上，是「幽光狂慧」。來時洶湧，去尚纏綿，簡直無法抑制。這一切，構成了龔自珍的「心病」。在無可奈何中，他只能把自己的作品付之一炬──「寓言決欲就燈燒」了。這次燒掉的是什麼

，已不可考。但稍後，龔自珍又把他的《丞相胡同春夢詩二十絕句》燒了。理由呢？是因爲「夢中傷骨醒難支」。這些詩，使他夢中、醒中都很痛苦。

燒，只能毀已成的作品，要使思想平靜，排除紛紛的萬慮，還是乾脆不寫好。這一年秋天，龔自珍開始戒詩了。他有《戒詩五章》，中云：

> 律居三藏一，天龍所護持。我今戒爲詩，戒律一如之。

> 我有第一諦，不落文字中……百年守尸羅，十色毋陸離。

尸羅，梵語，意譯爲戒。龔自珍宣布，要像佛教徒守戒律一樣戒詩。他高興地說：自己早年得了「心疾」，充滿了幽想奇語，現在終於走上「康莊」大道了。他又說：「不遇善知識，安知因地孽！戒詩當有詩，如偈亦如喝。」「善知識」，佛家語，好朋友之意，這裏指龔自珍的佛學導師江沅（鐵君）。《戒詩五章》前，龔自珍有《鐵君惠書，有玉想瓊思之語，衍成一詩答之》，詩云：

> 我昨青鸞背上行，美人規勸聽分明：不須文字傳言語，玉
> 想瓊思過一生。

這裏的「美人」，即指江沅。「不須文字傳言語」，可見，龔自珍的戒詩是江沅「規勸」的結果。江沅對龔自珍的學佛有過很大希望，曾稱讚他有「般若根」①。道光元年以後，龔自珍不能守戒，江沅還曾寫信責備。江信今不傳，但其內容從龔自珍的回信中是可以看得出來的。《與江居士箋》云：

> 至於手教，慮信根退，想戲弄之言……顧發語言，簡文字
> ，省中年之心力，外境迭至，如風吹水，萬態皆有，皆成
> 文章，水何容拒之哉！

這是龔自珍的辯解之詞：自己雖然想少說話，少爲詩作文，但「外境迭至」，實際上做不到。

值得注意的是：《戒詩五章》中有一首詩和他的一篇皈依佛

教的《發大心文》中的一段內容很相似：

> 舌廣而音宏，天女侍前後，遍召忠孝魂，座下賜卮酒。屈
> 曲繚戾情，千義聽吾剖。不到辯才天，安用哆吾口！
>
> ——《戒詩五章》

> 我生天上，身有千頭，頭有千舌，舌有千義，氣足音宏，
> 辯才第一。當念眾生冤枉蹇澀，若忠臣，若孝子，若賢婦
> 、孝女、奴僕，種種屈曲繚戾，千幽萬隱，我皆化身替他
> 分說而以度之。
>
> ——《發大心文》

文恰是詩的注釋，它們當作於同一時期。龔自珍有許多「屈曲繚
戾」之情，不願意在塵世說，他把希望寄托在成佛升天以後。

這就是龔自珍第一次戒詩的顛末。

二

道光七年，龔自珍有《自春徂秋，偶有所觸，拉雜書之，漫
不詮次，得十五首》詩。從中可以看出，這一時期，龔自珍的心
情很不好，仍處於極大的煩惱中。他說：

> 中年何寡歡，心緒不飄渺。

> 人事日齟齬，獨笑時頗少。

污穢的現實使他非常痛苦，早晨醒來，常常清淚盈把。他表示，
要用「道力」來與他的「寸心」交戰，使之空無所有：「實證實
悟後，無道亦無魔。」他認為，仙、俠、百家之學都非要道之津
，只有佛家才是他的歸宿：「空王開覺路，網盡傷心民」。「空
王」，佛家語，諸佛之通稱。龔自珍決心按照佛教教義來進行修
養，使自己的心腹歸到佛心的境地。於是，他決定首先祛除「戀
文字」的嗜好，再次戒詩：「懺悔首文字，潛心戰空虛。」他改
了名字，投牒更名「易簡」，以示「萬緣簡盡罷心兵」之意。又
去北京紅螺寺祭掃近代淨土宗大師徹悟禪師的塔，寫了《四言六

章》，表示他對西方佛國的向慕，並且把它作爲《破戒草》的最後一篇，自誓從此擱筆，「至於沒世，亦不以詩聞，有如徼公」

這就是龔自珍第二次戒詩的顚末。

<h1 style="text-align:center">三</h1>

通過以上分析，不難看出，龔自珍的兩次戒詩都是他學佛的直接結果。

龔自珍生活在中國封建社會空前窒息、沉悶的時代，到處隱藏著危機，到處充塞著庸俗、醜惡和無恥。他孤身奮鬥，渴望看到未來的曙光，然而，長夜漫漫，沒有一點黎明的迹象。在科舉和仕進的道路上，又始終鬱鬱不得志，不僅受地主階級當權派的壓抑、侮辱和迫害，而且也不爲一般友人所理解，被目爲「古狂」②和「龔呆子」③。因而，他長期陷入煩悶、痛苦、憂鬱、憤激的境地。

嘉慶二十二年，他自題文集爲《佇泣亭文》，取《佇立以泣》之義。④

道光元年，他在《能令公少年行》中說自己《少年萬恨塡心胸》。

道光二年，他和當權貴族有過一次激烈衝突：「貴人一夕下飛語，絕似風伯驕無垠。」這一次衝突的內容雖也不可考，但他受了很大侮辱，是很顯然的。在《黃犢謠》中，他寫道：「兒出辱矣！」又在《與鄧守之書》中寫道：「吾輩行事，動輒爲人笑。」⑤

道光三年，他激憤地自題居室爲「積思之門」，臥室爲「寡歡之府」，憑几爲「多憤之木」⑥。

道光六年，他幽默地寫了一首《賦憂患》，說人間與自己相伴的故物很少，只蒙「憂患」永遠跟隨著。年華雖增，光陰雖逝，但「憂患」永存。同年，他又在《寒月吟》中說自己「樸愚傷

於家，放誕忌於國」，承老天爺寵愛，把「憂患」交付給了自己，自己只能再拜承受。

道光七年，他受到了當權派的猜忌，決定「守默守雌」⑦。同年，自述正在「八苦」中度過光陰⑧。「八苦」，指生、老、病、死、愛別離、怨憎會、求不得、五盛陰等，亦爲佛家語。

道光十一年，他在《與張南山書》中說：「近居京師，一切無狀，昌黎所謂『聰明不及於前時，道德日負其初心』二語，足以盡之。」⑨

龔自珍不僅精神上很痛苦，身體也在急遽衰老：「中夜慄然懼，沉沉生鬢絲。開門故人來，驚我容顏羸。」⑩他渴望能從憂患、痛苦、矛盾中解脫出來。這樣，就逐漸逃於禪了。佛教以虛構的「彼岸世界」的幸福補償了龔自珍現實中坎坷的命運，以禪觀、心證的修持方法消弭了他精神上的矛盾。在《發大心文》中，他自稱爲「震旦苦惱眾生某」，表示要皈依佛門，從此斷絕嫉惡心、怨懟心、難忍辱心、善感心、纏綿心，等等。

龔自珍學佛很早。嘉慶二十一年，他於蘇州過訪歸佩珊女士，歸即稱他爲「定庵居士」，贈詩即有「艷才驚古佛，妙想托蓮花」之語⑪。嘉慶二十五年前後，他與江沅過從甚密，詩中自述：「春愁古佛知」⑫。道光元年，自稱「逃禪一意皈宗風。」⑬道光二年，他度過了一段「緘舌裹腳」，「坐佛香繚繞中，翻經寫字」的生活⑭。道光四年，與江沅、貝墉等校刻《圓覺經》。道光十七年九月的一個夜裏，他睡不著覺，「聞茶沸聲，披衣起，菊影在扉」，忽然覺得自己已證「《法華》三昧」⑮。魏源稱龔自珍「晚猶好西方之書，自謂造深微云」⑯，這裏所說的「西方之書」，指的當即《法華經》一類佛書；「造深微云」，即「已證《法華》三昧」一類意思。

在佛學思想上，龔自珍傾向於天台宗，而又兼修淨土。他曾作有《以天台修淨土偈》，又在《己亥雜詩》中自述：「狂禪辟

盡禮天台」，「重禮天台七卷經」。這裏所說的「天台七卷經」正是指鳩摩羅什翻譯而被天台宗視爲理論根本的《法華經》七卷本。這一時期，龔自珍自稱通習《陀羅尼經》已滿四十九萬卷，這裏的《陀羅尼經》乃是「淨土七經」之一。龔自珍特別推崇明末和尙紫柏和蕅益，蕅益是天台宗的廿八世祖而又兼開淨土法門。他受佛學於江沅，江沅受佛學於彭紹升，都是信仰淨土宗的。

　　天台宗是南北朝時代南北佛學交流中所產生的流派。它企圖通過戒律的守持和禪觀的修證來求得所謂證悟。淨土宗則濫觴於東晉時慧遠等在盧山所結的蓮社。它要人專念「阿彌陀佛」名號，以便往生「無有衆苦，但有諸樂」的「蓮花國」——「西方極樂世界」。兩宗的教義雖有繁簡的不同，但都要求人們摒棄物質世界，滅絕精神活動，使內心歸於寂滅，無爲，無念，這就是天台宗大師智顗在《法界次第觀門》一書中所說的：「正觀之心，猶如虛空，湛然清淨」，「心心寂滅，自然流入大涅槃海」。⑰龔自珍的戒詩正是基於佛教教義的這種要求。他說：

　　　　百臟發酸淚，夜湧如源泉。此淚何所從，萬一詩祟焉。今
　　　誓空爾心，心滅淚亦滅；有未滅者存，何用更留迹？

　　　　　　　　　　　　　　　　　　　——《戒詩五章》

　　　枕上逃禪，遣卻心頭憶。

　　　　　　　　　　　　　　　　　　　——《風栖栯》

既然詩使得龔自珍思潮起伏，痛苦萬分，自然要燒詩、戒詩了。因爲只有這樣他才能逃避現實矛盾，也逃避自己的內心矛盾呀！

四

　　如果不是由於當時現實的極端黑暗，不是由於這一現實加給龔自珍的種種迫害，龔自珍是不會「逃禪」，也不會戒詩的。「避席畏聞文字獄」，雍正、乾隆時代那些血淋淋的高壓政策給龔自珍的印象是難以磨滅的。龔自珍寫道：

黃塵溷洞中，古抱不可寫。

第一欲言者，古來難明言；姑將讄言之，未言聲又吞……

東雲露一鱗，西雲露一爪；與其見鱗爪，何如鱗爪無？

——《自春徂秋，偶有所觸，拉雜書之，漫不詮次，得十五首》

陳餓夫之晨呻於九賓鼎食之席，則叱矣；訴寡女之夜哭於房中琴好之家，則淬矣；況陳且訴者之本有難言也乎？

——《與江居士箋》

從這些地方看來，龔自珍是感到了言論不自由、不為人理解的痛苦的。這對他的戒詩未嘗沒有影響，然而，從根本上看，學佛畢竟是龔自珍戒詩的主要的直接的原因。

強者是不會逃避現實的。龔自珍的「逃禪」，反映了在中國封建社會末期的政治、思想的鬥爭中，他還是個弱者。但是，他屢戒詩而屢破戒，又反映了在嚴峻的現實面前，龔自珍始終無法心安理得地閉上眼睛。

從龔自珍戒詩——破戒——再戒詩——再破戒的過程中，我們看到了龔自珍思想中所進行的痛苦的鬥爭，看到了那個時代一個先進分子的悲劇性格，也曲折地看到了那個時代的面影。

（原載《復旦》學報，1980年第3期）

【註　釋】

① 《懷友詩三十二首》，《染香庵詩錄》卷下。

② 孔憲彝：《報罷旋里途中寄懷諸君》，《對岳樓詩續錄》卷一。

③ 《定庵先生年譜外紀》，《龔自珍全集》，上海人民出版社1975年版，第 632 頁。

④ 王芑孫：《復龔自珍書》，《定庵先生年譜外紀》。

⑤ 龔自珍佚文，《越風》22、23、24期合刊。

⑥ 參見《與江居士箋》。

⑦ 《釋言四首之一》。

⑧　《自寫〈寒月吟〉卷成續書其尾》。

⑨　龔自珍佚文，見張維屏《花甲閑談》卷六。

⑩　《柬陳碩甫幷約其偕訪歸安姚先生》。

⑪　《代簡寄定庵居士、吉雲夫人》，《綉餘續草》卷四。

⑫　《才盡》。

⑬　《能令公少年行》。

⑭　龔自珍佚文，《越風》22、23、24期合刊。

⑮　《己亥雜詩（狂禪辟盡禮天台）》自注。三昧，佛教修養中的理想境界。《大乘義章》：「以體寂靜，離於邪亂，故曰三昧」。

⑯　《〈定庵文錄〉序》，《古微堂外集》卷三。

⑰　《大正藏》卷四六，第 624 頁。

讀黃遵憲致王韜手札

　　光緒五年(1879)，黃遵憲任駐日參贊期間，王韜自香港來游。二人相識後，很快結為好友，「三日不見，則折簡來招」①。七月初六日，王韜歸國，轉返香港，繼續主編《循環日報》，二人仍經常通信，交流對時局、寫作等方面的看法。王韜致黃遵憲的信，有三通收錄於《弢園尺牘》及《弢園尺牘續鈔》中，容易見到；黃遵憲致王韜的信，則向未刊行。這裏，筆者介紹見到的十九通，並作初步探討。

　　手札分藏於天津南開大學圖書館、浙江省圖書館及上海等處。有些署有月日，有些則未署時間，而且篇頁錯亂，經考訂排比，其順序為：

　　第一通，光緒五年四月二十六日。

　　第二通，同年七月初。本函未署時間，從內容看，係王韜歸國，黃遵憲約他參加餞行宴，故知當作於此時。

　　第三通，同年七月十一日。

　　第四通，同年七月二十一日。

　　第五通，同年十月二十四日。

　　第六通，同年十一月二十日。

　　第七通，同年十二月十五日。本函正頁已佚，僅存附頁，未署時間，據第八通「臘八後七日奉書」等語及兩函所述「翻譯球案」一事情節推斷，當作於此時。

　　第八通，同年十二月二十三日。

　　第九通，光緒六年(1880)二月下旬。本函未署時間，信中說：「十九日舍弟均選來署，帶到惠函並《雜事詩》諸件，一一照

收。拙詩寵以大序，乃弟生平未有之榮，感謝實不可言。」王韜
爲黃遵憲的《日本雜事詩》作序在本年二月初一日，故知本函當
作於此時。

　　第十通，同年三月十五日。

　　第十一通，同年四月十日。

　　第十二通，同年四月下旬。本函爲托人帶地圖等物給王韜的
便札，未署時間。

　　第十三通，同年五月十五日。

　　第十四通，同年六月十九日。

　　第十五通，同年七月。未署時間，函中有「弟未往箱根前」
等語，知當作於上函之後。

　　第十六通，同年八月。本函正頁已佚，僅存附頁，未署時間
，從內容看，信中談到曾紀澤向沙皇遞國書，俄國海軍卿率艦隊
東來等事，知當作於此時。

　　第十七通，同年八月二十九日。

　　第十八通，同年九月十日。

　　第十九通，光緒七年(1881)六月十三日。

　　這些信，爲研究黃遵憲、王韜及其關係提供了重要的新資料

一

　　使日期間，黃遵憲正從地主階級改革派向資產階級改良派轉
化。這批信件，有助於了解他這一時期的思想，也有助於了解他
寫作《日本雜事詩》和《日本國志》的某些情況。

　　黃遵憲和王韜非常契合。光緒五年四月二十六日函云：

> 前把臂得半日歡，覺積悶爲之一舒，承賜《發園尺牘》，
> 歸館讀之，指陳時勢，如倩麻姑搔癢，呼快不置。昔袁簡
> 齋戲趙甌北，謂吾胸中所欲言者，不知何時逃入先生腹中
> ，遵憲私亦同此。但憲年來憤天下儒生迂腐不達時變，乃

> 棄筆硯而爲此，始得稍知一二，而先生言之二十年前，冠
> 時卓識，具如此才，而至今猶潦倒不得志，非獨先生一人
> 之不幸也。

《弢園尺牘》初版刊刻於光緒二年(1876)九月，它提出了初步的
改良主義主張。王韜認爲，當時的中國已經到了「不得不變」的
時候，只有變法，才能自強。他主張學習西方的「良法美意」，
發展民族工業，改革科舉制度。黃遵憲讀後感到「如倩麻姑搔癢
，呼快不置」，說明了他和王韜在思想上已經成爲同調。「憤天
下儒生迂腐不達時變，乃棄筆硯而爲此」，這兩句話表示出，在
資本主義列強入侵、民族危機加深的新形勢下，黃遵憲也在尋求
救國眞理，逐漸走上改良主義的道路了。

同函附詩二首，爲今本《人境廬詩草》、《人境廬集外詩輯
》所不載，其一云：

> 司勳最健言兵事，宗憲先聞籌海篇（君著有《普法戰紀》
> 諸書甚富）。團扇家家詩萬首，風流多被畫圖傳。

司勳，指唐代的杜牧，曾任司勳員外郎。他喜歡談兵，注釋過曹
操所定《孫子兵法》十三篇。宗憲，指明代的胡宗憲，爲防止倭
寇侵擾，著有《籌海圖編》。以杜牧和胡宗憲來比喻王韜，顯示
出王韜在黃遵憲心目中具有相當地位。

光緒六年六月十九日函又云：

> 弟近日歸自箱根，獲讀五月中所發二函，前後凡四、五千
> 言，其揣摩時勢之談，尤爲批隙導竅，洞中要害。弟昨評
> 岡鹿門一文，謂古人論事之文多局外之見，紙上之談，可
> 見諸施行者，百無一焉。乃今讀先生所議，多可坐而言起
> 而行者，眞識時之俊傑哉！

黃遵憲一生不輕易許人，他認爲王韜的思想「批隙導竅，洞中要
害」，「多可坐而言起而行者」，是相當高的評價。

鄭觀應是近代中國另一個著名的早期改良主義者，黃遵憲向

王韜打聽他，渴望讀到他的著作。光緒六年八月函云：

> 再讀貴報有《杞憂子〈易言〉書後》二篇。是公著述，偶
> 曾一讀，心儀其人，訪其姓名，僅知爲嶺南人，姓鄭。尊
> 處有《易言》稿本，可賜一讀否？深山窮谷，不無奇才，
> 在上之人拔而破格用之耳。

「杞憂子」是鄭觀應的筆名，《易言》是《盛世危言》一書的初
名。在這一部著作中，鄭觀應提出了設議院，行西法，振興商業
，變法自強等主張。光緒五年春，王韜從鄭觀應的友人處讀到了
《易言》稿本，認爲它「於當今積弊所在，抉其症結，實爲痛徹
無遺」。第二年，王韜在香港《循環日報》發表《杞憂子〈易言
〉跋》，稱讚這部稿子是「救時之藥石」。文中，王韜說：「當
今之世，非行西法則無以強兵富國。」他認爲，中國幅員廣大，
人口眾多，物產富饒，只要「竭我之心思材力，盡我之智慧經營
」，仿效西方所長，那末，完全可以「出乎其上」②。黃遵憲所
說《杞憂子〈易言〉書後》，即指此文。信中，黃遵憲不僅表示
「心儀」鄭觀應其人，而且表示希望清朝統治者「破格」拔用這
樣的「奇才」，這一點，同樣顯示了黃遵憲改良主義思想立場的
確定。

　　黃遵憲之所以能從地主階級改革派發展爲資產階級改良派，
這固然由於他是個愛國主義者，渴望挽救民族危機，振興中華，
但同時，也和他注意研究外事，了解世界有關。黃遵憲光緒五年
四月二十六日致王韜函云：

> 僕所著《日本雜事詩》，本欲刊布之，以告中人之不知外
> 事者。

鴉片戰爭以後，先進的中國人無不睜眼看世界，寫了不少「睜眼
」著作，《日本雜事詩》是其中之一。從黃遵憲的信中可知，他
寫作目的很明確，很自覺。

　　《日本國志》是黃遵憲的另一部「睜眼」著作。關於此書，

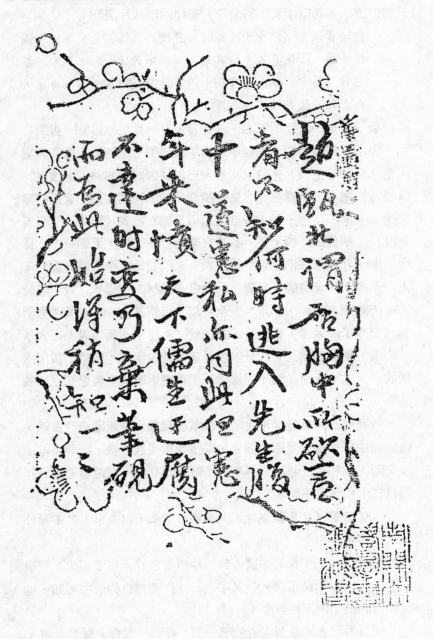

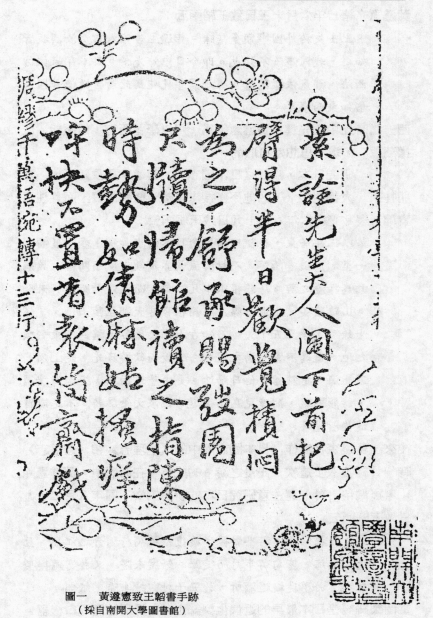

圖一　黃遵憲致王韜書手跡
　（採自南開大學圖書館）

黃遵憲光緒七年六月十三日致王韜函云：

> 中土士夫於外國事類多茫昧。昔遼主告宋人曰：汝國我皆
> 知之，我國事汝不知也。即今日中外光景。日本年來依仿
> 西法，類爲依樣葫蘆。弟之窮年屹屹爲此者，欲使吾國人
> 略知東西事耳。

西方當時比中國先進。黃遵憲認爲，可以學習西方，但不能「依
樣葫蘆」，這一思想是可取的。

　　爲了研究日本，寫好《日本國志》，黃遵憲孜孜兀兀，「友
朋往來，大都謝絕」，③他不僅搜求文獻，徵詢故實，而且注意
實地考察。光緒六年六月十九日致王韜函云：

> 弟以三年居東，行賦曰歸，念日本山水素稱蓬壺，屐齒不
> 一至，慮山靈貽笑，而村鄉風景亦竊欲考風而問俗，故恣
> 意爲汗漫之游。居箱根山中凡二旬，而溫泉七所僅一未至
> 。山路險峻，止通一線，而箱根驛有大湖在萬山頂，寬僅
> 十餘里，深至五十丈，乃知古人比之函谷，稱爲關東咽喉
> 之地，蓋眞不啻金湯之固也。隨後尚欲游日光，走上州，
> 過北海，抵箱館。他日歸途，更由陸達西京，經南海諸國
> ，訪熊本城，問鹿兒島而後返。但恨文筆孱弱，不足以自
> 達其所見耳。

後來，黃遵憲在寫作《日本國志》中的《地理志》和《禮俗志》
時，曾經吸取了這次「汗漫之游」的成果。在游歷中，黃遵憲除
「考風問俗」外，還注意研究日本的新興工業。同年八月二十九
日致王韜函云：

> 弟自箱根歸後，游興勃發，旋復袏被獨行鐮倉之江島、豆
> 州之熱海，皆勾留半月而後歸。歸席未暖，又於富岡觀製
> 絲場，於甲斐觀造酒所，於五子村觀抄〔造〕紙部。

富岡製絲場是日本最早的近代化製絲企業，採用法國進口機器。
黃遵憲在《日本國志》中對該廠和製絲生產的敍述，也顯然和這

次參觀有關。

黃遵憲不以了解日本為滿足，他希望在完成《日本國志》後，進一步了解全世界。同年六月二十九日函云：

> 弟以不才濫膺今職，曾無片長可以告人。頃隨何星使後共編《日本志》，而卷帙浩博，明年乃能卒業。俟此事畢，得游歐羅巴、美利堅諸洲，再與先生抵掌快談，論五大洲事，豈不快哉！

在中國古代，一個人只要能夠通古今，究天人，就可以稱為了不起的人材，但是，到了近代，這就不夠了，還必須明中外。黃遵憲是很懂得這一點的。

二

琉球問題是黃遵憲致王韜函中議論的重要內容。

琉球原是中國領邦，先後稱藩於明政府和清政府。日本明治維新後，即積極準備吞併琉球，進窺臺灣。同治十一年(1872)，日本政府封琉球國王為藩王。同治十三年(1874)日本藉口琉球船民被臺灣土人殺害，發動侵臺戰爭。次年，阻止琉球向清政府「入貢」，琉球國王派人向清政府陳情。光緒三年(1877)六月，清政府命總理各國事務衙門傳知出使日本大臣何如璋等，「俟到日本後相機妥籌辦理」④。光緒四年(1878)，清政府批准了何如璋提出的上、中、下三策中的下策，即「反覆辯論，徐為開導，若不聽命，或援萬國公法以相糾責，或約各國使臣向之評理」⑤。根據清政政的指示，何如璋開始與日本政府交涉，黃遵憲光緒五年十二月十五日致王韜函云：

> 琉球爭端初起，由星使與外務卿議論數四，彼極拗執，乃始行文與辯。日本于此一節，自知理絀，無可解說，乃別生一波，謂此間初次照會措辭過激，不欲與議，彼原不過借此以延宕羅皂耳。

光緒四年八月七日，何如璋訪問日本外務卿寺島宗則，提出口頭
抗議。隨後幾經交涉，均無結果。九月十二日，何如璋照會寺島
，其中有「以爲日本堂堂大國，諒不肯背鄰交，欺弱國，爲此不
信不義，無情無理之事」等語⑥，寺島認爲是「暴言」，於十二
月二十七日（11月21日）照會反駁，聲稱「貴國政府如果命貴大
臣作此等語，是即貴國政府不欲以後兩國和好」云云⑦。寺島並
要求何如璋道歉，撤銷照會，否則不能商談。黃遵憲致王韜函所
言，即指上述各事。

　　黃遵憲同函又云：

　　　嗣統領東來，本署將屢次彼此行文逐一詳審譯呈，統領以
　　　爲無他。楊越翰將一切情節寄刊報館，獨於日本外務與我
　　　之文，一譏其驕傲過甚，再譏其愚而無禮。其是否出統領
　　　意雖不可知，然彼之爲此，蓋主持公道，謂我與彼文無甚
　　　不合，而彼與我文乃實爲無理，所謂以矛陷盾者也。此報
　　　一出，聞紐約報館賣出數萬份，而歐洲諸國照刻者亦多，
　　　因是而五部洲人皆知日本之待我極爲驕慢，皆群起而議其
　　　短，因美國係中間人，中間人之言皆信之也。

光緒五年三月，日本侵占琉球，廢去國王，改設沖繩縣。同年五
月，琉球國王派人向清政府請援，中日兩國間交涉因之再起。適
值美國前任總統格蘭忒(U. S. Grant）正在作環球旅行，準備在
訪問中國後轉赴日本，清政府便委託格蘭忒進行調停。本函所言
「統領」即指格蘭忒；所言楊越翰(J. R. Young）乃是他的隨員
。五月二十五日(7月14日），黃遵憲曾將琉球事件的始末文卷英
譯件送交楊越翰，由楊越翰轉呈格蘭忒⑧，後來，楊越翰將黃遵
憲送交的這批材料轉交紐約《哈拉報》發表，並著文評論，日本
西文《橫濱日報》、東京《郵便新聞》、《朝野新聞》等紛紛轉
載，「雖東人見之不悅，而語出他人，無所用其諱，故楊越翰譏
誚日本之語，亦一一具載」⑨。黃遵憲十二月二十三日致王韜函

又云：

> 日本謂本署初次照會，失於無禮，議撤議繳，言者屢矣。
> 自楊越翰新聞一出，反謂其行文無禮，乃緘口不復道此，
> 蓋中間人補救之力亦不鮮也。

楊越翰一方面著文批評日本外務省「行文無禮」，一方面又致函李鴻章，批評何如璋的照會「過於直率，有失友邦敵體之禮」⑩。格蘭忒也說：「從前商辦此事，有一件文書措語太重，使其不能轉彎，日人心頗不平。」⑪他們都要求清政府接受日方要求，撤銷何如璋照會。隨後，清政府總理各國事務衙門照會日本外務省：「從前所論，可概置勿論，一一依照美前大總統來書辦理」，寺島復照表示「欣慰」。因此，日本方面之所以「緘口不復道此」，並非由於「楊越翰新聞」的批評，而是因爲要求得到了滿足。這一切，黃遵憲顯然不很了解，他對於楊越翰、格蘭忒在「調停」中所採取的縱橫捭闔的手法就更不了解了。

在琉球交涉中，何如璋的許多文書都出自黃遵憲之手。照會被撤銷，黃遵憲不無鬱鬱，十二月二十三日致王韜函再云：

> 此事本無關輕重，臺灣一案亦定議後互撤照會，惟彼國必欲挑此，恐中土之迂腐無識者，反謂以文字啓禍，則悠悠之口難與爭辯耳。日本之處心積慮欲滅球久矣，使者之事，非爭貢也，意欲藉爭貢以存人國也。本係奉旨查辦之件，將此議上達樞府，復經許可而後發端。此中曲折，局外未能深知，敬爲先生略言之。

黃遵憲指出，和日本交涉的目的並非是「爭貢」，而是爲了保存琉球這個國家。黃遵憲始終堅持這一主張。光緒六年二月，日方派人到中國會見李鴻章，聲稱中日兩國「人同其種，書同其文，有舊好之誼，有輔車之勢」，願將琉球南部鄰近臺灣的宮古、八重山二島劃給中國，但須修改《中日通商條約》，使日本商人能像西方商人一樣進入中國內地貿易。同年六月，日本公使六戶璣

到京與清政府談判。九月十日黃遵憲致王韜函云：

> 此案近聞既由彼族授使臣全權在京會議。其若何結局，即使館且不得參議，更無論局外……還君臣而復疆土，此事談何容易，然終不能不於各執一說中，折衷以期一是，彼此退讓則妥結矣。

這裏所說的「使臣」，即指六戶機。

次年六月十三日黃遵憲致王韜函再云：

> 南藩一事，懸而未了，以彼飽紳國虛，萬不敢更生他釁，然欲求立國復君，則非撤使罷市，不足以持之也。

所謂「還君臣而復疆土」，所謂「立國復君」，都是要求保存琉球國。後來琉球交涉不了了之，黃遵憲也就無可如何了。

三

黃遵憲與王韜通信時，沙皇俄國正在積極向東方擴張。一小撮人大肆叫嚷：「俄國的歷史使命是將東方加以融合，使之併入俄羅斯帝國。」⑫黃遵憲的這些信也反映了他對沙俄侵略的態度及其外交策略。

光緒五年十二月二十三日函云：

> 日本比來屢見火災，國會開設之議，倡一和百，幾遍國中。政府顧尼之不得，行紙幣日賤（數日中，每洋銀百圓，值紙幣百四十矣），民心囂然，蓋幾有不名一錢之苦。漏卮不塞，巨痛如此，可慨也夫！日本似不足為患，然兄弟之國，急難至此，將何以同禦外侮？虎狼之秦，眈眈逐逐，彼其志曷嘗須臾忘東土哉！禍患之來，不知所屆，同抱杞憂，吾輩未知何日乃得高枕而臥也！

函中所說「其志曷嘗須臾忘東土」的「虎狼之秦」，指沙俄。日本明治維新以後天皇政府即採取通貨膨脹政策，用發行不兌換紙幣的辦法來攫取民間財富。本函所說「（政府）行紙幣日賤」，

指此。黃遵憲把日本看成「兄弟之國」，為了制止沙俄對遠東的
侵略，黃遵憲主張聯日制俄，因此，頗為日本的政情不穩擔憂。

還在同治十年(1871)，沙俄就藉阿古柏在天山南北建立所謂
「哲德沙爾汗國」之機出兵侵占我國領土伊犂。光緒三年(1877)
，阿古柏被驅逐，清政府要求沙俄歸還伊犂，遭到拒絕。次年，
清政府派崇厚赴俄談判。在沙俄的脅迫誘騙下，昏庸的崇厚擅自
簽訂了喪權失地的《里瓦幾亞條約》。消息傳入國內，朝野上下
一致譴責崇厚賣國，清政府也拒絕承認該條約。光緒五年十二月
十六日，宣布將崇厚革職，交刑部治罪。次年正月二十三日，定
為斬監候。關於此事，黃遵憲四月十日玫王韜函云：

> 崇公之去，朝旨命之索伊犂，未嘗令其結條約也。及將約
> 稿寄回，又屢次馳書，告以萬不可許，而崇公一概不聽，
> 擅自啓程，此即泰西之頭等公使亦萬萬無此事。彼徒以驕
> 矜之氣為桀黠所愚，遂使天下事敗壞決裂至於如此，可勝
> 嘆哉！

在譴責崇厚這一點上，黃遵憲與廣大愛國人士並無二致。但是，
他不同意清政府急於定崇厚之罪的做法。同函云：

> 俄為勁敵，當路諸公素所深知，故雖明知萬不可行，尚欲
> 含濡隱忍以待他時，而台諫諸人，連章交劾，未經宣布之
> 前，留中章疏既有七份，其後攘臂奮袂慷慨言事者，至於
> 無日無之。朝廷以不得已始下之議，而崇厚之罪實不能為
> 之諱，又有一二人據理以爭，負氣過甚，非樞廷諸君所能
> 屈服，於是拱手而聽其議罪，而崇厚乃下獄矣，乃斬監候
> 矣。

當時，沙俄為了保護崇厚這個賣國賊，率先向清政府抗議，
英、法、德、美諸國也紛紛效尤；沙俄政府並調動軍隊，實行戰
爭訛詐。黃遵憲認為，以只聲明有罪而不立即「定案」為有利。
同函又云：

中土士夫，其下者爲制義，爲試帖，其上者，動則稱古昔
，稱先王，終未嘗一披地圖，不知天下之大幾何，輒詆人
以蠻夷，視之如禽獸。前車之覆既屢屢矣，猶不知儆戒，
輒欲以國爲孤注，視事如兒戲，又不幸以崇厚之愚謬妄誕
，益以長浮氣而滋浮論，至於有今日，尚何言哉！尚何言
哉！今事已至此，苟使聲明崇厚之罪而不定案，告於天下
曰：朝廷遣使只命索還伊犁，乃崇厚所結條約，舉屬伊犁
一地之外之事，實爲違訓越權，條約云云，實難曲從。則
內以作敵愾同仇之氣，外以示我直彼曲之義，然後急脈緩
受，虛與委蛇，徐徐再議，俄人雖橫，彼亦無辭，猶爲計
之得者。

黃遵憲不了解，即使不定崇厚之罪，但是，只要你一宣布崇厚「
違訓越權，條約云云，實難曲從」，那末，帝國主義是仍然要抗
議，要訛詐的。他說：「通商以來既三十餘年，無事之日失每在
柔，有事之時失每在剛，此又其一也。」⑬既反對帝國主義侵略
，又害怕過於「激烈」的舉動會惹怒帝國主義。這裏，反映出黃
遵憲作爲改良派的軟弱而矛盾的性格。

　　爲了保住即將攫取到手的權益，沙俄政府除在伊犁地區集結
軍隊外，又調動鐵甲艦兩艘、快船十三艘到日本長崎，準備封鎖
中國海面，擺出一副要對中國發動戰爭的架勢。但是，當時沙俄
在國際上非常孤立，國內也危機重重，並不可能發動一場侵華戰
爭，黃遵憲說：

　　　　西鄰之責，自星使續往，遞國書，謁君皇，一一如禮。其
　　　　外務既許改議，事機似乎稍緩。尊處傳聞異辭，日月歧異
　　　　，不盡得實。俄船東來，皆駛往琿春。現泊長崎者，只有
　　　　一號耳。專派之大員乃彼國海軍卿，亦往琿春。觀其意，
　　　　乃欲經畫東面，設常備兵，編立管制，故攜夫人俱來，且
　　　　挈水雷艇，空其船，載茶而歸。在新駕坡者，復截止不遣

，皆可知其意不在戰，特萬萬不可因此而弛備也。

光緒六年正月，清政府派駐英公使曾紀澤兼任駐俄公使，赴俄交涉。同年六月二十九日（8 月 4 日），開始第一次談判。初時，沙俄態度蠻橫；經過一段時期，才表示可以重開談判，修改《里瓦幾亞條約》細節。同時，則派廖索夫斯基海軍上將率艦隊開赴遠東威脅。黃遵憲函中所云「星使續往」、「其外務既許改議」、「專派之大員乃彼國海軍卿」等事，指此。黃遵憲看出了，當時沙俄之意「不在戰」，但認爲萬萬不可「弛備」。隨後，王韜曾將黃遵憲所述情況通報給清廷有關官吏，其《上鄭玉軒觀察》云：

> 俄國師船近多雲集於琿春，其駐泊於日本長崎者僅一艘耳，俄軍門亦已移節琿春，意在經畫東方，編立管制，愼嚴守備，爲常行駐兵計，其志固不在小也。⑭

可以看出，王韜的情報完全來自黃遵憲。

爲了防止沙俄對遠東的侵略，光緒六年，黃遵憲還曾爲朝鮮使者金宏集起草過一份《朝鮮策略》，「文凡萬言，大意以防俄爲主，而勸以親中國，結日本，聯美國。」它得到朝鮮部分人士的贊成，也遭到一些人的反對。光緒七年六月十三日黃遵憲致王韜函云：

> 今日世變終不能閉關而治，與其強敵環攻，威逼勢劫而後聽命，不如發奮圖強，先擇一較爲公平之國與之立約。朝鮮之在亞細亞，實猶歐洲之土耳其，苟此國亡，則中東殆無安枕之日，故不憚爲之借箸而籌也。金君攜回此稿以奏其主，國王甚爲感動，一時輿論亦如夢初覺。自去歲至今，改革官制，設有交鄰、通商各司，又分派學生到北京，到津討論兵事。此次所遣委員亦爲探察一切。看其國勢，不久殆將開關矣。至李萬孫乃其國中之一老儒，其上疏皆不識時務之言，不足以爲怪也。

當時，沙俄、日本對朝鮮都懷有領土野心，英、美等國也企圖打開朝鮮門戶，黃遵憲《朝鮮策略》的具體意見未必正確，但他對朝鮮戰略位置的認識是有見地的，期望朝鮮君臣「發奮圖強」的願望也是積極的。

四

函件也有助於王韜生平及其文學的研究。

王韜在日本時，不僅與黃遵憲友善，而且與不少日本人士相處得也很融洽。何如璋曾上書清政府有關方面，擬羅致王韜在駐日使館工作，後因使館人員名額有限，又因福建巡撫丁日昌也有延聘王韜入幕的打算，未果，此事顛末，具詳黃遵憲光緒五年七月十一日致王韜函中。光緒六年，王韜準備再度東游，這使黃遵憲很高興，他認為，王韜在日本人士中有影響，出任使館工作必將「於兩國和好收效甚大」。因此，計劃再次推荐王韜。六月十九日函云：「若得有消息，舊日令尹必舉先生之名以告。」即指此事。

對王韜的詩文，黃遵憲評價都很高。王韜游歷日本時所寫的《扶桑游記》，黃遵憲評之為：「如風水相遭，自然成文，其天機清妙，讀之使人神怡。」光緒六年八月，黃遵憲讀了王韜的《蘅華館詩錄》後，於同月二十九日致函說：

> 竊以為才人之詩只千古而無對也。弟每讀近人詩，求其無齷齪氣，無羞澀態者，殊不可多得。先生之詩，盡洗而空之，凡意中之所欲言，筆皆隨之，宛轉屈曲，天矯靈變而無不達，古人中惟蘇長公、袁子才有此快事，然其身世之所經，耳目之所見，奇奇怪怪，皆不及吾子遠甚也。

這裏的評價雖不無過譽之處，但對於我們研究王韜，仍有參考價值。

（原載《史學集刊》1982年第 4 期）

【註　釋】

① 王韜：《日本雜事詩序》，《弢園文錄外編》卷九。

② 《弢園文錄外編》卷十一。

③ 《黃遵憲光緒七年六月十三日致王韜函》。

④ 《清光緒朝中日交涉史料》卷一。

⑤ 同前註。

⑥ 《日本外交文書》卷十一。

⑦ 同前註。

⑧ 《譯美前總統幕友楊副將來函》，《李文忠公全書·譯署函稿》卷九。

⑨ 《黃遵憲光緒五年十二月十五日函》。

⑩ 《譯美國副將楊越翰來函》，《李文忠公全書·譯署函稿》卷九。

⑪ 《譯美前總統來函》，《李文忠公全書·譯署函稿》卷九。

⑫ Malozemoff: Russian Far Eastern Policy, 1881-1904, Berkeley, 1958, pp. 40-42.

⑬ 《黃遵憲光緒六年四月十日致王韜函》。

⑭ 《弢園尺牘》，中華書局標點本，1959年版，第 171 頁。

康有為謀圍頤和園
捕殺西太后確證

　　戊戌政變時期，清朝政府曾指責康有為「謀圍頤和園，劫制皇太后」，以之作為維新派大逆不道的罪狀。當時道路傳言，議論紛紛，史籍、筆記中多有記載。但是，由於這一消息過於聳人聽聞，康有為對此又一直矢口否認，多年來，歷史學家們大都不予置信。實際上，它確有其事。康有為不僅曾準備「劫制」西太后，而且曾準備乘機捕殺。筆者於日本外務省檔案中獲得了可靠的證據。

　　1898年9月28日，清政府將譚嗣同、楊深秀等六人處決。次日，以光緒皇帝的口氣發布上諭說：

　　　主事康有為首倡邪說，惑世誣民，而宵小之徒，群相附和，乘變法之際，隱行其亂法之謀，包藏禍心，潛圖不軌，前日竟有糾約亂黨，謀圍頤和園，劫制皇太后，陷害朕躬之事，幸經察覺，立破奸謀。又聞該亂黨私立保國會，言保中國不保大清，其悖逆情形，實堪髮指。朕恭奉慈闈，力崇孝治，此中外臣民之所共知。康有為學術乖僻，其平日著作，無非離經叛道，非聖無法之言。茲因其素講時務，令在總理各國事務衙門章京上行走，旋令赴上海辦官報局，乃竟逗留輦下，構煽陰謀，若非仰賴祖宗默佑，洞燭機先，其事何堪設想！①

中國並不是一個法治傳統很盛的國家，單憑「惑世誣民」、「離經叛道」、「非聖無法」一類字眼，清政府完全可以下令捉拿康有為，處決譚嗣同等人，「上諭」特別提出「謀圍頤和園，劫制

皇太后」，顯然事出有因。

據惲毓鼎《崇陵傳信錄》一書記載：政變前夕，當西太后盛怒還宮時，曾指責光緒皇帝說：「我撫養汝二十餘年，乃聽小人之言謀我乎？」又說：「痴兒，今日無我，明日安有汝乎？」②惲毓鼎曾隨侍光緒多年，上述記載自非無根之談。費行簡的《慈禧傳信錄》一書所記與惲書大體相同，但更明確。它記西太后大罵光緒說：「汝以旁支，吾特授以大統，自四歲入宮，調護敎誨，耗盡心力，爾始得成婚親政。試問何負爾，爾竟欲囚我頤和園，爾眞禽獸不若矣！」③《清廷戊戌朝變記》所載亦同。西太后責問光緒說：「康有爲叛逆，圖謀於我，汝不知乎？尙敢回護也！」④綜觀上述材料，可以確定：西太后認爲，光緒皇帝和康有爲串通，準備將她囚禁於頤和園，因而才有前述廿九日的上諭。

對清政府的指責，康有爲多次矢口否認，反說是袁世凱的離間計。1908年，他在《上攝政王書》中說：

戊戌春夏之交，先帝發憤於中國之積弱，強鄰之侵凌，毅然維新變法以易天下。其時慈宮意旨所在，雖非外廷所能窺伺，就令兩宮政見小有異同，而慈孝感召之誠，終未嘗因此而稍殺。自逆臣世凱無端造出謀圍頤和園一語，陰行離間，遂使兩宮之間常有介介，而後此事變遂日出而不窮，先帝所以備歷艱險以迄今日，實惟此之故。⑤

康有爲這封信的主旨在於說明光緒「仁孝」而西太后「慈」，因此說了許多違心的話，如所謂「慈孝感召之誠」云云，即是自欺欺人的謊言。康有爲進一步聲稱：「推袁世凱所以造出此無根浮言之故，全由世凱受先帝不次之擢，其事頗爲廷臣所屬目，而盈廷洶洶，方與新政爲難，世凱忽生自危之心，乃幻出此至狠極毒之惡謀，如俗諺所謂苦肉計者以求自解免，此戊戌冤獄之所由起也。」康有爲的這段話實在沒有多少說服力。袁世凱爲了自求解免，向榮祿、西太后邀寵，出面告密就可以了，何必一定要造出

「謀圍頤和園」一類的謠言呢？須知，一經查實沒有此事，袁世凱的欺誑之罪也不會很小。老奸巨滑的袁世凱不會這麼幹的。

　　然而，「謀圍頤和園」一說確實出於袁世凱。他的《戊戌日記》對譚嗣同夜訪有詳細的記載，內稱：

　　　　（譚）因出一草稿，如名片式，內開榮某謀廢立弒君，大
　　　　逆不道，若不速除，上位不能保，即性命亦不能保。袁世
　　　　凱初五請訓，請面付朱諭一道，令其帶本部兵赴津，見榮
　　　　某，出朱諭宣讀，立即正法。即以袁某代為直督，傳諭僚
　　　　屬，張掛告示，布告榮某大逆罪狀，即封禁電局鐵路，迅
　　　　速載袁某部兵入京，派一半圍頤和園，一半守宮，大事可
　　　　定。如不聽臣策，即死在上前各等語。予聞之魂飛天外，
　　　　因詰以「圍頤和園欲何為？」譚云：「不除此老朽，國不
　　　　能保，此事在我，公不必問。」⑥

袁世凱自認，是他向榮祿告密的。袁在日記書後中稱，他寫這篇日記，是為了「交諸子密藏」，「以徵事實」。⑦當然，袁世凱為人陰險奸詐，他的話不能輕信，必須以其他材料驗證。

　　王照逃亡日本後在與犬養毅的筆談中說：

　　　　梁啟超、譚嗣同於初三夜往見袁，勸其圍太后，袁不允之
　　　　。⑧

在維新運動中，王照與康有為關係密切。當新舊兩派鬥爭日益尖銳的時候，康有為曾動員他游說聶士成率軍保衛光緒。⑨譚嗣同夜訪袁世凱之際，康有為又曾和他一起商議，「令清調袁軍入勤王」。⑩因此，他的話不會沒有根據。

　　李提摩太在《留華四十五年記》中說：

　　　　在頒布維新諭旨時，守舊派怨恨皇帝荒唐的計劃，可能很
　　　　快地使中國毀滅，他們懇求慈禧將一切的政權都掌握在她
　　　　自己手裏。她下諭秋天要在天津閱兵。皇帝恐怕在檢閱的
　　　　藉口之下，慈禧將要奪取所有權柄，而把他放在一邊。維

　　新黨催著他要先發制人，把她監禁在頤和園，這樣才可以
　　制止反對派對於維新的一切障礙。皇帝即根據此點召見榮
　　祿部下的將領袁世凱，計算在他的支持下，帶兵至京看守
　　她住的宮殿。

又說：

　　維新黨都同意要終止反動派的阻力，唯一的辦法就是把慈
　　禧關閉起來。⑪

李提摩太是康有為替光緒皇帝聘請的顧問，參與維新機密。光緒
求救的密詔傳出之後，康有為、梁啓超、譚嗣同曾分別拜訪他，
和他一起商討「保護皇帝」的辦法。因此，李提摩太的上述回憶
自然也不是捕風捉影之談。

　　許世英在回憶錄裏說：戊戌那一年，他在北京，聽到「圍園
」的有關傳說。曾經跑去問劉光第，劉說：「確曾有此一議」。
⑫許世英的回憶錄寫於晚年，他沒有說謊的必要。

　　梁啓超記譚嗣同夜訪袁世凱時說：

　　榮祿密謀，全在天津閱兵之舉。足下及董、聶三軍，皆受
　　榮所節制，將挾兵力以行大事，雖然，董、聶不足道也，
　　天下健者，惟有足下，若變起，足下以一軍敵彼二軍，保
　　護聖主，復大權，清君側，肅宮廷，指揮若定，不世之業
　　也。⑬

史家們千萬不能忽略這「肅宮廷」三字，如果不對西太后採取措
施的話，宮廷又如何能「肅」呢？

　　西太后是維新運動的最大障礙。殺一個榮祿，並不能完全解
決問題。由殺榮祿而包圍頤和園，處置西太后，這是順理成章的
事。事實上，維新派早就有過類似想法。康有為聲稱，如果要「
尊君權」，「非去太后不可」。⑭楊深秀也曾向文悌透露：「此
時若有人帶兵八千人，即可圍頤和園，逼脅皇太后」。⑮

　　最可靠的確證是畢永年的《詭謀直紀》。畢永年，湖南長沙

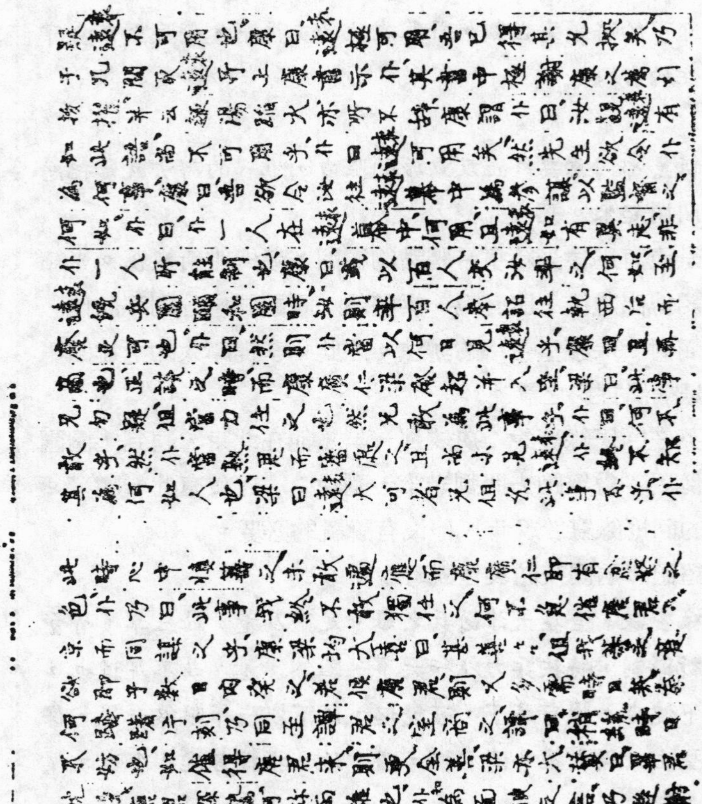

圖二　記錄康有爲「圍園殺后」密謀的畢永年日記（之一）
（採自日本外交史料館）

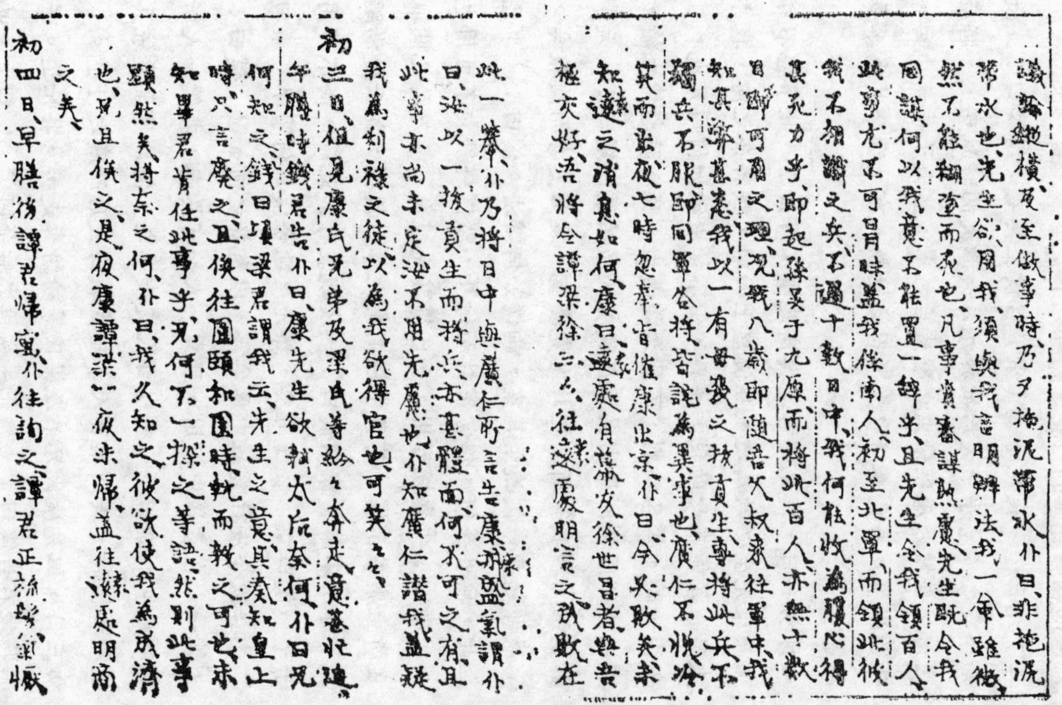
識縱橫、及至做事時、乃多拖泥帶水、仆曰、非拖泥帶水也、先生欲用我、須與我商明辦法、我一介雖微、然不能糊塗而死也、凡事貴審謀熟慮、先生既令我同謀、何以我竟不能置一辭乎、且先生令我領百人、此事尤不可冒昧、蓋我係南人、初至北軍、而領此彼我不相識之兵、不過十數日中、我何能收為腹心得其死力乎、即起孫吳於九原、而將此百人、亦無十數日即可用之理、況我八歲即隨吾父叔來往軍中、我知其弊甚悉、我以一有母喪之拔貢生、專將此兵、不獨兵不服、即同軍各將、皆詫為異事也、廣仁不悅、冷笑而出、是夜七時、忽奉旨催康出京、仆曰、今必敗矣、未知袁之消息如何、康曰、袁處有幕友徐世昌者、與吾極交好、吾將令譚梁徐三人、往袁處明言之、成敗在此一舉、仆乃將日中與廣仁所言告康、康盛氣謂仆曰、汝以一拔貢生、而將兵、亦甚體面、何不可之有、且此事尚未定、汝不用先慮也、仆知廣仁譖我、益疑我為劉穆之徒、以為我欲得官也、可笑々々、

初三日、但見康氏兄弟及梁氏等紛々奔走、意甚忙碌、午膳時、錢君告仆曰、康先生欲弑太后、奈何、仆曰兄何知之、錢曰、頃梁君謂我云、先生之意、其奏知皇上時、只言廢之、且俟往圍頤和園時、執而殺之可也、未知畢君肯任此事乎、兄何不一探之等語、然則此事顯然矣、將奈之何、仆曰、我久知之、彼欲使我為成濟也、兄且俟之、是夜康譚梁一夜未歸、蓋往袁處明商之矣、

初四日、早膳後、譚君歸寓、仆往詢之、譚君正梳髮、氣概

圖三　記錄康有爲「圍園殺后」密謀的畢永年日記（之二）
（採自日本外交史料館）

人，會黨首領，譚嗣同、唐才常的好友。戊戌政變前夕到達北京，被引見康有爲，受命在包圍頤和園時，乘機捕殺西太后。《詭謀直紀》是他關於此事的日記，節錄如下：

二十九日……夜九時，（康）召僕至其室，謂僕曰：「汝知今日之危急乎？太后欲於九月天津大閱時弒皇上，將奈之何？吾欲效唐朝張柬之廢武后之舉，然天子手無寸兵，殊難舉事。吾已奏請皇上，召袁世凱入京，欲令其爲李多祚也。」

八月初一日，僕見譚君，與商此事，譚云：「此事甚不可，而康先生必欲爲之，且使皇上面諭，我將奈之何！我亦決矣。兄能在此助我，甚善，但不知康欲如何用兄也。」午後一時，譚又病劇，不能久談而出。夜八時忽傳上諭，袁以侍郎候補。康與梁正在晚餐，乃拍案叫絕曰：「天子眞聖明，較我等所獻之計尤覺隆重，袁必更喜而圖報矣。」康即起身命僕隨至其室，詢僕如何辦法。僕曰：「事已至此，無可奈何，但當定計而行耳，然僕終疑袁不可用也。」康曰：「袁極可用，吾已得其允據矣。」乃於几間取袁所上康書示僕，其書中極謝康之荐引拔擢，並云赴湯蹈火，亦所不辭。康謂僕曰：「汝觀袁有如此語，尚不可用乎？」僕曰：「袁可用矣，然先生欲令僕爲何事？」康曰：「吾欲令汝往袁幕中爲參謀，以監督之何如？」僕曰：「僕一人在袁幕中何用，且袁一人如有異志，非僕一人所能制也。」康曰：「或以百人交汝率之，何如？至袁統兵圍頤和園時，汝則率百人奉詔往執西太后而廢之可也。」

初三日，但見康氏兄弟及梁氏等紛紛奔走，意甚忙迫。午膳時錢君告僕曰：「康先生欲殺太后奈何？」僕曰：「兄何知之？」錢曰：「頃梁君謂我云：先生之意，其奏知皇上時，只言廢之，且俟往頤和園時，執而殺之可也。未知

畢君肯任此事乎？兄何不一探之等語。然則此事顯然矣，
將奈之何？」僕曰：「我久知之，彼欲使我爲成濟也，兄
且俟之。」⑯

此件大約寫作於1899年初。當時，畢永年和康有爲矛盾已深，寫
成後交給了日人平山周，平山周交給了日本駐上海代理總領事小
田切萬壽之助。同年二月八日，小田切萬壽之助將它上報給日本
外務次官都築馨六。⑰它爲了解康有爲謀圍頤和園，捕殺西太后
的有關活動提供了最確鑿的材料⑱，它所記載的某些情節也可與
其他材料互相印證。例如捕殺西太后的人選，除畢永年外，還曾
急催唐才常入京，這正與袁世凱《戊戌日記》所載譚嗣同稱「電
湖南招集好將多人」相合。又如它記載康有爲告訴畢永年，已派
人往袁處離間袁世凱與榮祿之間的關係，這同《康南海自編年譜
》的說法一致。當然，也有個別情節不準確，例如它記夜訪袁世
凱的爲康有爲、譚嗣同、梁啓超三人，這是因爲譚嗣同沒有將全
部眞實情況告訴畢永年，出於猜測之故。

在《上攝政王書》中，康有爲說：「今者兩宮皆棄臣民而長
逝矣，臣子哀痛有所終極，過去陳迹漸如煙雲。雖然，千秋以後
之史家，於戊戌之事豈能闕焉而弗爲記載，使長留謀頤和園之一
疑案不得表白，則天下後世非有疑於先帝之孝，則有疑於先帝之
明，而不然者又將有疑於大行太皇太后之慈。」⑲爲了維護封建
倫理，康有爲力圖否認有關事實。他沒有想到，這一「疑案」終
於得出了違反他的意志的「表白」。歷史是糊弄不得的。

（原載《光明日報》，1985年9月4日）

【附記】承日本立命館大學副教授松本英紀惠借日本外務省檔案縮微膠卷，
　　　　特此致謝。

【註　釋】

①　《德宗實錄》第四二七卷。

② 《戊戌變法》（中國近代史資料叢刊）第一冊，第 476 、466、 347 頁。

③ 同前註。

④ 同前註。

⑤ 《戊戌變法》第二冊，第 518 頁。

⑥ 《戊戌變法》第一冊， 550-551 、555頁。有關情節袁世凱生前也曾對
人說過，張一麟任袁世凱幕僚時也有所聞，見《心太平室集》卷八。

⑦ 同前註。

⑧ 《戊戌變法》第四冊，第 322-333 頁。

⑨ 同前註。

⑩ 《戊戌變法》第四冊，第 161 頁。

⑪ 同上書第三冊，第 562-564 頁。

⑫ 台北《人間世》半月刊，第五卷第四期第26頁（1961年4月）。

⑬ 《戊戌變法》第四冊，第52頁。

⑭ 同上書，第 331 頁。

⑮ 日本外務省檔案 1.6.1.4.2-2,491183。

⑯ 日本外務省檔案1.6.1.4-2-2,491315-491318。

⑰ 日本外務省檔案1.6.1.4-2-2,491312-491314。

⑱ 馮自由在《畢永年削髮記》一文中有簡略記載，但未說明資料來源，見
《革命逸史》初集，第74頁。

⑲ 《戊戌變法》第二冊，第 519 頁。

康有爲「戊戌密謀」補證

　　戊戌政變前夜，康有爲爲了挽回局勢，曾與譚嗣同、梁啓超密謀，利用袁世凱，包圍頤和園，乘機派畢永年捕殺西太后。有關事實，我已專文作過闡述①。近讀梁啓超致康有爲密札一通，發現它不僅爲戊戌密謀提供了新的有力證據，而且說明了梁啓超力主掩蓋事實眞相的情況和政治目的，因據之以作補證。

　　密札首尾均佚，中云：

　　　（上脫）唐已撤回矣。頃得諸要人爲我斡旋，各事可稱順手。惟張、鹿兩軍機仍不慊於吾黨，監國之待彼革，處處還其體面，故尚不無小小阻力。弟子已有書與張，通殷勤，釋前嫌，若吾師別致一函更妙（函寄此間可也）。

　　師所上監國書奉到時，袁賊已敗，故措詞不能不稍變易，已僭改若干，謄寫遞去矣。戊戌密謀，鄙意謂必當隱諱，蓋投鼠忌器，今兩宮皆殂，前事非復嗣統者所忍言，非傷德宗，傷孝欽，爲監國計，實無從理此曲直也。故弟子寫信入都，皆力辯戊戌絕無陰謀，一切悉由賊虛構，專歸罪於彼一人，則可以開脫孝欽，而事易辦。師謂何如？望此後發論跟此一線，以免異同，爲叩！黨禁之開必非遠，然忌我者眾，賊雖敗而死灰尚未盡，今後所以處之者，益當愼重。若此次再出坌，則中國眞沉九淵矣。師謂何如？②

函中所言唐，指唐紹儀。張、鹿兩軍機，指張之洞與鹿傳霖。監國，指攝政王載灃。袁賊，指袁世凱。德宗，指光緒。孝欽，指西太后。函中提到「袁賊已敗」，故知此函作於1909年1月2日，清政府罷斥袁世凱之後。函中所言「彼革」，亦指袁世凱。「

處處還其體面」，指載灃以袁世凱患有「足疾」，「開缺回籍養痾」爲名革除了他的職務。所謂「戊戌密謀」，即指包圍頤和園，軟禁以至捕殺西太后的計劃，因爲「誅榮祿」等一類打算，早已由梁啓超在《戊戌政變記》等處公布，不必再「隱諱」了。

戊戌政變後，康、梁流亡海外，對袁世凱出面告密，以致「六君子」被殺、光緒被囚的行爲一直懷恨在心，多次策劃倒袁。1908年11月，光緒和西太后相繼死去，由光緒的親弟弟載灃攝政。這使康、梁大爲興奮，視爲「討賊復仇」的絕好機會。他們多方活動，聯絡滿漢貴族、大臣，企圖使清政府懲辦袁世凱，其中重要的方式就是給載灃上書。

在《上攝政王書》中，康有爲力辯「謀圍頤和園」，說這是袁世凱捏造的「無根浮言」，「至狠極毒」，惡貫滿盈，要求載灃像康熙誅鰲拜，嘉慶誅和珅，西太后殺肅順一樣處置袁世凱，「爲先帝復大仇，爲國民除大蠹」。③從梁札可以看出，《上攝政王書》是經由梁啓超之手轉遞給載灃的，其間經過梁啓超的「僭改」，而其「僭改」的最重要之處則是周到地掩蓋「戊戌密謀」。

還在1909年，康有爲在給英國人濮蘭德的書信中就曾說：「蓋自前年八月，慶、榮、剛諸逆賊欲弒皇上，而假托於僕，誣以進毒丸，欲殺弟而即弒皇上，一起兩得；既而足下見救，弟不可殺，則改誣以圍頤和園。」④當時，光緒是西太后的階下囚，康有爲洩露「圍園」密謀必然會危及光緒。現在囚人者與被囚者都已經死去，康有爲覺得時勢不同了，因此在《上攝政王書》中作了某種透露，而這遭到了梁啓超的強烈反對，聲言「戊戌密謀，鄙意謂必當隱諱」，要求老師和他統一口徑：「以後發論，跟此一線，以免異同。」

確實，梁啓超比他的老師精細。載灃雖然是光緒的親弟弟，但他的地位是西太后給予的。把「圍園」這樣的密謀提到載灃面

前，就會使他處於十分爲難的地位：「非傷德宗，傷孝欽，爲監國計，實無從理此曲直」。肯定密謀是正義之擧吧？這就要證明西太后不義；而且，光緒與密謀的關係也無法交代。如果光緒知情，這就有悖於「孝道」；如果不知情，又難免失察之過，和改良派力圖塑造的光緒形像大相徑庭。這一時期，梁啓超還有一封給肅親王善耆的書札，中云：「德宗皇帝之仁孝與英明，皆天下所共聞也。以仁孝之德宗豈其對於太皇太后而有此悖逆之擧？若謂全由康有爲主謀，德宗不預知，試思德宗豈昏庸之主，由疏逖小臣之康有爲得任意播弄者耶？」又云：「使德宗而與聞康之謀，德宗不得爲仁孝也，使德宗而爲康所賣，是德宗不得爲英明也。二者必居其一於是，而德宗豈其然哉！」⑤康有爲的《上攝政王書》中也有類似的一段話，當即梁啓超的「僭改」之一。這段話很好地說明了梁啓超的內心矛盾。他權衡再三，只有「力辯戊戌絕無陰謀」，一切均由袁世凱「虛構」，「專歸罪于彼一人」，這樣，就可以撇開西太后的關係，「而事易辦」，載灃下決心懲辦袁世凱就容易多了。

梁啓超力主掩蓋事實眞相的另一考慮是「開放黨禁」。載灃攝政後，康有爲、梁啓超除活動倒袁、懲袁外，同時還企圖爲戊戌一案平反，其內容包括：撫恤「六君子」，起用因參與變法而被罷斥的維新黨人，允許康、梁等合法地從事政治活動等。如果包圍頤和園一類密謀洩露，必將增強反對力量，惹起許多麻煩，不如矢口否認來得乾淨。所以，梁啓超又告誡康有爲，不能再「出岔」了：「黨禁之開必非遠，然忌我者衆，賊雖敗而死灰尚未盡，今後所以處之者，益當愼重。」

對梁啓超的考慮，康有爲深以爲然。所以他不僅同意梁啓超的「僭改」，而且終其身一直守口如瓶。1926年，當袁世凱的《戊戌日記》在《申報》上發表時，曾經有人認爲「個中人物，只有南海」，希望他出面「證明是非」，但是，康有爲卻保持沉默

，「始終未有只字相答」⑥。康有爲的疏忽之處在於，他沒有想到畢永年留下了一份日記，也沒有將梁啓超的密札銷毀，使得我們在「確證」之後，還可以「補證」。

（原載《文匯報》，1986年4月8日）

【註　釋】

① 見本書第 37-45 頁。

② 蔣貴麟：《萬木草堂遺稿外編》（下），台北版，第 860-861 頁。

③ 《戊戌變法》第二冊，第 521 頁。

④ 《康有爲政論集》（上），中華書局1981年版，第 424 頁。

⑤ 《梁啓超年譜長編》，上海人民出版社1983年版，第 478 頁。

⑥ 張一麟：《致蔡元培書》，《中國現代史叢刊》㊁，台北版，第 1-2 頁。

唐才常佚札與維新黨人的
湖南起義計劃

　　日本國會圖書館藏唐才常致宗方小太郎手札一通，爲中華書局版《唐才常集》所未收，迄今尚未有人論及。它爲研究唐才常和自立軍起義提供了新資料。

　　　　函稱：執事前日驂從往漢，匆匆未及拜送，至以爲歉。兹有沈君愚溪、林君述唐，擬與田野桔治君同往湖南，開辦學堂、報館等事。此舉頗繫東南大局，至爲緊要。必須開創之時，極力衝破。以後舉行諸事，自然順理成章。頃悉白岩、荒井、宮坂諸君，皆於日內來漢，妥商一切。務乞先生與數君子及沈、林二人，公同會議，謀定後動，但求挾一必行之志，毋爲浮議所移。湖湘幸甚！大局幸甚！（下略）末署「小弟唐才常頓首。華十月十九日。

宗方小太郎，號北平，日本肥後人。1864年生。年輕時從學於軍國主義分子佐佐友房。中法戰爭期間到中國。1890年接受日本海軍部任務，在中國收集情報。1894年中日甲午戰爭爆發，曾化裝潛入威海衛、旅順兩要塞刺探。1898年在漢口經營《漢報》。同年歸國，發起組織東亞同文會。1899年，東亞同文會會長近衛篤麿漫遊歐美後，便道訪華。10月25日，抵達上海。27日，從上海出發赴漢口，宗方小太郎隨行。函云：「執事前日驂從往漢，匆匆未及拜送。」本函作於1899年11月21日（光緒二十五年十月十九日），可知唐才常當時在上海。函中所言沈君愚溪，指沈藎，湖南長沙人。戊戌變法時即與譚嗣同、唐才常交往。1900年2月，在上海與唐才常共同發起組織正氣會（旋改稱自立會），任事

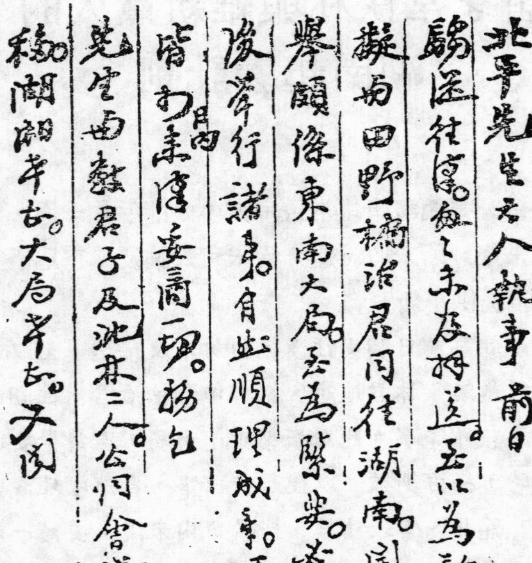
北平先生之人執事：前日
歸滬，往謁，無之未及相送，至以為歉。茲有沈君愚溪、林君述唐，
擬由田野橋諸君同往湖南，開辦學堂、報館等事。此
舉頗係東南大局，至為緊要。必須開創之時，極力衝破。以
後萃行諸事，自然順理成章。頃王因若荒井宮坂諸君，
皆相來滬，妥商一切。閣　務乞
先生函致君子及沈林二人，公同會議，謀定後動，但求拼一死打之志，毋多牽議，所
稍開湖南半局。大局半局。天閣

圖四　唐才常手跡
（採自日本國會圖書館）

務員。同年 7 月，參加張園國會。後被推爲自立軍右軍統領，在
湖北新堤發難。林君逃堂，指林圭，湖南湘陰人。長沙時務學堂
學生。戊戌政變後留學日本。1899年多歸國，參加組織正氣會。
1900年在漢口組織自立軍機關。 8 月被捕，22日被害。田野桔治
，一作田野桔次，日人。唐才常等創立正氣會時，對外托名東文
譯社，即以田野桔治爲社長。後來，他又出版《同文滬報》，爲
自立軍作鼓吹。

　　唐才常與宗方小太郎相識於戊戌政變之後，二人曾和康有爲
一起，在日本商量推翻西太后統治的起義計劃。宗方小太郎1898
年10月31日日記載：

　　　　與柏原同至加賀町訪問康有爲，湖南＜南＞學會代表人唐
　　　　才常在座。唐係湘中志士，聲言因擬發動義兵，來日借兵
　　　　並兼請聲援。康有爲頻頻乞求援助。余稱：日本政府決不
　　　　輕易出兵，但如時機到來，不求亦將提供援助。目前，只
　　　　有我輩能爲義軍增添力量，期望使諸君之志願得以實現。
　　　　康稱：南學會員約一萬二千名，均爲上流士子。前任湘撫
　　　　陳寶箴爲會長，徐仁鑄、黃公度爲首領。湖南勢力實在此
　　　　會。一旦舉事，將引軍直進，略取武昌，沿江東下，攻占
　　　　南京，然後移軍北上。官軍能戰者僅袁世凱、聶士成、董
　　　　福祥三軍，合計不過三萬人。義軍倘能進入湖北，當可得
　　　　到張之洞之響應云云。談話自十一時至午後二時歸①。

　　柏原，即犬養毅的親信柏原文太郎。宗方的這一頁日記提供
了康有爲、唐才常起義的計劃輪廓和進軍路線。當時，距西太后
重新訓政不過40天，康有爲、唐才常就已經決心以武力爲維新事
業開闢道路，這不能不說是一個躍進。舊說以爲變法的失敗就是
改良派墮落的開始，這一劃分未免過於機械。

　　唐才常與宗方小太郎的第二次見面在11月 1 日。當日宗方日
記云：

> 湖南人畢永年、唐才常等來訪。唐係南學會代表人,擬在
> 湖南舉義,爲求我同志助力而來。余懇切勸諭,約以暫且
> 沉潛待機,在此間專力準備,待余至清國後妥定方略。②

畢永年,長沙人,譚嗣同、唐才常的好友。戊戌政變前夕,康有爲圖謀利用袁世凱的力量包圍頤和園,其中捕殺西太后的任務即交給了他。這時,他正和唐才常一起籌劃起義。顯然,唐才常對宗方願爲義軍「增添力量」的表示極感興趣,因此,第二天便偕畢永年登門拜訪。

唐才常原是戊戌變法時期的激進派。他與康有爲一起確定了起義計劃後,即積極從事籌備與組織工作。1899年春,畢永年偕宗方的同學、日人平山周赴漢口,會見林圭,三人一起入湘,聯絡各地哥老會。同年5月,畢永年派長沙人張燦、譚祖培、李心榮赴日,會見宗方,要求迅速在湖南舉義。③此前,唐才常也回到國內,在上海主編《亞東時報》。這年秋,唐才常再次赴日,得見孫中山,商定孫、康兩派合作,共同在湖南、湖北及長江流域起兵的計劃。這一時期,唐才常還聯絡了在東京高等大同學堂學習的林圭、蔡鍔等一批留學生,決定回國舉事,11月,孫中山、梁啓超爲之餞行。不久,唐才常首途回滬,林圭及田野桔治也於同月中旬到達上海。唐才常致宗方小太郎函正是在此情況下寫成,由林圭等親手遞交的。

湖南是康有爲、唐才常起義計劃中的發動點。唐才常派沈藎、林圭及田野桔治去武漢的目的是聯絡張之洞,通過張取得合法身份,以辦學、辦報爲名在湖南進行軍事準備。信中,唐才常要求宗方與沈藎、林圭及白岩、荒井、宮坂等人,「公同會議,謀定後動」,顯然指起義一類事情,如果只爲了辦學、辦報,是不值得如此重視的。

在唐才常致函宗方的前18天,宗方曾在武昌訪問張之洞,了解他的態度。談話中,張之洞激烈地指責康有爲一派欺君賣國,

對日本政府驅逐康有為出境表示感謝，宗方則答以並非驅逐，而是有志之士勸告康有為自動離日的結果。張之洞便順著宗方的話頭，進一步要求「勸告」梁啓超離日。宗方發現張之洞並非如康有為所言有可能響應義舉，失望而去。④這可能是促使宗方改變對唐才常起義態度的原因之一。

　　沈藎、林圭、田野桔治的湖南計劃也因未能打通張之洞的關節而無法進行。據田野桔治記述：「當時上海有日本愚物三人，竟向予等之計劃直開反對之運動，以阻撓之不使行。」⑤這裏所說的「日本愚物三人」，當即唐函所稱「白岩、荒井、宮坂」。他們不願充當沈藎等人和張之洞之間的中介。田野忿忿地表示：「倘彼愚物而為德、法人，予必贈以決鬥書，而先流其血以浣恨矣！」⑥田野的記述表明，圍繞對康有為、唐才常起義的態度，日本大陸浪人間產生了嚴重的對立。

　　白岩等人的態度是宗方小太郎態度的反映。在策劃起義的最初階段，宗方表示支持，這使康有為等增強了起義的決心；但是，宗方後來卻並不積極。他們和康有為等發生關係本來就是為日本侵略政策服務的，因而其反覆變化也就不奇怪了。

　　儘管宗方等改變了態度，但是，唐才常、沈藎、林圭等還是積極籌備，不過計劃中的起義中心卻逐漸轉移到了湖北。

（原載《歷史檔案》，1988年第3期）

【註　釋】

①　《宗方小太郎文書》，日本原書房版，第 673 頁。

②　《宗方小太郎文書》，第 673-674 頁。

③　同前註。

④　同前書，第 676-677 頁。

⑤　《自立會史料集》，岳麓書社1983年版，第 207 頁。

⑥　《自立會史料集》，第 208 頁。

須磨村密札
與改良派請殺袁世凱的謀劃

一、引　　言

　　1908年11月14日，光緒皇帝去世。根據西太后的意旨，立醇親王載灃之子溥儀爲帝，載灃以攝政王監國。15日，西太后也突然死去。這一連串的事件給了流亡在海外的改良派以極大震動，也帶來了巨大希望。當時，梁啓超正居留於日本兵庫縣須磨村的怡和別莊。他於22日邀約神戶同文學校前校長湯覺頓、現校長張壽波、學監吳肇祥一起商量，「就淸國皇室當前發生的事變進行了種種謀議」①。23日，以日本中國領署、同文學校等名義向國內發出掛號或普通郵件共八封。25日，繼續發出若干封。這些書信，經日本情報人員秘密檢查後抄錄了四封，由兵庫縣知事服部一三上報給外務大臣小村壽太郎，現存於日本外務省外交史料館。它們反映了當時改良派力圖促使淸政府誅殺袁世凱的緊張活動，有較重要的史料價値。但是，書信中運用了不少隱語，意思晦澀；日本情報人員辨讀漢字草書的能力又很差，抄件訛誤嚴重，筆者參考各種文獻，反復揣摩，讀懂了這些書信的大部分內容，因整理闡述如次。那些不可解，或者雖解而不正確的部分，只好留待高明。

二、密札解讀

　　爲了儘可能保存原貌，現照錄日本情報人員抄件全文。改正的字加〔　　〕號，增補的字加＜　　＞號，雖改正而有疑問的字加

？號，無法辨讀或無法排印的字以××代替。所有標點，均根據筆者對文意的理解重新厘訂。

其一：

封　　書

須磨怡和別莊

北京西四牌樓南磚塔胡同內錢串胡同路北柵欄門外務部長大人（壽卿勛啓）

日本中國領署緘

文　　意

新帝既立，醇邸攝故〔政〕。以醇王之賢，薄海內外，必以平〔手〕加額。帷〔惟〕討賊復仇之舉，刻不容緩。而當此變亂紛篡之際，最不能不取奇才異能之士，以定危局，以報先帝，更宜行大賞罰，以一新天下之耳目，一吐天下之公憤。公親枝忠報，當必有嘉猷遠漠〔謨〕獻替，當路如蕭、澤者，此時真可定奇謀成奇勛在〔者〕也潘公人極沈摯〔摯〕，有大決斷，作多常士，望公推誠。茲爲公偵諸要人，急叩之。匆匆傷變，爲書不詳。然石〔所〕言至重，不撝固陋，談〔祈〕高明英斷（？）。敬談〔祈〕爲圖〔國〕珍重。第〔弟〕名心叩。十月二十五日。②

本札及下二札均爲11月23日發。在本札中，發信人隱名，僅署「名心叩」，當爲梁啓超，受信人長大人，應爲長福，是改良派在清朝貴族中的內應。他字壽卿，一作綏卿，宗室正紅旗人。1901年被清政府派赴日本，入弘文學院學習警務。其後任駐神戶領事，和梁啓超關係密切，曾參加政聞社。歸國後在外務部任主事，爲改良派做過不少事情。函中所言蕭，指肅親王善耆，時任民政部尙書；澤，指載澤，時任度支部尙書。他們都是清朝貴族中的實權派。函中所言潘公則指潘博，康有爲的學生，他一名之博，字若海，號弱庵，曾打入善耆主持的民政部任職，是改良派

在北京從事秘密工作的重要人物。③

戊戌政變前夜，康、梁等人計劃利用袁世凱的力量，包圍頤和園，軟禁以至捕殺西太后，消滅變法的反對力量。但是，由於袁世凱告密，形勢突然變化：光緒被囚，六君子被殺，新政完全被推翻。因此，康、梁對袁世凱有切齒之仇。1907年春，康有爲指示梁啓超、麥孟華二人，將「倒袁」作爲首要任務。他在信中說：「今先其大者，自以倒劻爲先。」④康有爲並指示，必要時可以進行暗殺，聲言：「魯難未已，則以矗政行之，亦不得已也。」④馬良也向梁啓超提出，對袁世凱，可以送他一丸子彈⑤。光緒去世，改良派普遍認爲是袁世凱所害，而且懷疑他會進一步簒奪清朝江山。當時有一份傳單說：「袁世凱乘太后病危，潛通內侍，鴆弒皇上，密召姜、楊各軍入京自衛，將又弒新帝簒位。」⑥這份傳單不一定出自康、梁之手，但卻反映了他們的觀點。對載灃的攝政，他們是滿意的，因爲載灃是光緒的親弟弟。清朝歷史上，當權力遞嬗之時，曾經有過康熙誅鰲拜、嘉慶誅和珅、西太后誅肅順等例子。康、梁有鑒於此，決定利用時機，力促清政府誅殺袁世凱。

11月18日，梁啓超以康有爲和他自己的名義致電各省督撫，中云：「兩宮禍變，袁爲罪魁，乞誅賊臣，伸公憤。」⑦有關資料表明，這一時期，他們還直接給載灃打過電報，「請誅賊臣以安社稷」。⑧

梁啓超的第二步便是給長福寫信，說明形勢危急，「變亂紛簒」，「討賊復仇之舉刻不容緩」，勉勵他以宗室的身份提出「嘉猷遠謨」。由於長福地位不高，梁啓超的主要希望寄託在善耆、載澤二人身上。從1907年夏起，善耆便和梁啓超建立了聯繫。信中所謂「行大賞罰」，「一新天下之耳目」，「一吐天下之公憤」等，主要是寫給善耆等人看的。「定奇謀，成奇勛」者，即以非常手段處決袁世凱之意。本函將潘博推荐給長福，要求他們

推誠相見，通力合作，在清政府「要人」之間活動。後來，爲聯繫方便，潘博就住在長福家裏。

其二：

封　　書

北京西四牌樓南磚塔胡同內錢串胡同路北柵欄門外務部長長大人（壽卿勛啓）

日本中國領署緘

文　　意

綏公吾足〔兄〕尊右：不意三日之間，疊遭圖〔國〕恤，面〔而〕先帝上賓，文〔尤〕爲天下人石〔所〕同疑。嗚呼！不意奸賊意〔竟〕敢悖逆如此。

先帝已失，奸賊猶逍遙法外，呼天搶地，如何之〔如何〕！僕以前此謠諑避嫌，石〔不〕能入北，窮居海外，忽問〔聞〕此炭，權〔摧〕痛如〔何〕言！比東〔來〕朝局若何？僕不〔所〕知者惟恃報紙，詞多影響，且紛雜莫是，焦苦愈不可狀，務請明此耳！京上委公，飛示詳區，玉〔至〕禱玉〔至〕禱！寶雲令清濁上之都，專丙此事，特有何仁，至×時望與密話，寶雲因匆促，故區石〔不〕能詳，當其致副書復，工〔旦〕夕待令。

本札受信人仍爲長福，發信人應爲須磨村會議參加者湯覺頓、張壽波、吳肇祥三人中的一個。函中云：「僕以前此謠諑避嫌，不能入北，窮居海外。」湯覺頓於1908年春受梁啓超委派，秘密前往北京，和善耆、良弼等人聯繫，但不久即受人懷疑，再度避居海外⑨。據此可知發信人爲湯覺頓。

本札稱光緒之死（上賓）「爲天下人所同疑」，憤慨於「奸賊竟敢悖逆如此」，雖不十分肯定，但已相當明確地把袁世凱視爲凶手。「先帝已失，奸賊猶逍遙法外」二語，含蓄地提出了誅袁要求。由於已有梁札，所以湯覺頓在本札中僅要求長福火速通

外務省伯爵少對壽長卿殿

兵庫縣知事　服部。一三

逓報宛(白外相)

(其二)

封書

別　　紙

北京西四牌樓南磚塔胡同内錢串胡同路北欄門

須麿怡祐別筵

外務部長、長大人(壽卿勛啓)

日本中國領署緘

文意

新帝院立。醇邸根枝。醇王之賢。導海内外。

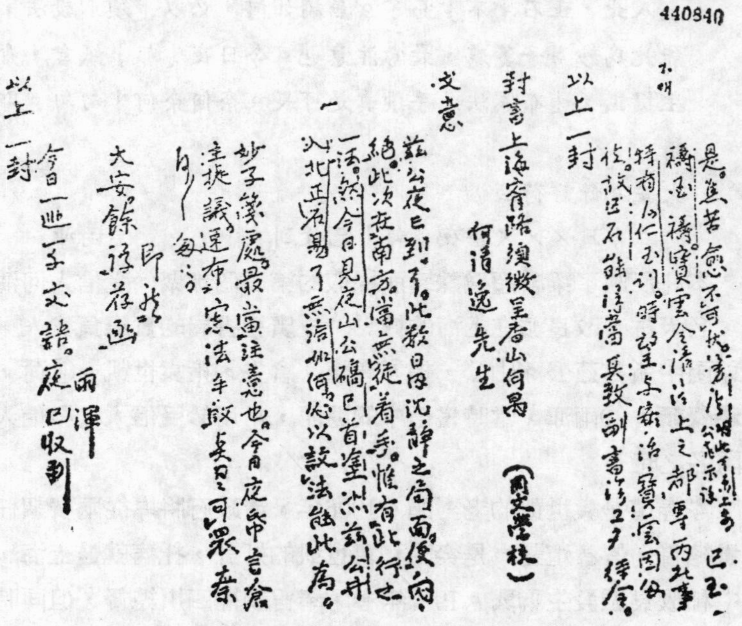

440840

不明

以上一封

封書上海寶路總撥呈香山何禺
何清逸先生
（國史館校）

文意

一　茲公夜已到了。此數日內沈靜之局面，使〈人〉悶絕。此次在南方，當無從著手，惟有此行之。一法然今日見定山公碻已首途，惟公并北正用勇了無治如何你以設法能此為。

以上一封

鈔字箋處最當注意也。今夜爭言倉主捉議遵布憲法年，長兄可眾拳

即此

大安餘續荘畫

以上一封

會一並手交讀，茲已收到。

圖五　日本警察秘密抄錄並上報的梁啓超等密札（局部）
（採自日本外交史料館）

報「朝局」。「至禱至禱」以下，當時日本情報人員就已經看不懂，特別標注了「不明」二字，筆者目前也還不能解讀清楚。其中寶雲，似指梁啓超，大意當為迫切期待長福有所指示，本人「待令」北上云云。

其三：

封　　書

上海〈海〉寧路須征呈〔里〕香山何禺〔寓〕何清逸先生
（同文學校）

文　　意

茲公：夜〔報〕已到了。此數日內沈靜之局面，使〈人〉悶絕。此次在南方，當無從著手，惟有此〔北〕行之一法。然今日見夜〔報〕，山公碻已首途。恐茲公并〔並

〕入北，正石〔不〕易了。無論如何，必以〔須〕設法，
能此爲妙。子箋處，最當注意也。今日夜〔報〕紙言，倉
主提議，速布憲法，手段眞是可畏。奈何奈何！匆匆。即
請

大安。餘詳荷函

　　　　今日×××語夜〔報〕已收到。　　　　　兩渾

　　本札反映了梁啓超爲誅袁而採取的第三個步聚。受信人何清
逸，名天柱，改良派在上海的據點——廣智書局的實際負責人，
當即函中所言茲公。山公，指岑春煊。倉主，指袁世凱。⑩荷，
指湯覺頓。⑪兩渾，當時書信中的隱語，常用於受信人、發信人
均隱名之時。

　　岑春煊是袁世凱的老對頭。1906年，清政府將岑從兩廣調任
雲貴總督，岑春煊認爲是奕劻和袁世凱的奸計，托病就醫上海，
暗中和改良派發生聯繫。1907年春，奉旨調補四川總督，但同時
清政府又規定他「毋庸來京請訓」。岑春煊乃於啓程赴任舟次武
漢之際，突然乘車入京，在西太后面前參劾奕劻「貪庸誤國」，
被任命爲郵傳部尙書。他和瞿鴻禨聯結，接連參劾了袁世凱的親
信朱寶奎和段芝貴二人，被外放兩廣總督。在他出京到達上海之
際，梁啓超曾秘密自日本返滬，準備和他會談。因瞿鴻禨已被免
職，岑本人也因「暗結康梁」之嫌被參，二人未能見面。自此，
岑春煊準備帶著醫生入京，已經訂好了船期⑫。聽到光緖的噩耗
後，岑春煊更爲「激昂」⑬。19日，上海《神州日報》從北京發
出專電稱：「岑春煊即將起用。」20日又報導稱：「前兩廣總督
岑宮保向居滬北垃圾橋地方，前晚接到京電，著即來京等因，宮
保當即北上。」22日，日本報紙也報導說，岑春煊於20日通過蕪
湖，擬經漢口入京。⑭梁啓超致何天柱函中所稱：「山公確已首
途」，當即本此。從信中可以看出，梁啓超準備派何天柱隨岑春
煊北上，但因岑已上路，感到「不易」，但仍表示：「無論如何

，必須設法，能此爲妙。」函中所言「倉主提議，速布憲法」云云，據《大公報》及日本報紙報導，袁世凱在光緒、西太后相繼去世後，曾向清政府提議，迅速召開國會，實行憲政，以安人心⑮。梁札當即指此。袁世凱在載灃登台後，地位岌岌可危，但是，他卻迅速抓住了「速開國會」、「速行憲政」一類題目，借以收買人心，爭取好感。因此，梁啓超發出了「手段眞是可畏」的感嘆。

其四：

封書（書留）

上海海寧路須征里香山何寓何大人清逸啓

神户同文學校

文　意

對偉兩公同釜〔鑒〕：構父來，得具忠〔悉〕偉公不獲與山公偕行，誠大憾事。今所憂者，無途可以入都可〔耳〕。無論如何，必須設法者。答〔若〕能者〔有〕得，自有生發，不一日得〔待〕一日也。十乘昨未〔來〕一書，乃事前取〔所〕發，不遇〔過〕告急可〔耳〕，尚待次凶〔函〕乃有別消息也。

今晨東電言，子笈已起用，此亦可注目者。偉公入北，當必能見比〔此〕公也。

名心叩

高叟與山公偕否？座〔望〕示知。

本札11月25日發。書留，日語掛號信之意。受信人中的對公，指麥孟華⑯；偉公，指何天柱（清逸）⑰。發信人仍署「名心叩」，當爲梁啓超。函中所言構父，指向瑞彝，是改良派的重要成員。

在改良派中，麥孟華和岑春煊關係最深。1907年春，岑春煊調任四川總督時，曾特聘麥孟華隨行。岑春煊準備舟次武漢時突

然改道入京的計劃,麥孟華也深知,並擬借岑之力入京活動,岑也表示願「出力相助」⑱。但因事機不密,消息洩露,麥孟華的隨行計劃被迫作廢。後來,陳慶桂曾參劾岑春煊「逗留滬上,將有他圖,皆麥某一人為之主謀。以應行嚴緝之人,而竟倚為心腹」⑲。但這並未影響岑、麥二人之間的關係。光緒逝世後,麥孟華也認為關鍵在於載灃能否「行大賞罰」,「戮一二人」,如果袁世凱不死,後果將不堪設想。因此力促岑春煊入京,曾進言說:「上崩必出賊手(且後亦必有變),亟當馳入北,聯有力者申大義。」⑳由於岑、麥之間的關係已經暴露,因而,隨岑北行的任務自然落到了改良派在上海的另一員大將何天柱身上。從密札看,梁啓超從向瑞彝處得悉,何天柱終於未能隨岑北行,感到極大遺憾,但仍堅持北上方針,再次強調「無論如何,必須設法」。因為只有在北京,他們的誅袁謀劃才有可能「生變」。

函中提到的十乘,不詳何人,看來是改良派在北京的密探。他向梁啓超報告了光緒病重的消息,所以函中稱:「十乘昨來一書,乃事前所發,不過告急耳,尚待次函乃有別消息也。」函中提到的子箋,亦不詳何人。前函稱:「子箋處,最當注意也。」本函稱:「今晨東電言,子箋已起用,此亦可注目者。」梁啓超並估計何天柱入京時,將能見到他,看來是改良派寄以希望的一位人物。至於所言高叟,改良派密札中有時稱他為固哉,蓋取《孟子》固哉高叟之為詩也」之義,當是岑春煊的幕僚。

三、請殺謀劃的失敗

改良派雖然作出了請殺袁世凱的種種謀劃,但其進行卻困難重重。

首先是湯覺頓北行受阻。由於嫌疑未消,北京方面發函勸他暫時不必返國㉑。其次是岑春煊聽了別人的話,對北京政局採取「沉吟觀變」態度,決定暫不北上㉒。報上並發表了「聞岑春煊

咯血病甚劇，不能北來」的消息㉓。這一切使改良派很生氣，也很失望。麥孟華在致康有為書中憤憤地說：「初聞彼議論，以為一個儻士，今彼先事絕無布置（前此弟尚以為彼有密謀，不令我輩知耳，今乃見其實無預備也），既不能謀，臨事又復首鼠，又不能斷，嘉州無可復望矣。」㉔此外，子箴的起用也迄無確訊。雖然康、梁二人都很關心此事，但麥孟華只能告以「此間尚無聞」。㉕

儘管如此，改良派仍然在作努力。他們分析了形勢，覺得載灃的地位並不十分鞏固。麥孟華函稱：「今醇勢頗搖搖，然彼非行大英斷，則勢必不能固；欲其行大英斷，則非有人運動不可。」㉖於是，他們決定，由何天柱攜帶康有為從海外匯來的款子，單獨入京「運動」㉗。何天柱此行的成果如何，不得而知，長福方面卻給梁啟超傳達了善耆和載澤的訊息：元凶必去，決無中變，不必擔心。㉘1909年1月2日，載灃以袁世凱患有足疾為名，命他開缺回籍休養。

對袁世凱的開缺，改良派中有人表示滿意，徐勤函稱：「袁賊被逐，為之狂喜。中國雖未即強，然罪人斯得，大仇已復，吾黨天職，亦可少盡矣。」㉙但康、梁二人都不甘心。梁啟超致書善耆，認為對袁世凱，「雖明正典型，殊不為過」，至少也應該明詔宣布他的罪狀，加上「革職」、「交地方官嚴加管束」一類字樣㉚。他估計張之洞可能會成為討袁的障礙，因此極力主張「和張」，通過各種途徑進行拉攏。康有為則仍然企圖以光緒被毒為理由要袁世凱的腦袋。他於1909年1月致書梁啟超說：「惟覽來各書意，北中不欲正名，極不欲認弒事。此義最宜商。以《春秋》之義正之耶？抑豈彼等隱忍了事耶？」㉛他提出：在倫敦時，有人告訴他，袁世凱曾以三萬金賄買御醫力鈞下毒。康有為建議揭發此案，查訊力鈞，他並曾準備發動各埠華僑簽名上書，給清政府施加壓力，已經寫好了《討賊哀啟》，內稱：「醇王以介

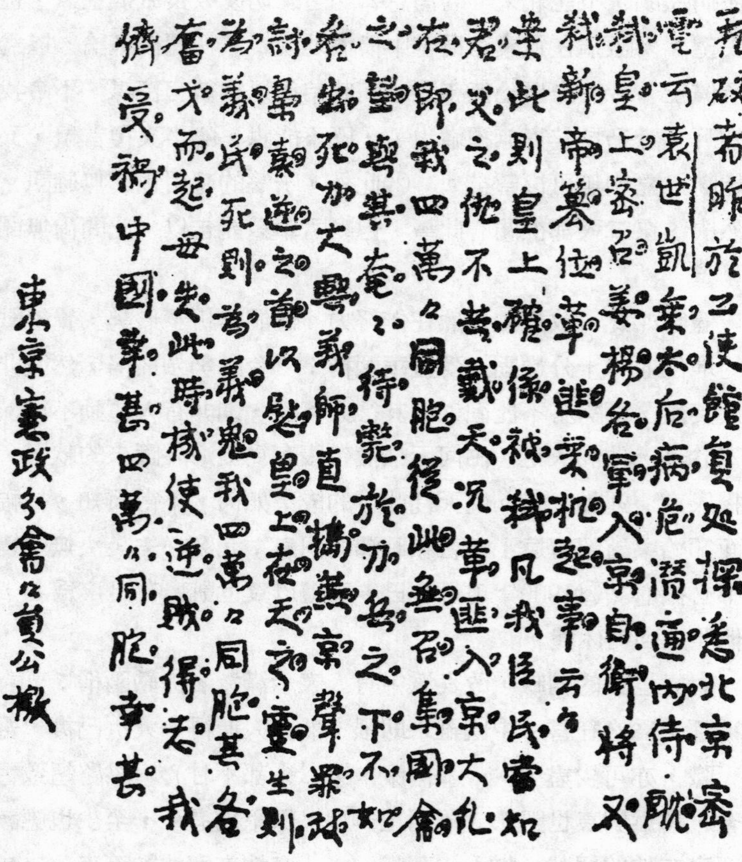

飛政，若昨於之使館復処探悉，來北京密斂。云袁世凱乘太后病危，潛通內侍，又聞密皇上密召姜楊各軍入京自衛，將新帝篡位，革匪…被弒裁，民憤起事云云。此則皇上確係被弒，我臣民豈知戴天，況革匪入京大集國會亂…在即，我四萬萬同胞待斃於天之下，不…之劉斃其奮起，待斃於功…希出死加之，大興義師，直撼燕京，聲…詠義之則為義師…鬼我四萬萬同胞甚…為裹兵死則為義鬼，我四萬萬同胞…奮戈而起，毋失此時機，使逆賊得志…僑受禍，中國…

東京憲政分會公啟

圖六　改良派懷疑袁世凱毒死了光緒皇帝
（採自日本外交史料館）

弟攝政，仁明孝友，應有討賊之舉，我會本以保皇為事，忠義昭著，應發討賊之義。」[32]與此同時，康有為又起草了《上攝政王書》，此書經梁啟超修改後發出，信中，康有為提出，袁世凱「苟有弒逆之事，其惡固擢髮難容；即無弒逆之迹，其惡亦難從末減」。他歷數袁世凱「造言誣君」、「縱匪誤國」、「招權納賄」等罪狀，以康熙誅鰲拜等事為例，要求載灃將袁世凱「明著爰

書，肆諸東市」。康有為並憂心忡忡警告載灃：袁世凱雖然離開了朝庭，但「潛伏爪牙，陰謀不軌」，清朝的「宗社」之憂，「且未有艾」㉝。書上，沒有結果。1911年，在武昌起義的疾風暴雨中，載灃不得不起用袁世凱。

袁世凱之所以沒有被殺，並非載灃有愛於袁世凱，而是因為：一、袁世凱羽翼已成，且外有帝國主義的支持，二、清朝貴族集團已經極端衰弱，不僅遠非康熙誅鰲拜的時代，連西太后誅肅順的時代也不能相比了。載灃非不欲也，實不能也。

（原載《復旦》學報，1986年第 5 期）

【註　釋】

① 《兵庫縣知事服部一三致外務大臣小村壽太郎》，兵發秘第 407 號，日本外務省檔案1.6.1.4-2-1(3),440838。

② 日本外務省檔案，1.6.1.4-2-1(3)，以下各札均同，不一一注明。

③ 康有為：《粵兩生集序》，《粵兩生集》。

④ 《梁啓超年譜長編》，上海人民出版社版，第 449 頁。

⑤ 同上，第 451 頁。

⑥ 《東京憲政分會會員公檄》，日本外務省檔案，1.6.1.4-2-1(3),440886。

⑦ 《清國革命黨領袖經歷及行動調查》，明治文庫藏《有松英義關係文書》；又見日本外務省檔案1.6.1.4-2-1(3),440805。

⑧ 《戊戌變法》第二冊，第 517 頁。

⑨ 參閱《梁啓超年譜長編》，第 450、471、475 頁。

⑩ 山，取岑字之頭；倉主，因袁世凱以小站練兵出身，小站出稻，故由此取義。

⑪ 《梁啓超年譜長編》，第 518-519 頁。

⑫ 岑春煊：《樂齋漫錄》，台北文星書店，第18頁。

⑬ 《某某來書》，《康有為與保皇會》，上海人民出版社版，第 389 頁。

⑭ 《大阪朝日新聞》，1908年11月22日第 2 版。

⑮ 《大公報》，1908年11月21日；《大阪朝日新聞》，1908年11月22日第1版；《東京朝日新聞》，1908年11月24日第2版。

⑯ 麥孟華曾於1907年春受岑春煊之聘入蜀。佚名《致梁啓超書》：「乃者與對費九牛二虎之力，爲入蜀之計。」（《梁任公先生知交手札》第46頁）據此可知對公爲麥孟華。

⑰ 何名天柱，字擎一，故以偉公相稱。

⑱ 《蛻庵致任公書》，《梁任公先生知交手札》㈠，台北文海出版社，第42-44頁。

⑲ 《梁啓超年譜長編》，第383頁。

⑳ 《某某來書》，《康有爲與保皇會》，第389頁。原信殘缺，從內容判斷，知爲麥函。

㉑ 《梁啓超年譜長編》，第475頁。

㉒ 同註⑳。

㉓ 《神州日報》，1908年11月21日。

㉔ 《某某來書》，《康有爲與保皇會》，第389頁。

㉕ 同前註。

㉖ 同註㉔。

㉗ 同註㉔。

㉘ 《梁啓超年譜長編》，第477頁。

㉙ 《致康有爲書》，《康有爲與保皇會》，第387頁。

㉚ 《梁啓超年譜長編》，第480頁。

㉛ 《梁啓超年譜長編》，第481-482頁。

㉜ 《戊戌變法》第一冊，第434頁。

㉝ 《戊戌變法》第二冊，第517-522頁。

畢永年生平事迹鈎沉

　　在戊戌維新以至興中會惠州起義期間，畢永年都是個重要人物，但是，迄今為止，人們對他所知甚少。馮自由辛勤收集辛亥革命史料多年，著有《畢永年削髮記》一文，是目前最完整的畢氏傳記，但該文訛誤甚多，關於畢氏的下落，竟認為「不知所終」①。近年來出版的一些辛亥革命史著作，在涉及畢氏生平時，敍述也常有謬誤。這就啓示我們，有必要對畢氏的生平進行研究和探索。

一

　　畢永年，號松甫，一作松琥，湖南長沙人。1870年（同治九年）生。八歲時隨父叔往來軍中，練就了一身過人的膽識。長大時讀王船山遺書，受到民族思想的熏陶。當時，曾國藩、胡林翼、左宗棠還是不少湖南老鄉的崇拜對象，畢永年卻憤然表示：「吾鄉素重氣節，安得有此敗類！」②1894年（光緒二十年），江標督學湖南，以「變風氣，開闢新治為己任」，試士的內容注重輿地、掌故、算學、物理及世界形勢等內容，即使是制藝，也允許議論時事③。畢永年所作文即有「民不新，國不固，新不作，氣不揚」之語，認為中國三代以下，天下囂囂的原因在於「陳陳相因，氣頹於痹」，表明了這個年輕人已經具有鮮明的維新思想④。1897年（光緒二十三年），與唐才常同時考取拔貢。自此，即與唐才常、譚嗣同結為好友，經常一起商議救國大計。三個人都重視會黨的力量，畢永年並親自加入哥老會，往來於漢口、岳州、新堤、長沙等地。他體格魁偉，為人豪放不羈，輕財好義，

很快就結識金龍山堂龍頭楊鴻鈞，騰龍山堂龍頭李雲彪及張堯卿、辜天佑、師襄等人，得到他們的信任。

　　1898年（光緒二十四年）2月，譚嗣同、唐才常等在長沙組織南學會，講演並討論新學，畢永年成爲會中的活躍分子。當時，譚嗣同等以「保種」、「保教」相號召，而畢永年卻獨持異議，認爲首先必須開通民智，「示群民以人皆讀書之益」，「俾知通商之局，終此不更，則中西聚處日繁，不必再作閉關之想」。某次會上，他對譚嗣同說：「所謂保種、保教、非保之於今日，蓋保之於將來也。此時若不將此層揭破，大聲疾呼，終屬隔膜，愈欲求雪恥，愈將畏首畏尾。或以西學爲沽名之具，時務爲特科之階，非互相剿襲，則僅竊皮毛矣。」畢永年的話觸動了譚嗣同的心思，回答說：「王船山云：抱孤雲，臨萬端，縱二千年，橫十八省，可與深談，惟見君耳。然因君又引出我無窮之悲矣。欲歌無聲，欲哭無淚，此層敎我如何揭破？會須與君以熱血相見耳。」⑤

　　4月14日（夏歷三月二十四日），畢永年在《湘報》發表《存華篇》，將中國傳統思想和西方天賦人權觀念結合起來，認爲權爲人人共有之權，國爲人人共有之國，只有發揚民權，才有可能上下一心，保存中華。文稱：

　　　　人人皆承天地之氣以爲命，即人人皆有自主之權以立命。權也者，我與王侯卿相共之者也；國也者，非獨王侯卿相之國，即我群士群民共有之國也。既爲群士群民共有之國，則爲之上者，必無私國於己、私權於國之心，而後可以綿綿延延、鞏祚如磐石；下亦必無不在其位，不謀其政之心，而歧視其國爲乘鸞服冕者之國，然後可以同心合作，
　　　　上下一心，保神明之胄於一線，救累卵之危於泰山。⑥

文章痛切地陳述了列強瓜分中國的危急局勢，呼籲清朝統治者「殷憂啓聖，恐懼致福，乘此伐毛洗髓，滌穢蕩瑕，與天下更始」

。當時，湖南學會林立，畢永年除與黃遵憲、徐仁鑄、熊希齡等
人共同發起組織湖南不纏足會外⑦，又和唐才常共同發起成立公
法學會，研究中外通商以來所立約章，作爲「將來自強之本」。
畢永年手訂章程十七條，規定會中集資訂閱各報，會友各持日記
一本，將研究心得按「大弊」、「小疵」、「議增」、「議改」
四項分類編記，定期傳觀討論。⑧

　　爲了使南學會的活動內容更爲豐富，4月下旬，譚嗣同、熊
希齡、畢永年分別致函岳麓書院山長王先謙，邀請他來會講學。
王雖是湖南名儒，但爲人守舊頑固。5月，王先謙復函畢永年，
指責南學會諸人「侈口徑情，流爲犯訕」，「所務在名，所圖在
私」。王要畢氏「閉門自修，不立名目，不事爭逐」，否則，「
請各行其是，毋復後言」⑨，葉德輝並擬將此函刊刻張揚⑩。此
後，湖南守舊派對南學會和《湘報》的攻擊愈來愈厲害，皮錫瑞
等曾公舉畢永年去日本人辦的報館任主筆，以便在外人的保護下
得以放言無忌。⑪由於學會一類的活動受阻，畢永年又曾受譚嗣
同之命，和唐才常相偕去漢口聯絡哥老會。⑫

　　同年8月21日（七月初五日），譚嗣同應光緒皇帝之召入京
。9月5日（七月二十日），被任命爲四品卿銜軍機章京，與楊
銳、林旭、劉光第共同參預新政。爲了追隨譚嗣同，畢永年也於
8月間離開湖南，經上海入京。途經煙台時，與日人平山周、井
上雅二等相逢。9月12日（七月二十七日），相偕抵京。畢永年
住在廣升店中。次日，會見康有爲。當時，正是帝后兩黨鬥爭白
熱化的時候，康有爲早已從譚嗣同處得知，畢永年是會黨好手，
命他留京相助。當日，畢永年移居南海會館，與康有爲住到一起
，得以參預密謀。康有爲計劃命畢永年往袁世凱幕中爲參謀，並
計劃命畢永年統率百人，在袁世凱兵圍頤和園時乘機捕殺西太后
。畢永年認爲袁世凱膽小，又是李鴻章之黨，恐怕靠不住，而且
自己是南方人，初至北京，統領彼此不相識的士兵，不可能在短

期內收爲心腹，得其死力，因此，對接受這一任務表示猶疑。9
月19日（八月初四日）晨，當他從譚嗣同處獲悉，譚已將密謀向
袁世凱和盤托出時，立即預感到事情必敗，表示「不願同罹斯難
」，並勸譚嗣同「自謀，不可與之同盡」⑬。當日午後，畢永年
即遷居於附近的寧鄉館。20日（八月初五日），康廣仁、梁啓超
準備推荐畢永年爲李提摩太的秘書，爲畢氏所拒。當夜，畢永年
致書譚嗣同，勸他速自定計，不要白死。又致書梁啓超作別。21
日（八月初六日），畢永年急馳出京。同日，西太后即下令逮捕
康有爲，查抄南海會館。

　　畢永年行至上海之際，得到譚嗣同等殉難的噩耗，即自斷辮
髮，發誓不再隸屬於滿清統治之下⑭。不久，應橫濱大同學校校
長徐勤之邀，隨日人安永東之助東渡⑮，在橫濱會見孫中山，討
論國事，感到意氣投合，於是加入興中會，走上新的道路。

二

　　在畢永年離京之前一日，康有爲即倉皇南下。10月26日（九
月十二日），康離港赴日。到日本後，即與唐才常一起制定了一
項湖南起義計劃。其內容爲，利用南學會的力量和影響，在長沙
起兵，引軍直進，攻取武昌，然後沿江東下，占領南京，再移軍
北上，進取北京，推翻西太后的統治⑯。日本人宗方小太郎表示
支持這一計劃。11月1日（九月十八日），畢永年曾與唐才常一
起訪問宗方，再次說明該項計劃，要求宗方相助⑰。宗方是個中
國通，負有爲日本軍方在中國收集情報的任務，當年正在漢口經
營《漢報》。他勸畢、唐二人沉潛待機。作好準備，待他到中國
後妥商方略。其後，畢永年並介紹唐才常會見孫中山，商量在湘
、粵及長江沿岸各省的起義計劃。爲此，當時正在日本的興中會
會長楊衢雲飛函通報在香港的革命黨人：「我們的計劃獲得成功
，和湖南的維新派取得合作」⑱。同月，唐才常首途回國。12月

，畢永年接到湖南即將起事的電報，也偕平山周回到上海。離日之前，他曾有一函致日本文部大臣犬養毅，函云：

> 先生見教極是，湘人素稱勇悍，彷彿貴邦薩摩。今日因西后淫虐之極，湘人激於義憤，咸思一旦制其死命。僕遠在此間，不知湘中刻下已有舉動否？但昨飛電急催，不得不發，則將來各國干預時，亦望貴國出面干預，則僕等自有成算，惟先生察之。⑲

維新派由於自身沒有多大力量，最初依靠光緒皇帝，戊戌政變後，企圖依靠列強，本函正反映出這種情況。同時，畢永年又有《留別諸君子詩》，答謝餞別的犬養毅諸人，詩云：

> 日月久冥晦，川岳將崩摧。中原羈虜淪華族，漢家文物委塵埃。又況慘折忠臣燕市死，武后淫虐如虎豺。湖湘子弟激義憤，洞庭鼙鼓聲如雷。我行遲遲復欲止，蒿目東亞多悲哀。感君爲我設餞意，故鄉風味儼銜杯。天地澄清會有待，大東合邦且徘徊。短歌抒意報君眠，瞬看玉帛當重來⑳。

末署「雙湖浪士畢永年拜呈，均希哂政。」1898 年 5 月，康有爲曾與日本駐華公使矢野文雄約定，舉行「兩國大合邦會議」，實行兩國聯合。詩中所稱「大東合邦」即是指康有爲的這一計劃；但詩中又有「羈虜」、「漢家」之語，表明這一時期畢永年的思想已經越出了康有爲的範疇。上函及詩稿的原件今均存日本岡山市木堂紀念館。

畢永年在上海稍作停留，即與平山周相偕赴漢口，會見原湖南時務學堂學生林圭，三人一起入湘，具體設計了在長沙縱火起義的計劃㉑。畢等先後到過長沙、瀏陽、衡州等地，遍訪哥老會頭目及康有爲視爲同黨的人物，包括威字營統領黃忠浩、熊希齡的父親熊兆祥等，發現情況和預料相反，不僅熊、黃不敢有輕動之心，而且整個湖南人心消沉㉒。南學會、公法學會已經消亡解

體，《湘報》改爲只錄上諭的《匯報》，時務學堂改爲求是書院，恢復了老一套。半年前生龍活虎的氣慨喪失殆盡。只有在和哥老會頭目楊鴻鈞、李雲彪等人的接觸中，才使畢永年和平山周感到鼓舞㉓。1898年（光緒二十五年）2月初，二人回到上海。

此際，唐才常已因康有爲的一再催促，離滬赴港，經由廣西桂林入湘，畢永年讀到了康有爲的一封來信。信中，康有爲指使畢永年「製造事端」㉔。其內容，已無可查考，可能是康有爲得悉湖南人心消沉後，要畢等製造排外事件以激動民眾。畢永年對康有爲的作法本來就已經不滿，讀信之後，大爲憤激，因而便記述康有爲密謀包圍頤和園、捕殺西太后等情節，題爲《詭謀直紀》，交給平山周，平山周交給日本駐上海代理領事小田切萬壽之助。小田切隨即於2月8日抄呈日本外務次官都築馨六。此後，畢永年就和康有爲分道揚鑣了。

爲了向孫中山匯報湖南之行的情況，畢永年於1899年春再到日本。當時，王照和康、梁的關係已完全惡化。原來，王照雖然贊成維新，但主張調和帝后矛盾，利用西太后推行變法，反對康有爲擁帝斥后的做法。戊戌政變前夕，光緒皇帝通過楊銳帶出密詔，要楊等「妥速籌商」，如何既能使「舊法全變」，而又不至於得罪西太后，「有拂聖意」，但康有爲卻將它點竄改作，與光緒皇帝的原意有所背離。由於王照了解這一秘密，流亡日本後受到康、梁的嚴密監視，王照不能忍受，在平山周的誘導下與犬養毅筆談，說明「今康刊刻露布之密詔非皇上之眞密詔，乃康所僞作者也」。筆談中，王照曾引畢永年爲證，聲言「今畢兄在此，證康、梁之爲人，幸我公一詳審之」㉕。筆談之末，畢永年作跋說：

> 王君又告予曰：原因保荐康、梁，故致此流離之禍，家敗人亡，路人皆爲嘆息。乃康、梁等自同逃共居以來，凌侮壓制，幾令照無以度日。每朋友有信來，必先經康、梁目

，始令照覽，如照寄家書，亦必先經康、梁目始得入封。
且一言不敢妄發，一步不敢任行，幾於監獄無異矣。予見
王君淚隨聲下，不禁憤火中燒。康、梁等真小人之尤，神
人共憤，恨不令王君手戮之。㉖

此跋雖主要記述王照所言，但充分反映出畢永年對康、梁的敵視
態度。

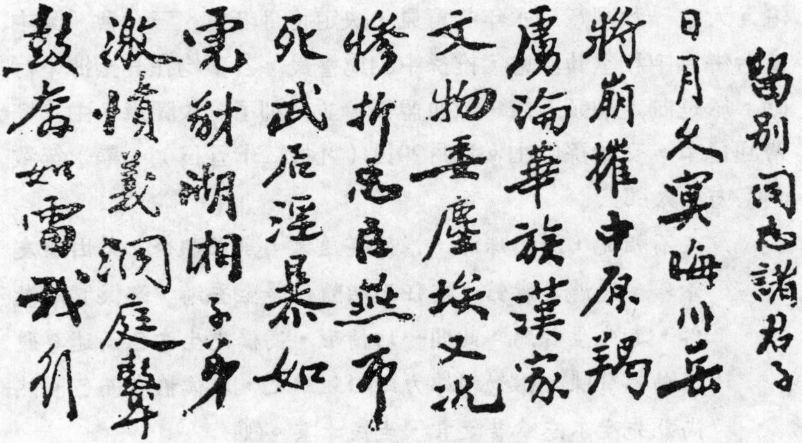

圖七　畢永年留別犬養毅等人詩

三

　　畢永年、平山周的湖南之行雖然沒有發現可以立即起事的徵
兆，但卻認為湖南是哥老會大本營，有會員約十二萬人，組織嚴
密，其頭目沉毅可用，因此，孫中山聽取了他們的匯報後便決定
在湖南、廣東、湖北三省同時大舉，並命畢永年再次回國運動。
1899年夏，畢永年先到漢口，在宗方小太郎的漢報館任主筆。不
久，因不堪報館中的日本人虐待中國僕役棄職㉗。他再度入湘，
向會黨頭目介紹孫中山的為人，勸他們和興中會攜手反清。同年
秋，畢永年偕楊鴻鈞、李雲彪、張堯卿等六個會黨頭目赴港。行

至上海時，路費不夠，畢永年只好讓楊、李等先行。他寫了一封
信給在港的陳少白和日人宮崎寅藏，附有哥老會頭目的小傳。宮
崎對這些小傳稱頌不已，認爲文字不多，簡明痛快，人物性格躍
然紙上，有如讀《三國志》、《水滸傳》一般㉘。李等向陳少白
及宮崎表示：「當今之世，不通外情，而漫欲揭竿者，恐貽不測
之禍於百年之後。而吾徒之中，能通外情，仍深屬望於孫君，願
待畢君之來共議之」㉙。一星期後，畢永年得到陳少白的資助到
港。大家一致同意畢永年的意見，決定將哥老會、三合會、興中
會合併爲中和堂興漢會，推孫中山爲會長，各事均在其指揮下行
動。於是制定綱領三條，飲血盟誓，並且刻了一枚圖章，由宮崎
帶回日本，交給孫中山。10月29日（九月二十五日），畢永年致
函宗方小太郎云：

> 久不相見，渴念殊深，惟德業益宏，無任翹企。弟因諸友
> 牽率，遂遽棄貴館之委任而相隨伊等至香港，鄙懷實所歉
> 咎，幸先生諒焉。此間一切情形，高橋先生當已面述尊聽
> ，弟不贅陳，惟勉竭綿力細心組織之，以俟機會而已。然
> 尚冀先生不忘疇昔之言，生民幸甚。㉚

函中所言高橋，指日本人高橋謙，東亞同文會廣東支部長。「惟
勉竭綿力細心組織之」，當指興漢會事。「不忘疇昔之言」，當
指宗方小太郎支持湖南起義的諾言。

　　興漢會組成後，畢永年攜諸會黨頭目東渡日本，會見孫中山
，受到殷勤的款待。12月返港，經費發生困難。當時，康有爲正
在香港，他新從美洲歸來，得到華僑的資助，**囊**中富有，暗中贈
送給會黨頭目數百元。畢永年認爲不能收，而哥老會頭目卻愉快
地接收了，再次倒向康有爲一邊㉛。畢永年受此刺激，在湖南籍
同鄉紫林和尚的影響下，憤然削髮爲僧，易名悟玄。他遺書平山
周作別云：

> 弟自得友仁兄，深佩仁兄義氣宏重，常思運雄力爲敝國拯

生靈，可謂天下之至公者矣。弟惜吾中國久成奴才世界，
至愚且賤。蓋舉國之人，無不欲肥身贍身以自利者，弟實
不願與斯世斯人共圖私利，故決然隱遁，歸命牟尼。今將
雲游，特來告別。仁兄一片熱腸，弟決不敢妄相阻撓，願
仁兄慎以圖之，勿輕信人也。㉜

信中，畢永年表示，日內即將往浙江普陀山，第二年三月，將由
五台、終南而入峨嵋，從此萍踪浪迹，隨遇而安，不復干預人世
間事。畢永年的削髮使興漢會和湘、鄂會黨之間的聯繫大受影響
。1900年1月26日（光緒二十五年十二月二十六日），林圭曾致
函孫中山在香港的代表容星橋，對之惋惜不已，但林圭認為，畢
永年是熱血漢子，「終無死心，必仍起而救世」㉝。果然，畢永
年沒有當幾天和尚，又跑到上海，和唐才常一起，籌組正氣會。
4月1日（三月十一日），唐才常在上海開設富有山堂，畢永年
被推為副龍頭㉞。5月16日（四月十八日），畢永年介紹長沙人
張燦等訪問正在上海的宗方小太郎，要求迅速在湖南舉義㉟。這
一時期，畢永年在上海來往的人物除宗方外，有文廷式、汪康年
、唐才常、張通典、狄葆賢等，大體都是自立會的領導人。也就
在這一時期，畢永年和唐才常在政治主張上發生分歧。唐才常繼
續游移於保皇與革命之間，畢永年則要求他斬斷和保皇會的關係
。兩人辯論了一晝夜，畢永年痛哭而去。6月，畢永年易名安永
松彥，南下福建、廣東，聯絡會黨。7月15日（六月十九日）致
函宗方小太郎云：

滬上兩次賜書，均已收到，拜讀之餘，益增感激。先生如
此不辭勞瘁，為支那力圖保全，況彥本父母之邦耶！敢不
竭慮捐身，以副先生相知之雅乎？惟台灣之事，全賴先生
注意成之，或乞先生偕中山氏往台一行，或即留中山寓於
台地。彥願力任閩中之事，而與服部君及粵中諸豪聯為一
氣，或不甚難。因彥之友多在五虎口、華秋、電光、射馬

> 、長門、金牌、閩安諸炮台及馬尾、南台諸營中者，但得
> 佳果五千枚，便可消暑熱。彥雖無救焚拯溺之材，然台中
> 既得先生及中山之布署，而粵中又有服部之肆應，或者其
> 有成乎㊱？

服部，指服部二郎，陳少白的化名。當時，孫中山正企圖以台灣
爲基地，在廣東、福建沿海發動大規模的起義。由本函可見畢永
年在興中會中的地位及其在福建的廣泛聯繫。「佳果五千枚」，
當指起義所需的槍械，畢永年要求宗方提供幫助。同函又稱：

> 如貴邦人尚有緩辦之說進者，願先生勿聽也。彥子然一身
> ，久無父母兄弟妻子之念，惟此痛恨胡虜，欲速滅亡之心
> 輒形諸夢寐，不能自已。先生知我，伏祈諒之。

畢永年反對「緩辦之說」，急於滅亡「胡虜」之心洶湧澎湃而不
能自制，從這裏，不僅可以看到他的熾烈、高昂的革命熱情，而
且也不難窺知他和唐才常終於分手的原因。

　　7月16日（六月二十日），孫中山自西貢抵達香港。由於香
港政府對孫中山有過驅逐令，因此，孫中山只能在船上布置軍事
。畢永年被任命爲民政部長，平山周被任命爲外務部長。此際，
孫中山正通過粵紳劉學詢運動李鴻章在廣東獨立，畢永年贊成這
一計劃。他在廣州密切注視李鴻章的舉動，致書平山周云：

> 李胡子已去肇慶、廣安水軍中，大約一二禮拜可回省城。
> 李鴻章氏已出條教，大有先事預防之意，或納粵紳之請，
> 其將允黃袍加身之舉乎？然天命未可知也。日內又查察滿
> 洲人之流寓戶口，未審有何措施？此公老手斲輪，如能一
> 順作成，亦蒼生之福。
> 聞楊胡子偕蕭姓到港，必謁仁兄，未知有何言，乞勿以秘
> 密告之，因楊材劣，而蕭姓又新交也。
> 弟日內集諸同志，咸踴躍聽命，弟欲乘此機，一一深結之
> ，俾勿冷其心意，然無資足用也。乞仁兄畀弟二百元，或

　　百五十元亦可，否則百元必須允賜。茲乞紫林氏代到港，
　　乞交彼攜回至盼！㊲

李胡子，指李雲彪；楊胡子，指楊鴻鈞。他們這一年曾到上海，
結交唐才常，發現唐誇張聲勢，所言不實，又轉回廣東，重新和
畢永年合作㊳。紫林氏，指紫林和尙。他原爲有志之士，因躲避
清政府的追捕遁入佛門，浪迹四方，但仍然和哥老會頭目有聯繫
，同情並支持畢永年的事業㊴。本函反映出畢永年惠州起義前夕
的活動情況。畢永年寫此函後不久，即離粵赴港，改名普航，仍
以掌握哥老會爲職責。

　　10月6日（閏八月十三日），惠州起義爆發。11月7日（九
月十六日），義軍因餉彈殆盡解散。畢永年回到廣州，賣掉西服
，仍著僧裝，和紫林和尙一起隱居於廣州白雲山。有書致同志稱
：「他日有奇虬巨鯨，大珠空青，任吾大陸破壞之責者，其人今
或爲僧也耶？吾方入其群以求之㊵。」1902年1月14日，畢永年
逝世於惠州羅浮山寺，年僅三十二歲。㊶

　　　　　　　　　　（原載《民國檔案》，1991年第3期）

　　【註　釋】

①　《革命逸史》初集。

②　同前註。

③　胡思敬：《江標傳》，《碑傳集補》卷九。

④　《沅湘通藝錄》卷一，叢書集成本。

⑤　《湘報》第29號，1898年4月8日。

⑥　《湘報》第34號，1898年4月14日。

⑦　《湖南不纏足會總會董事題名》，同上，第28號。

⑧　《公法學會章程》，同上，第48號。

⑨　《翼教叢編》卷六。

⑩　皮錫瑞：《師伏堂未刊日記》，《湖南歷史資料》，1959年第1期，第

89頁。

⑪ 同上，第 114 頁。

⑫ 唐才質：《戊戌聞見錄》，轉引自鄧潭洲：《潭嗣同傳論》，上海人民出版社1981年版，第69頁。

⑬ 畢永年：《詭謀直紀》，日本外務省檔案1.6.1.4-2-2,491315-491318。

⑭ 民表（秦力山）：《畢永年傳》，《自立會史料集》，岳麓書社1983年版，第 229 頁。

⑮ 《宮崎滔天氏之談》，《宮崎滔天全集》，日本平凡社版，第 4 卷，第 289 頁。

⑯ 《對支回顧錄》下冊，第 381 、382頁。

⑰ 同前註。

⑱ 謝纘泰：《中華民國革命秘史》、《孫中山與辛亥革命史料專輯》，廣東人民出版社1981年版，第 302 頁。

⑲ 參見拙作《犬養毅紀念館所見孫中山、康有爲等人手迹》，《歷史檔案》，1986年第 1 期。

⑳ 同上。

㉑ 民表（秦力山）：《林錫圭傳》，《自立會史料集》，第 231 頁。

㉒ 小田切萬壽之助：《湖南地方近況及送呈畢永年著＜詭謀直紀＞之件》，日本外務省檔案1.6.1.4-2-2,491312-491314。

㉓ 《湖南現狀》（平山周回日談話），《知新報》第85冊，1899年4月30日。

㉔ 同註㉒。

㉕ 《王照與木堂翁筆談》，《大公報》1936年7月24日，據抄件印布。「今畢兄在此」之「畢」字，抄件隱去。

㉖ 《王照與木堂翁筆談》，《大公報》1936年7月24日，據抄件印布。抄件跋下有「湖南□□□錄竟附識」數字，隱去之三字，當爲畢永年。

㉗ 《亡友錄》，《宮崎滔天全集》第二卷，第 560 頁。

㉘ 《宮崎滔天全集》第一卷，第 152 頁、 411 頁。

㉙　同前書，第一卷，第 122 頁。

㉚　日本近代立法會收集，縮微膠卷，日本明治文庫藏。

㉛　平山周簽注，《總理年譜長編初稿各方簽注匯編》（上），油印本。

㉜　平山周：《中國秘密社會史》，商務印書館1912年版，第 146 頁。

㉝　《致孫中山代表容星橋書》，《悟庵先生成仁錄》。

㉞　《岳州鎮咨呈匪情一案》，《俞廉三遺集》卷一〇一。

㉟　《對支回顧錄》下冊，第 383 頁。

㊱　同註㉚。

㊲　同註㉛。

㊳　《清國之形勢及秘密結社》，日本外務省檔案，1.6.1.4-2,490899。

㊴　《亡友錄》，《宮崎滔天全集》第二卷，第 561 頁。

㊵　民表（秦力山）：《畢永年傳》，《自立會史料集》，第 230 頁。

㊶　《長沙畢永年先生追悼大會通告》，《民立報》，1912年1月4日。

「共和知識分子」
是辛亥革命的領導力量

　　鴉片戰爭以後，隨著西方近代科學和文化的輸入，以及留學運動和新式學堂的興起，中國逐漸出現了一個新型知識階層（也有人稱爲群體）。他們的知識結構、思維方式、世界觀與傳統的封建知識分子表現出愈來愈大的不同。這個階層的第一代是洋務知識分子，以後依次出現的是維新知識分子（包括立憲知識分子）、共和知識分子和共產知識分子。他們構成近代中國一支十分活躍的社會力量，一浪一浪地推動著社會的進步與發展。

　　所謂共和知識分子，也可以稱爲民主知識分子，指的是辛亥前後出現的一批以在中國建立民主共和制度爲目的的知識分子。他們的思想具有以下特徵：第一，具有較系統的近代科學文化知識。他們大都是留學生或國內新式學堂的學生。他們當然也受過傳統封建文化的影響，但更多受到的是「聲光化電」、「培（根）笛（卡爾）達（爾文）赫（胥黎）」，特別是盧梭的影響。近代有個革命家、詩人柳亞子，他原來有個名字叫亞盧，意思是「亞洲盧梭」，典型地反映了這一代知識分子的心態。第二，強烈的救亡要求和堅決的反帝決心。當他們張目四望時，看到的是列強瓜分、肢解中國的悲慘圖景，感到的是中華民族行將滅亡的命運，因此，他們迫切要求救亡圖存，振興中華，對於發展資本主義的要求並不強烈，或者是不自覺的。第三，徹底的民主主義要求。他們反對君主立憲，反對局部改良，要求在中國建立民主共和國。維新知識分子只敢喊「民權」，承認人民有權參與國家管理；他們則進一步喊「民主」，要求使人民成爲國家的主人。他

們是徹底的民主派。同時，他們是學生或自由職業者，尚未進入資本主義的生產過程，與封建勢力聯繫也較少，因此沒有包袱，不畏流血，敢於鼓吹暴力革命。第四，具有不同程度的主觀社會主義色彩。廿世紀初年，自由資本主義已經發展爲壟斷資本主義，這是資本主義社會固有矛盾比較尖銳的時期。在工人運動和社會主義思潮的影響下，他們開始批判西方社會，批判資本主義，要求爲中國革命尋找新的道路。1903年，鄒容曾表示他要寫一本新書，名爲《均平賦》，當時，所謂「均平」，就是社會主義的意思。孫中山的民生主義，其英文原意也就是社會主義。人們通常認爲，民生主義的實質是最大限度地發展資本主義。這一說法並不準確。孫中山希望盡可能地限制私人資本主義，他所要最大限度發展的乃是國家資本主義（或稱國家社會主義）。

　　在辛亥前後政治舞台上活躍的就是這樣一批革命知識分子，他們是辛亥革命的領導力量。這可以從幾個方面看：其一，軍國民教育會、光復會、華興會、科學補習所、日知會以及同盟會等主要革命團體，其成員絕大多數是這批知識分子。其二，他們是各項愛國運動的主要發起者和主幹。其三，他們是辛亥革命的思想動員者，他們不僅出刊物，辦報紙，作了大量的革命輿論準備工作，而且爲革命制定了一系列的理論、綱領和策略。其四，他們是多次武裝起義的主要領導者。可以說，沒有這一批知識分子，就不可能有辛亥革命。

　　和辛亥時期的革命知識分子比，資本家階級不僅力量小，而且政治上軟弱、動搖。據有人統計，1911年全國現代企業中的民族資本僅有 521 家，資本家大概不過數千人，能發揮多大作用呢？民族資本家階級（不論是上層或中下層）長期要求清政府進行自上而下的改良，反對暴力革命，他們是立憲派的社會基礎。只是在四次國會請願運動都遭到鎮壓，清政府組成皇族內閣後，他們才逐漸轉到革命方面來，歡呼並支持了武昌起義。但是，很快

他們又選擇了袁世凱，拋棄了孫中山。因此，不應該過分誇大資本家階級對於辛亥革命的作用。

相反，辛亥前十年間，新型知識分子已經是一個巨大的社會存在。例如留學生，1903年爲1300人，1904年爲2400人，1905年爲8500人，1906年爲 13000 人；國內新式學堂學生，1907年爲101.3萬餘人，1908年爲 128.4 萬餘人，1909年爲 162.6 萬餘人。正是他們，才有力量發動並領導辛亥革命。

當然，知識分子最終必須和一定的階級、集團結合，才有可能旋轉乾坤。辛亥時期，它沒有可能和農民結合。孫中山的平均地權主要解決的是高度工業化後的城市土地問題，喚不起農民的熱情。它和資本家階級的結合也並不很好（何況這個階級本身就不強大）。結果，革命知識分子孤掌難鳴，孫中山雖有意北伐，徹底推翻清王朝，但缺乏力量，還是回到了譚嗣同的悲劇主題上：「有心殺賊，無力回天！」

要正確地認識辛亥革命，就必須加強對辛亥時期革命知識分子的研究。

（原載《中國社會科學院研究生院學報》，1991年第 5 期）

【附記】本文是在中國社會科學院研究生院紀念辛亥革命80周年學術座談會上的發言。

孫中山在一九〇〇年

——讀日本外務省檔案札記

　　1897年8月16日，孫中山自加拿大抵達日本橫濱。三天後，一份標明秘字的密報便送到了外務大臣大隈重信的面前。自此，日本情報人員即十分注意孫中山的動態，各種報告不斷送向外務省。日積月累，數量相當可觀。這些報告，和其他關於中國革命者的情報匯集在一起，名爲《各國內政關係雜纂支那之部‧革命黨關係（含亡命者）》。現藏於日本外務省外交史料館，檔案號爲 1.6.1.4-2-1。它們是研究孫中山和中國革命史的重要資料。美國國會圖書館曾將其中少部分攝成縮微膠卷，但是，不知由於什麼原因，大部分遺漏未攝。1985年，我應京都大學人文科學研究所狹間直樹教授之邀，赴日訪問，有機會閱讀了全部該項檔案。現就其中1900年部分略作介紹。

　　1900年是中華民族的多事之秋。這年6月，中國北部土地上掀起了波瀾壯闊的義和團運動，英、美、法、德、俄、日、意、奧八個帝國主義國家組成聯軍，大舉入侵中國。這時，孫中山正居留於日本。他憂心如焚地注視著國內外形勢，千方百計地利用時機，籌備發動反清起義，拯救危難中的祖國。檔案反映出，孫中山的意圖是：在南方建立共和國，然後逐漸向北發展，推翻清朝政權。6月上旬，他與人密談說：「目前北京方面形勢異常不穩」，「如清政府勢力失墜，即我輩奮起之良機」。他表示：「我等之最終目的是與南方人民共商大計，割取清帝國之一部另建一新共和國。」①，8月，和孫中山一起行動的日本人內田良平也透露：「孫逸仙及其一派黨徒策劃之目的爲，以江蘇、廣東、

廣西等華南六省為根據地，建成一獨立的共和政體，然後逐漸向華北方面伸展勢力，推翻愛新覺羅政權，最後統一支那十八省，在亞洲建成一大共和國。」②為了達到這一目的，孫中山縱橫捭闔於香港英國當局和日本政府之間，同時積極爭取李鴻章、康有為、容閎等人，力圖建立廣泛的合作。

當時，香港英國當局正在策動兩廣總督李鴻章據華南「自主」，孫中山對這一計劃表示過興趣。為此，他於6月11日離日南行。7月12日，李鴻章調任直隸總督，途經香港，曾與港督卜力（N. A. Blake）會談。有關情況，孫中山於7月24日向日本「某訪客」介紹說：「太守（指卜力——筆者）向李氏說明形勢，言稱：按刻下清國時局，實為分割廣東、廣西兩省之良機等等，並慫惥李鴻章以孫逸仙為顧問，出掌兩省之主權。李氏答稱：將視察今後時局之趨勢，徐行處斷。」孫中山並稱：「太守所言，蓋係欲以兩廣為英國屬領，以擴展其利益範圍。」③這段言論顯示，孫中山雖然在華南「自主」問題上與香港英國當局發生密切關係，但對其侵略意圖是洞若觀火的。

關於孫中山南行的情況，檔案稱：「目前孫逸仙潛赴香港之際，曾與香港太守進行密商。密商之事似已略見端倪，故又暫來我國。其後，香港太守已有通告前來，略謂：密商之事，當可接受。」④孫中山南行時，一直未能與卜力見面。這裏所說的「密商」，可能發生在孫中山的代表與卜力之間。據卜力8月3日給殖民大臣張伯倫的備忘錄，他和孫中山的代表確曾有過一次會見。卜力要求孫中山等人起草一份「有許多人簽名的送給列強的請願書，清楚地表明他們所要求的改革，並且說明，他們採用這種方法，是為了避免在目前的危機中會使列強為難的行動。」⑤卜力報告說，他的建議已送交孫中山的「革新派」。日本外務省檔案所述，當即此事。檔案又稱：「孫之同志已將其所謀事項草成一紙建議，擬請交香港太守。」⑥檔案並提供了該項建議的具體

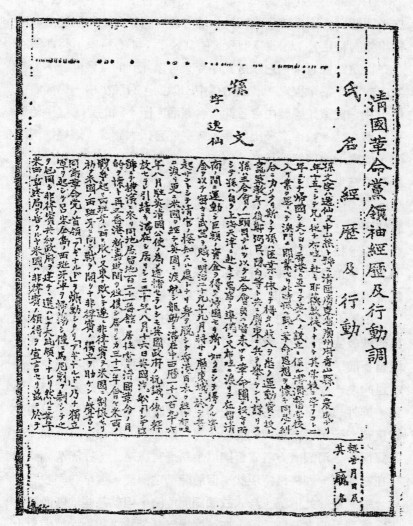

圖八　日本警方對孫中山等中國革命黨人的調查記錄
（採自日本明治文庫）

內容，共四條：

(1)移都中央（上海或漢口）；(2)頒行自治制（中央政府將就施政問題向各國公使徵詢意見，地方政府將就自治制問題向各國領事徵詢意見）；(3)改革刑政，使其公平；(4)廢科舉，興實學。

從這四條看來，它就是我們今天可以見到的《致港督卜力書》中的《平治章程》。該函由孫中山領銜，有陳少白、楊衢雲、鄭士良、史堅如等興中會骨幹聯合簽名。所不同的是，《平治章程》為六條，較檔案多出兩條，文字亦有很大懸殊。這種情況說明，檔案所收可能是最初的稿本，而今存《平治章程》則是後來修改的結果。值得注意的是，檔案記載，平山周認為，上列第二項所謂「中央政府將就施政問題向各國公使徵詢意見」等語，「將使國家之獨立為之喪失」特地於8月24日趕到門司，和正在登輪回國、秘密前往上海的孫中山商議，建議刪除此條。⑦這就說明，《平治章程》到這時還未定稿，今本《孫中山全集》將它定為當年六、七月之間的作品，看來須要修正。

由於八國聯軍的入侵和各派政治力量的活躍，中國政局呈現出微妙多變的形勢。老奸臣滑的李鴻章離開香港之後，到上海就逗留不前了。他要等一等，觀察一下風向。孫中山此次前往上海的目的之一就是為了和李鴻章會談。他認為，北京政府當時已全為「排外思想者」所占據，光緒皇帝隨時有被害的可能。只要光緒皇帝一死，南方督撫們便會「另行動作」。早在8月上旬，他就聲稱：「清國南方各省督撫以及新進有識之士，在滿清朝廷尚存在之期間，固將維持現狀；但隨時勢之演變，遲早必與我等意見一致。基於此情況，身入故國固屬危險，但就某些地區而論，作為達到目的之一種手段，亦可通過無甚危險之和平途徑與有上述思想的人士相會合，實屬最為必要。基於此原因，只要無何危險，亦願與李鴻章會談。」⑧後來，他又進一步聲稱，如果時機許可，願與劉坤一、張之洞一見。⑨

　　孫中山此行的目的之二是爲了聯絡容閎。當時，容閎在唐才
常等人的推戴下，已經出任上海中國國會會長，在其起草的英文
宣言中聲稱：「不認滿洲政府有統治清國之權，將欲更始以謀人
民之樂利。」孫中山對此表示歡迎。他說：「中國政治改革派中
亦有不同派系之分。當今之局，彼此間絕不可糾纏於以往在發展
當中所生之某些感情隔閡而互爭短長，亟應消除成見，廣爲聯合
，團結一致，共同謀劃。吾等仰爲首領之人乃系容閎。此人曾任
駐美公使，在國內頗孚眾望。據推測，此人正與李鴻章等地方督
撫及康有爲一派中之重要人物暗相聯結，從事政治改革之策劃，
正在循序漸進之中；本人亦欲廁身其間，竭誠效力。」⑩孫中山
並表示，如果時勢合宜，他準備直入北京一行。

　　孫中山此行的目的之三是爲了通過英國駐上海領事繼續與香
港當局談判。檔案稱：「又聞，孫抵上海後，將由英國領事串通
，與香港太守秘議，並將通過此次國際談判以遂其志」。⑪

　　孫中山啓程之後，在輪船上曾經以筆答的形式對「訪客」發
表過一次書面談話。中云：「前略誠如君言，伊侯不過爲政策之
詭變，不得止〔已〕而爲此反對保全之言，原無唱分割之論，僕
聞之略安。」當時，八國聯軍已經攻陷北京，在對華政策上形成
了兩派意見。一派主張瓜分中國，一派主張「保全中國」，即形
式上保持中國的完整。兩相比較，後者對中國人民略爲有利。伊
藤博文是日本政界名流，對日本政府有舉足輕重的影響，因此，
孫中山極爲關心他的主張，明確地表示「喜聞保全之論，而惡分
割之言」。⑫這段話，雖是寫給「訪客」的，實際上是寫給伊藤
和日本政府的。筆答中，孫中山還傾訴了對祖國命運的憂慮和對
民族獨立、統一的渴望。他說：「吾國自有史鑒以來，數十餘朝
，每當易朝，有暫分裂者，有不分裂者，而分裂者多。生靈塗炭
，民不聊生。而自行分裂尚如此，況爲他國所瓜分者乎！故有識
之士，甚畏分割也，且更畏外國之分割也。」⑬這段話，表現了

一個偉大的愛國主義者的襟懷。

　　孫中山抵達上海的時候，正是張之洞在武漢血腥鎮壓自立軍起義之後。英國政府爲了維護其在長江流域的利益，終於決定支持張之洞。對唐才常等人的逮捕是經過英國代理領事傅磊斯同意的。正因爲這樣，所以英國駐滬領事對孫中山的來訪只給予了冷淡的接待。孫中山還在船上和李鴻章的幕僚劉學詢進行了會談，也沒有什麼結果。9月3日，孫中山與容閎、容星橋等人同船抵日，容閎對九州《日出新聞》社記者說：「英國對清國之行動，其眞意何在，實不可知，世間蓋無心事難測之如英國人者。」⑭這應該反映了孫中山此時此際的心情吧！

　　上海之行失敗使孫中山轉而繼續經營南方。9月25日，孫中山乘輪由神戶駛赴台灣，經過馬關的時候，曾與玄洋社頭目、日人平岡浩太郎會談。談話中，孫中山對日本政府的冷淡態度流露出不滿之情，平岡解釋說：日本政府之所以冷淡，「一是出於對英國外交策略上的考慮；但更主要者，乃因先生對日本尚無任何貢獻。」平岡接著向孫中山提出：「此次先生欲去基隆暫居，以觀察華南方面形勢。在此期間，亟應向兒玉總督提供援助，爲平定台灣盡一臂之力。」平岡告訴孫中山：「現今台灣土匪尚未剿平，兒玉總督爲此頗費心機，且對我國之國力消耗亦實匪尠。且今日台灣匪徒已絕非台灣本地之土人，其主要動力實來自隔岸閩、粵兩省人之煽動與資助。」平岡要孫中山協助兒玉，「根除匪患」，並稱，這將是對日本的一項「厚貺」。此後，「我等即可以兒玉總督爲中心，在日本爲先生奔走效力，裨先生得遂大志」。自從日本帝國主義侵占台灣後，台灣各族人民即不斷發動反抗鬥爭，給予侵略者以很大困擾。平岡的這一席話主要目的在於誘使孫中山爲日本的侵台政策服務。孫中山當時表示：「當在可能範圍內竭盡綿薄。」⑮後來的事實表明，孫中山的這種表示乃是虛與委蛇，他的眞實目的在於利用日本台灣總督兒玉的力量，在

華南發動起義。

9月28日，孫中山抵達基隆，隨即與平山周同赴台北，與兒玉的代表台灣民政長后藤新平會談。后藤「許以起事之後，可以相助。」⑯其後，孫中山即在台北建立指揮中心，聘請日本軍人參加，一面命鄭士良於10月8日在廣東惠州舉行起義，一面積極籌備在廈門以南雲霄縣的銅山港登陸。但是，日本政府迅速改變了態度。10月2日，外務大臣青木周藏致電駐福州領事豐島舍松等，告以孫中山的起義意圖，有許多日本人可能是他的同謀。電報稱：「台灣總督已經下令，打電報通知他們可能到達的港口的日本領事。他們或許已經到達中國，即使沒有上述電報，萬一他們中一些人到達你的地區，你要嚴密地監視他們的舉動，並且作出最大的努力，防止他們的陰謀實行。」⑰10月19日，山縣有朋內閣辭職，繼任的伊藤博文內閣採取同一態度。

日本政府態度的變化和帝國主義之間的矛盾有關。

義和團運動期間，日本東亞同文會和日本政府都曾蓄謀乘機侵略中國南方。6月18日，東亞同文會召集幹事會。會長近衛篤麿主張「嚴密審時度勢，如有一發可乘之機，自應奮勇前進，以謀帝國之利益。」但他同時又表示，必須「與列國保持協調」，「諦視俄國之動靜，乃為明智」。因此幹事會一致議決，暫不對中國出兵，以期「養精蓄銳，一旦時機成熟，自當一展鵬翼，占領南方之目的地」。⑱內田良平原計劃慫惥孫中山在南方起義，他自己則同時糾集土匪，在華北舉事，占領朝鮮，引發日俄戰爭。但是，當他將這一計劃向「幕後謀主」匯報時，「幕後謀主」認為，「日俄衝突不久必將發生，今日如在華北舉事，難免引起列強干涉」。⑲正是這些顧慮，促使日本政府放棄了原定奪取廈門，占領福建的野心勃勃的計劃，並相應地改變了對孫中山起義的態度。

11月10日，孫中山失望地離開基隆，再赴日本。他在與人談

話時說：「本人對日本政府之行動極爲關注。蓋以日本在地理上較列國占有優勢，並且出動軍隊最多（指八國聯軍中的日軍——筆者），顯示出極大的軍事力量，使列國爲之震駭。既如此，本人預期日本政府在外交上亦將採取同等步驟，在一切事務中俱居於主導地位。果如斯，則本人亦將奮然崛起，與日本政府步調相諧，以期大舉謀事。詎料日本政府優柔寡斷，此次又有坐視利益爲他國所奪之勢，爲此狀況，本人的事業又安得不受挫折！」又說：「本人之事業繫於日本，日本既不能主動占居主導地位，則本人之事業即將無可作爲。」⑳孫中山當時將全部希望都傾注在日本政府身上，一旦落空，其沮喪心情是不難想像的。

　　但是，孫中山畢竟是百折不撓的革命家，再赴日本之後，立即著手準備新的起義，11月下旬，他與人談話稱：「本國目前形勢，將是舉事之大好時機，我同志等亦大有奮發之志，正在穩步前進。」他一面與日商簽約，購買 250 萬發彈藥，一面努力摸清伊藤博文內閣的態度。他說：「舉事之前必須取得一二強國之支援，至少必須取得諒解。現今日本內閣更迭未久，外交方針尚未明確，看來依靠日本尚不如轉倚已示諒解之英國爲佳，但必須探明舉事之際日本政府將取何種態度。」㉑由於找不到革命的依靠力量，孫山中只能搖擺於英、日兩國政府之間。徹底擺脫對帝國主義的幻想，這段路對孫中山說來是漫長而又遙遠的。

（原載《清史研究動態》，1986年第 4 期）

【附記】本文所引日本外務省未刊檔案，大部分爲鄒念之先生所譯，謹此致
　　　　謝。

【註　釋】

① 　《神奈川縣知事淺田德則致外務大臣青木周藏的報告》，秘甲字第212
　　　號，1900年6月11日發。

② 　《福岡縣知事深野一三致外務大臣青木周藏的報告》，高秘字第 848 號

，1900年8月26日發。

③　《兵庫縣知事大森鐘一致外務大臣青木周藏的報告》，兵發秘字第410號，1900年7月25日發。

④　《福岡縣知事深野一三致外務大臣青木周藏的報告》，高秘字第 874 號，1900年9月 2 日發。

⑤　《卜力致張伯倫》，1900年8月 3 日，英國外交部檔案，第17組1718卷[46]，第 364-367 頁，轉引自史扶鄰：《孫中山與中國革命的起源》，中國社會科學出版社1981年版，第 181 頁。

⑥　《福岡縣知事深野一三致外務大臣青木周藏的報告》，高秘字第874 號，1900年9月 2 日發。

⑦　同前註。

⑧　《神奈川縣知事周布公平致外務大臣青木周藏的報告》，秘甲字第308號，1900年8月10日發。

⑨　《福岡縣知事深野一三致外務大臣青木周藏的報告》，高秘字第 874 號，1900年9月 2 日發。

⑩　《神奈川縣知事周布公平致外務大臣青木周藏的報告》，秘甲字第334號，1900年8月22日發。

⑪　《福岡縣知事深野一三致外務大臣青木周藏的報告》，高秘字第 874 號，1900年9月 2 日發。

⑫　《兵庫縣知事大森鐘一致外務大臣青木周藏的報告》，兵發秘字第593號，1900年9月22日發。

⑬　同前註。

⑭　《長崎縣知事服部一三致外務大臣青木周藏的報告》，高秘字第 336 號，1900年9月 7 日發。

⑮　《福岡縣知事深野一三致外務大臣青木周藏的報告》，高秘字第1000號，1900年9月28日發。

⑯　孫中山：《建國方略》第 8 章。

⑰　《外務大臣青木周藏致駐福州領事豐島舍松等電》，1900年10月 2 日收

，《歷史檔案》，1986年第 3 期。

⑱ 《關於清國亡命者孫逸仙等人動靜之報告》，乙秘字第 316 號，1900年
6 月19日發。

⑲ 《福岡縣知事深野一三致外務大臣青木周藏的報告》，高秘字第 848 號
，1900年8月26日發。

⑳ 《福岡縣知事深野一三致外務大臣加藤高明的報告》，高秘字第1131號
，1900年11月15日發。

㉑ 《神奈川縣知事周布公平致外務大臣加藤高明的報告》，秘甲字第500
號，1900年11月27日發。

一九〇一年至一九〇五年
的拒俄運動

在侵略我國的帝國主義國家中，沙皇俄國是貪婪而野心尤大的一個。

還在十九世紀，沙俄帝國主義就強迫清朝政府簽訂一系列不平等條約，掠奪了我國東北、西北一百五十多萬平方公里的土地。1900年，它在伙同其他帝國主義國家組成八國聯軍入侵我國的同時，又武裝搶占我國東北三省，妄圖一口吞下黑龍江以南一百餘萬平方公里的土地。隨之，沙俄政府將一個又一個「密約」強加於中國當局，企圖鞏固其侵略成果，攫取更大的權益。

沙俄帝國主義的陰謀如果得逞，不僅東北三省要淪為俄國的屬地或附庸，勢必還將激起國際帝國主義對我國的瓜分狂潮。「存亡呼吸爭此刻！」在東北人民被迫實行武裝抗俄，保家衛國的同時，一場以反對簽訂「密約」，要求收復東北為中心的拒俄運動，在我國廣大人民中轟轟烈烈地掀起來了。

愛國救亡的熱烈動員

1901年至1905年的拒俄運動前後持續四年。中間，因沙俄侵略形勢的變化，鬥爭的焦點在不同時間裏也有所變化，總共經歷了三個階段：即1901年反對沙俄迫訂條約霸占奉天的鬥爭；1903年反對沙俄拖延撤兵的鬥爭；1903年至1905年反對沙俄重占奉天和在東北與日本進行帝國主義戰爭的鬥爭。

1900年10月，沙俄侵略軍強迫清朝盛京將軍增祺簽訂了《奉天交地暫且章程》，規定沙俄要在瀋陽設立「總管」一員，奉天

將軍所辦各項「要政」，「該總管應當明晰」。還規定，奉天省城等處應留俄兵駐防，在奉天的中國軍隊一律解散，武器收繳，營壘拆毀。①這樣，沙俄政府雖然表面上聲稱要將奉天省交還清朝政府，實際上卻在力圖把它變爲自己武力控制之下的殖民地。

1901年初，沙俄外交大臣拉姆斯道夫又提出書面約款12條，規定沙俄有駐兵東北「保護」鐵路權，有出兵幫助「剿撫」權，有要求革辦中國官吏權，中國不得駐兵東北，不得運入兵器，不得自行造路，等等，全面剝奪了我國對東北的主權。此外，《約款》還要求將蒙古、新疆、華北等地劃爲沙俄的勢力範圍。②消息傳出，立即激起了中國人民的巨大憤怒。

3月15日，上海愛國人士集會於張園，汪允中、汪康年、蔣觀雲等作了演說。與會者嚴正譴責沙俄的侵略野心，揭示了民族危機的嚴重，號召人民「出死力以爭此一日之命」。會議同時要求清朝政府「力拒俄約，以保危局」③，並於會後向江、鄂兩督呈遞「公稟」，主張反擊沙俄帝國主義侵略。

3月24日，上海愛國人士得悉沙俄政府逼迫清王朝於25、26日在俄方提出的約款上畫押，第二次集會於張園，再度要求清朝政府「始終堅拒」，「勿受恫嚇」④。

張園拒俄會議得到了各地群眾的熱烈響應。江蘇、浙江、廣東、山東以至東北的群眾紛紛來函，捐款、捐物，表示支持。杭州城內貼滿了聲討沙俄帝國主義的揭貼——《普天同憤》。3月28日召開演說會，要求籌集「備俄民款」，對俄「公戰」。⑤廣東香山、澳門以及香港的紳商也舉行集會，「聚議拒俄」⑥。在新加坡的華僑則強烈表示，沙俄侵略者的要求「萬不可許」。⑦

鬥爭很快取得初步勝利，清朝駐俄公使拒絕在約款上簽字。中國人民的堅決反對，是清朝政府終於不敢簽約的重要原因。

1902年4月，清朝政府與沙俄簽訂《東三省交收條約》，規定沙俄侵略軍應分期從中國境內撤走。1903年4月，圍繞著撤兵

問題，拒俄運動進入第二階段。按條約，當時沙俄應撤退在我國金州、牛莊等地的侵略軍，但是，不僅沒有撤出，沙俄政府反而乘機提出七項新的侵略要求。

4月27日，在上海的江蘇等18省愛國人士再次集會於張園。與會者除譴責沙皇俄國的「吞併」政策外，還指斥推行「親俄」外交的清朝政府的「昏昧狂惑」。會議致電清朝政府外務部，表示對沙俄帝國主義的七項新要求，全國人民「萬難承認」。又通電各國表示：即使清朝政府承認，「我全國國民萬不承認」。⑧會後，馮鏡如等發起組織中國四民總會。4月30日，四民總會集會，上海各界和愛國學社、愛國女學學生等1200餘人參加，蔡元培、馬君武等演說。會議議決改名為國民總會，「以保全國國土、國權為目的」。⑨鄒容等1600餘人先後簽名入會。

4月29日，在日本東京的中國留學生集會於錦輝館。與會者激昂奮發，議決成立拒俄義勇隊，黃興等130餘人簽名入隊，陳天華等50餘人簽名加入本部。拒俄義勇隊以古希臘斯巴達人反擊波斯入侵，「扼險拒守」的事跡自勵，決心開赴東北，與沙俄侵略軍決一死戰。⑩

年輕的魯迅當時正在東京留學，他積極參加了拒俄運動。錦輝館大會後，他迅速譯作了《斯巴達之魂》，勉勵中國青年「擲筆而起」，像斯巴達人一樣誓死保衛自己的祖國。

5月2日，拒俄義勇隊改名為學生軍。11日，由於日本政府的干涉，再次改名為軍國民教育會，吳永珊（玉章）、廖仲愷、陶成章、楊昌濟等積極捐款支持。與此同時，留日中國女學生則組織赤十字社，準備隨軍出征。

運動迅速發展到了北京、湖北、安徽、江西、廣東、浙江、直隸、江蘇、福建、湖南、河南各地。

4月30日，京師大學堂學生集會。會後，向管學大臣和政務處呈遞了《請代奏拒俄書》，又向各省督撫、各省學堂發出函電

，呼籲「發大志願，結大團體」，「勿將東三省予俄」！⑪

湖北學生接到京師大學堂學生的函件後，各學堂同時停課，吳祿貞等數百人在曾公祠、三佛閣等處集會。學生們表示，祖國的一草一木也不能讓給侵略者。

安徽學生於5月17日集會於安慶，決定成立安徽愛國會。準備在此基礎上，聯絡上海愛國學社和東南各省志士，進一步成立國民同盟會。

大半個中國都在動員：江西大學堂組織義勇隊，福州成立海濱公會，湖南學生申請領槍備戰，廣東人士聯名抗爭，直隸四百餘人上書，河南召開演說會……

較之第一階段，運動的規模和參加的階層都更為廣闊了，愛國紳商、大中學生之外，少年兒童、基督教徒、八旗生員等也都積極投入鬥爭。為了激勵同志捨身救國，有些青年知識分子甚至跳水、跳海，慷慨赴死。

1903年9月，沙俄政府將七項侵略要求合併為五條，重新向清王朝提出。10月20日，沙俄侵略軍強行闖入奉天城，升起沙俄旗幟，再次占領奉天，拒俄運動進入第三階段。

12月，蔡元培等在上海組織對俄同志會，「以研究對付東三省問題之法」。⑫對俄同志會發刊日報《俄事警聞》，專門報道沙俄侵華消息，號召全國人民奮起拒俄。1904年3月，日俄戰爭爆發，對俄同志會改組為爭存會，《俄事警聞》也改名《警鐘日報》。11月，因反對清朝政府聯俄，再度改組為反對聯俄會。

與對俄同志會成立時期相近，上海還出現了對俄同志女會，組織婦女投入拒俄鬥爭。

由於沙俄侵華機構道勝銀行在上海以重息借提錢莊現銀，接濟東北的俄國侵略軍，1904年1月，上海錢業商人集議，決定共同查察勾結沙俄的奸商。同月，有人向上海商人發出傳單，建議停止供應在上海的俄國兵船所需煤、菜等物。拒俄鬥爭從政治鬥

爭進入經濟領域了。

與上海相呼應，在趙聲、章士釗等發動下，南京水師、陸師、高等師範學堂的學生集會於北極閣，要求編立「民兵」，增設武備功課，練習兵操，以備抗俄。

民族危機深深地激動著海內外中國人民的心。滬、寧之外，新疆的回族人民表示願一戰強俄；東京中國留學生紛紛停課，集會聚議，籌組「義勇鐵血團」；陳天華於感憤之中寫血書寄回湖南，要求湘人預備死戰；遠在美洲的華商則打電報回國，表示願承擔對沙俄侵略軍作戰的費用。

這一時期，各地拒俄組織不斷湧現。廣東有助國拒俄同志議會，哈爾濱有商民自保會，錦州有仇俄會，湖北也有人發起組織拒俄會。其中，以丁開嶂的抗俄鐵血會為最突出。

丁開嶂原是京師大學堂師範館學生。1903年曾參加過上書要求拒俄的活動，日俄戰爭爆發後，他和同學朱錫麟、張榕等三人共同出關，組織抗俄武裝。朱錫麟組織了東亞義勇隊，張榕倡辦「東三省保衛公所」，組織「關東保衛軍」，丁開嶂則創立了抗俄鐵血會。鐵血會聯絡了活躍於直隸、奉天、吉林、黑龍江省的「綠林領袖」，「小伙數百，大伙數千，最大之伙數萬」，⑬決心將沙俄侵略軍從我國境內趕出去。

像丁開嶂等這樣直接投入抗俄武裝鬥爭的知識分子為數並不多。但它是這一階段拒俄運動的一個特色。沙皇俄國侵略行動的加劇起了警醒作用，迫使拒俄運動的先進分子不能再停留在集會、演說、通電等常用的抗議形式上。

這一階段運動的另一特色，是工人階級的活躍。

東北工人直接受沙俄帝國主義壓迫和剝削，因此，對沙俄帝國主義最仇恨，「無論何事，皆喜與俄人相抗」，「其心恨俄人實深」。1904年2月，在旅順沙俄海軍工廠工作的2000餘名中國工人全體罷工。3月，被沙俄霸占的東北各礦山中國工人也相率

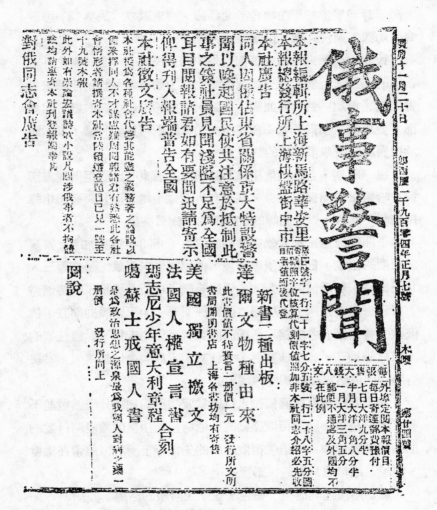

圖九　蔡元培創辦的報紙《俄事警聞》（1904，上海）
（採自中國社會科學院近代史研究所資料室）

罷工。沙俄侵略者以增加工資爲餌，誘騙工人復工，但工人堅持鬥爭，「勢甚洶洶」。⑭其中，武山煤礦工人更組織起來攻擊沙俄侵略者。不少工人逃離工廠、礦山，投入東北人民抗俄武裝。

　　1904年底沙俄帝國主義在日俄戰爭中戰敗，潰逃上海的阿斯科艦水兵無故殺害上海工人周生友，沙俄帝國主義拒絕交出凶手，上海人民掀起了要求懲凶的鬥爭。第一商學會舉行演說會，對俄同志女會所在的宗孟女學演出了俄兵殺斃周生友的影戲，《警鐘日報》發表了《爲俄兵砍斃華人事敬告全國同胞》和《寧波人可以興矣》等一系列文章，號召「聯合群力，同盟罷工」。1905年1月14日，在上海的各省商董於商務總會集會，決定停用俄國銀行鈔票，周生友的寧波籍同鄉工人則在全市散發傳單，定於15日開四明公所會議，準備停工罷市。次日，數千工人在四明公所前聚會。由於清朝政府的破壞和上海資產階級頭面人物的妥協，這次鬥爭未能進一步向前發展。清朝政府要人們「靜候妥辦」，⑮資產階級上層要人們「靜候上憲商辦」，⑯但是，「歌商明白者十之一二，工作則無一明白者。」⑰就是說，民族資產階級的一部分動搖了，而工人階級則是不妥協的。周生友事件是拒俄運動的尾聲。年輕的中國工人階級在事件中簡短的表現，就顯示了自己突出的性格。

　　日俄戰爭後，沙俄帝國主義在東北侵占的權益因戰敗而逐漸爲日本帝國主義所取代，中國人民反對帝國主義侵略的群眾運動，也由拒俄轉入其它中心。

拒俄運動與反清革命

　　清朝政府中，慈禧太后、李鴻章等屬於親俄派。他們企圖依靠沙俄帝國主義的幫助維持自己腐朽的統治。對於沙俄政府的侵略要求，他們是準備予以滿足的。1907年當拉姆斯道夫將書面約款12條改頭換面，壓縮爲11條時，李鴻章就明確表示，可以「照

允」，⑱要楊儒「酌量畫押，勿誤」！⑲張之洞、劉坤一、袁世凱等屬於親英、日派。因為背景不同，他們和李鴻章之間存在著一定矛盾，反對在沙俄政府提出的約款上簽字。但是，不管是親俄派也好，親英、日派也好，都反對人民自己發動的拒俄運動。

第一階段，清王朝流亡西安，既自顧不暇，又鞭長莫及，直接出面干預的是在南方的張之洞等人。1901年4月，張之洞電寧、滬當局，攻擊張園拒俄會議「借俄約為名，陰實是自立會黨藉端煽眾」，囑劉坤一下令「設法阻止，以消亂萌」。⑳同月，杭州地方當局以「惑人觀聽」、「有礙時局」為理由出示禁止張貼拒俄揭帖，已經貼出的幾百張被撕得淨光。㉑

值得注意的是，這一時期親政府的上海《申報》連續發表《密約解》等文，聲稱約款云云，「類皆傳聞無據之詞」，㉒攻擊拒俄運動的參加者「故為謠諑以駭民人」，「不俟朝旨，獨斷專行，勾結匪人，擅與友邦開釁」，「罪在必誅，法無可貸」。㉓顯然，這是官方準備大肆鎮壓的前奏。

第二階段，清朝政府的猙獰面目就暴露無遺了。

在北京，京師大學堂學生召開拒俄大會的當晚，學堂當局就出示禁止，胡說拒俄不是「學生分內之事」。㉔此後，學堂當局開始在學生中查察「會黨」。不久，奉旨會辦京師大學堂事宜的張之洞又親到學堂，警告學生，「學堂以外之事不可以作。」㉕

在安慶，安徽地方當局誣蔑愛國會的活動「搖惑人心」「有違國家法律」，下令不准演說，不准結社，不准出售與閱讀新書新報，違者「指名提究」。㉖安慶知府拘捕了愛國會發起人，封閉了西學堂，安徽大學堂開除了「議論拒俄」的學生十數名。㉗

在上海，清朝商約大臣呂海寰密告江蘇巡撫恩壽，說是「有所謂熱心少年，在張園聚眾議事，名為拒法抗俄，實則希圖作亂」，要求密拿嚴辦。㉘恩壽立即要上海道照會各國領事，指名逮捕蔡元培等四人。

　　在湖北，武昌知府梁鼎芬居然召集停課聚會拒俄的學生，大放厥詞，說是：「（爾等）只宜用功寫字讀書，以圖上進。此等不干己之事管它則甚！就使以東三省送給俄人，爾等亦不必干預！」㉙有的學生因為參加了拒俄會議就被梁以「性情浮動」為理由懸牌開除。

　　東京中國留學生的拒俄活動尤其使清王朝惶惶不安。駐日公使蔡鈞密電外務部，說是留學生「以拒俄為名，實圖不軌」，正「分派會黨」，「糾合同志」，「密置黨羽」於長江、北洋等地，準備起事，云云。㉚於是，清朝貴族、署理湖廣總督端方立即密電沿江沿海及直隸各地「一體嚴備」。㉛5月底或6月初，清王朝發出了《嚴拿留學生密諭》，大罵留學生編立義勇隊，要求與沙俄侵略軍作戰的行動「有礙邦交」，要蔡鈞等「時偵動靜」，要各地方督撫查拿「行蹤詭秘」，「有革命本心」的歸國留學生，「就地正法」。㉜6月21日，清王朝外務部根據慈禧太后「嚴密查拿，隨時懲辦」的指令，再次密電沿江沿海各省督撫，攻擊愛國學生「肆行無忌」，「猖狂悖謬」，要他們務必將這些「敗類」查拿到手。㉝

　　各地的拒俄運動幾乎無例外地遭到了鎮壓。南京各學堂頒布條例：禁聚眾演說國政時事，禁書信往來中有「編義勇隊」、「拒俄」等「駭人聽聞」之語。成都的「青年組織」、「學社」一律被通知閉歇。有些地方的學堂居然在黎明時搜查學生宿舍，將《蘇報》等新書新報概付一炬。

　　清朝政府為什麼如此仇視拒俄的愛國者呢？道理很簡單。第一，運動打擊了侵略者和賣國賊，這就是所謂「擅自與友邦開釁」，「有礙邦交」；第二，人民自己發動鬥爭，漠視了「神聖」的君主專制，這就是所謂「把持國家政事」㉞，「不俟朝旨，獨斷專行」。為著「免蹈各國民權之弊」㉟，清廷在對付「革命」的名義下，毫不留情地對拒俄運動予以鎮壓。

應當指出，拒俄運動確實一開始就有革命黨人參加，清廷並不完全是誣指。早在19世紀末年，孫中山和他的同志就開始了革命活動，孫中山與興中會在海外華僑、留學生以及國內進步群眾中都有一定影響。革命黨人是真誠的愛國者，他們一面參加拒俄，一面也自覺地通過這個運動來擴大其影響㊱。但是，在運動開始時，與中國其他政治勢力相比，革命派的力量還是微弱的，在國內就更加微弱了；只是在拒俄運動進行的年代裏，它的力量才有了長足的發展。在此過程中，沙俄和清朝政府幫了革命派的大忙，使革命派對人們的啟導收到了自己未曾料及的效果。

清朝政府對拒俄運動竭盡禁止、摧殘、鎮壓之能事，嚴重阻礙了運動的開展，但歸根結蒂，反動統治者所收得的效果恰恰與其主觀願望相反。被空前的民族危機捲入拒俄運動的人們，絕大多數不是反清革命者，他們對救亡途徑的認識很不一樣，統治者的「新政」，改良派的「維新」，在他們中間都有市場，許多人甚至甘心情願去為大清帝國效命疆場。可是，報國之門卻被堵塞了。這就不能不激起人們對反動統治者的憤怒，迫使人們深思：為什麼這個政府拿中國權益去結歡「與國」那麼大方，而對愛國「子民」倒視若仇敵呢？清朝政府對外投降、對內鎮壓，進一步暴露了其帝國主義走狗的面目。這種反動面目的暴露，對於反清革命運動的高漲有著重大意義。此前，清政府這種面目已經暴露得頗為充分，它伙同帝國主義侵略者血腥鎮壓了義和團運動。但是，資產階級、小資產階級知識分子對義和團的事業缺乏正確理解，因而也就沒有能引起他們的切膚之痛。這一次，在強敵入侵之際，手無寸鐵的青年學子、名流學者也因愛國遭受不測，資產階級、小資產階級知識分子中的震動與憤慨明顯地強烈起來。拒俄運動的先進分子很快信服了孫中山及其同志的結論：只有反清革命才能挽救祖國的危亡。

毛澤東指出：「辛亥革命是革帝國主義的命。中國人所以要

革清朝的命，是因爲清朝是帝國主義的走狗。」事實正是如此。
20世紀開端，八國聯軍戰爭和辛丑條約造成的空前深重的民族危
機警醒了中國人民，爲資產階級民主革命運動的高漲提供了條件
。拒俄運動就是人民覺悟的表現，它對反清革命運動發展的重要
推動作用不容忽視。不信，請看運動中群眾迅速革命化的進程。

　　拒俄運動的領袖之一蔡元培，原是清朝的翰林院編修，1901
年以後逐漸趨向激進，1902年組織了中國教育會。但是，到參加
拒俄，他至少不是堅決的反清革命者。1903年底，他還曾希望團
結清朝政府共同抵禦沙俄侵略。在他主編的《俄事警聞》上，發
表過《告革命黨》等文，認爲在「盜劫吾物」之際，不應該「不
追盜而徒責吾僕通盜之罪」㉟，建議包括清朝統治者在內的滿、
漢「合起來」，「商議打退俄國的法子，免得我們旗人、漢人通
通受罪」㊳。然而，清朝政府背叛了包括滿族人民在內的中國各
族人民的利益，現實粉碎了他的幻想，終於使他成爲革命派的代
表人物之一。又如黃宗仰，原是常熟清涼寺的和尚，日益緊迫的
民族危機使他不能安於寺院生活。張園會上，他慷慨陳詞；國民
公會中，他熱情謀劃。然而，清朝政府卻指名逮捕他，迫使流亡
日本。「要禦外侮先革命」㊴，他得出了要挽救民族危機，必須
推翻清朝政府的結論，於是他「對佛誓發十大願，大願逐滿不成
佛」㊵，跟著孫中山幹起革命來了。拒俄運動更把許多青年推向
反清革命的前列。後來犧牲於廣州「三‧二九」之役的方聲洞當
時逢人便痛論國事，「謂非一刀兩斷，顚覆滿清政府，以建共和
，則吾人終無安枕之一日」。㊶吳玉章在回憶當時情況時也說：
「我雖然不是很自覺地參加了這一運動，但這一運動卻在我的生
活中掀起了巨大的波瀾，把我推入了革命的洪流。」㊷類似的情
況很多，檢閱清末革命志士的經歷，許多人都是在拒俄運動中開
始其政治生涯並投向反清革命的。

　　輿論界的變化顯得更加突出。1903年 6 月 5 日，《蘇報》揭

載了清朝政府的《嚴拿留學生密諭》。緊接著，發表了《讀＜嚴拿留學生密諭＞有憤》等文，憤怒地譴責了清朝政府「以我土地江山」，「送人贈友」的賣國行徑，指出：「小醜不除，大敵難禦」，號召「以排滿為業」，㊸明確地喊出了反清的革命口號。《蘇報》原來是一張高唱「保皇立憲之說」的報紙，正是在拒俄運動中，它的主人陳范憤於人民的拒俄要求，「清廷均弗置恤，且有拘捕留學生代表之命令」，「因而改倡排滿之說」㊹，使之變成革命派的重要喉舌。

繼《蘇報》之後，東京中國留學生主辦的《江蘇》、《浙江潮》等雜誌的態度也日益明朗。6月25日，《江蘇》第4期發表《革命其可免乎》一文，痛斥清朝政府鎮壓拒俄運動，「目為悖逆，指為不軌」，「移文州郡，傳電畿疆，羅織搜索，防若寇賊」的行為。9月21日，該刊第6期《〈支那分割之危機〉譯後語》中更加鮮明地表示：「滿清政府而不欲與俄人戰，而不敢與俄人戰，乃並不願他人之與俄人戰，乃並欲出其代表者之權限以禁四萬萬主人翁之與俄人戰，則我同胞不可不秣馬以先與滿清政府戰。」

此外，鄒容的《革命軍》修改、出版於拒俄運動高潮中，陳天華的《警世鐘》也寫作出版於這一時期。兩書都是宣傳反清革命的代表作，其作者也都是拒俄運動的活動分子。在《復湖南同學諸君書》中，陳天華曾針對清朝政府對留學生拒俄的攻擊誣蔑，剖白過參加者的愛國之心。他在信裏說，他對清朝政府一見留學生結社愛國，「則遂大驚小怪，屢索而不得其解，我政府之識見如此，……此誠可為痛哭流涕者矣」。㊺可以說，《警世鐘》就是他「屢索」之後的結果，答案是必須打倒清朝這個「洋人的朝廷」。這兩部書和其他許多同類作品集中地出現在這段時間，並且立即受到讀者的熱烈歡迎，正是形勢急劇變化的反映。

輿論是先聲。在《蘇報》等明確地喊出反清口號後，一些拒

俄組織陸續轉變為革命組織。

　　還在 5 月份，軍國民教育會就曾派出兩名特派員到天津去見清朝政府的北洋大臣袁世凱，請他主戰，表示願為前驅。但是，特派員剛到上海，清朝政府軍機處就接到上海地方當局的電報，說是：「近來愛國黨欲假拒俄之說，擬將北上，恐有不軌事宜。」⑯到了天津，連袁世凱的影子也見不著，每次都被阻於門外；所能見到的清朝官吏都要他們「從事學問」，不要干預國事。於是，兩名特派員只能回到東京。7 月 5 日，軍國民教育會召集全體大會，由特派員彙報了歸國之行，秦毓鎏等15人提出一份《意見書》，要求將原訂宗旨中的「實行愛國主義」改為「實行民族主義」，以賣國的滿族貴族集團為革命對象。這一意見雖然遭到了湖北留學生、原拒俄義勇隊成員王璟芳等的激烈反對，王在會上聲嘶力竭地叫嚷：「大清不可背負」，⑰但是，《意見書》還是獲得了軍國民教育會絕大多數會員的贊成，僅有十餘人退會。

　　軍國民教育會的變化是中國留日學生轉向革命的重要標誌，從這以後，「革命思潮遂駸駸乎有一日千里之勢」。⑱這裏，孫中山的經歷是很有意思的。1901、1902兩年，孫中山在日本，志同道合者寥寥；有人把他視為怪人，甚至把他想像為「江洋大盜」。1903年夏秋間，孫中山自河內抵達日本橫濱，情形就大不一樣了，程家檉、楊篤生等拒俄運動的活動分子紛紛訪問他，研究革命進行方針。孫中山極為興奮，在東京青山創設革命軍事學校，規定了「驅除達虜，恢復中華，創立民國，平均地權」的誓詞。很快，這個誓詞就通過《警鐘日報》和國內群眾見了面。

　　轉變後的軍國民教育會決定了鼓吹（宣傳）、暗殺、起義等三種進行方法，總部設在東京，上海、保定等地後來都設有支部。它還派出過12個「運動員」，分赴國內外「籌集經費」，「聯絡同志」⑲。

　　以楊篤生為首的一些人組成了軍國民教育會暗殺團。1904年

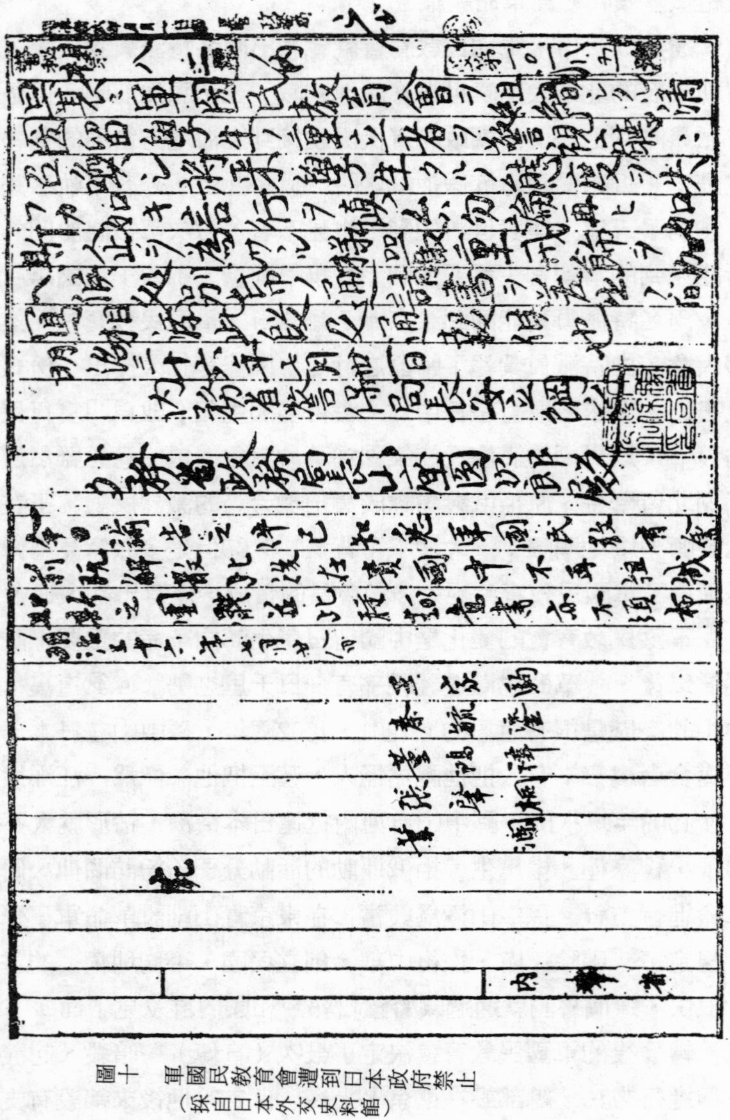

圖十　軍國民教育會遭到日本政府禁止
（採自日本外交史料館）

，他們曾潛入北京，謀炸親俄派頭子慈禧。同年冬，清朝退職官僚王之春在上海勾結沙俄領事和軍官，運動親俄，拒俄同志會成員又曾策動萬福華槍擊王之春。

黃興是十二個「運動員」之一。1903年11月，他在長沙與章士釗、秦毓鎏等創立華興會，確定了由湖南起義，直搗幽燕的策略。

武昌是拒俄運動的又一中心。1903年曾公祠拒俄大會上，呂大森曾直斥清朝政府「昏瞶」⑤，會後，積極分子們自然形成了花園山秘密機關。次年5月，以「革命排滿」爲宗旨的科學補習所成立，呂大森被推爲所長。

江浙地區的光復會也是在拒俄運動的基礎上發展起來的，它的前身就是軍國民教育會暗殺團，對俄同志會會長蔡元培是該團的骨幹。1904年，暗殺團改組，正式定名爲光復會，對俄同志會併入光復會。

這一時期，還曾出現過安徽武毅會（岳王會）、南京知恥學社、上海福建學生會、福建文明社、江西易知社等若干革命團體。其中一些團體或者與拒俄組織有著淵源關係，或者由拒俄運動的活動分子作爲骨幹。

一切都說明了，拒俄運動的高潮正在轉變和發展爲資產階級民主革命的高潮。

不可避免的政治分野

在拒俄運動的第一階段，主要還是資產階級改良派在活動；到了第二階段，運動發展爲革命派和改良派的聯合行動，革命派對運動進程的影響日益顯著。隨著運動的深入，革命派和改良派之間的分歧愈益明顯，鬥爭也日趨尖銳。

1903年4月27日的張園拒俄會，據改良派的報紙說：「因有二人演說之詞不合眾意，眾人有上前駁詰者。」⑤又說：「有一

黨人及野蠻浮薄之學生等，專以敗壞秩序為事」，「肆意騷擾」。㊷顯然，這是指革命派對於改良派的鬥爭。不久，改良派的機關報《中外日報》連續發表論說，含沙射影地攻擊革命派在拒俄運動中的主張「不合時勢」，是什麼「人方病寒而投之以治熱之藥」。㊸針對這種挑釁，激進的《蘇報》指出：張園拒俄會是愛國集會，表現了中國人民「國家思想之萌芽」，應該「引而進之」，不應該消極指責。又指出：《中外日報》的態度是一種「保守」思想，其主筆是「素與康梁為緣者也」。㊹

　　戊戌變法後，革命派曾企圖爭取改良派共同反清，改良派中的某些人如梁啟超等也曾虛與委蛇，裝出一副要與革命派合作的樣子。他們之間的分歧發展為公開論戰，拒俄運動中的鬥爭是一個環節。冰炭不相容。當時曾有人投函《蘇報》，要求雙方「晤談」或「函商」，遭到《蘇報》的明確拒絕。㊺在國民公會問題上，改良派和革命派的鬥爭就更加白熱化了。最初，國民公會標榜「無所謂派別」，它的報名地點既設在愛國學社，又設在《新民叢報》上海支店，是革命派和改良派的聯盟。然而，在發展進程中，康有為的門徒龍積之和國民公會發起人之一馮鏡如把它改名為國民議政會，力圖納入「立憲」運動的軌道。他們竭力宣揚：「皇上者中國之皇上」，計劃以 7 月 9 日為陳請慈禧歸政光緒的日子。龍積之等的企圖受到了鄒容的堅決抵制，鄒容帶頭痛罵馮鏡如，愛國學社學生紛紛脫會，迫使國民議政會無形解散。㊻

　　感受到革命派的威脅，改良派的槍頭就逐漸指向革命派了。這以後，他們也還談沙俄等帝國主義對我國的侵略，但主要是為了嚇唬清朝政府，同時也嚇唬革命派，為其改良主義的政治路線服務。《中外日報》發表過一篇題為《論政府當求消化亂黨之法》的論說，說是革命黨興起的原因就在於：清朝政府任憑沙俄占據東三省，於是革命黨就認為政府沒有顧惜土地與憫恤人民之心，想造反了。為政府計，應該「銳意維新」，這樣，革命黨就會

「消化」，「普天之下悉是甘雨和風」了。⑤在另一篇題爲《革命駁議》的論說裏，改良派揚言：一搞革命，就要發生內亂，外國人就會乘虛而入，沙俄以「平亂」爲借口侵占東北就是前車之鑒。文章聳人聽聞地批判革命派道：「奈何欲自啓亂機，而勾引外人，使其瓜分吾宇耶？」⑤你想革命嗎？一頂賣國主義的帽子就甩過來了。

與改良派針鋒相對，革命派指出，小小變法只能起欺騙和裝飾作用，解決不了挽救中國危亡的問題。至於帝國主義的干涉也並不可怕，只要革命思想能普及全國，「人人挾一不自由毋寧死之主義」，那就可以和侵略者相周旋。即使不幸被强敵所屈服，但黃河伏流，一瀉千里，總有消滅帝國主義「殖民政略」的一天。⑤改良派懼怕帝國主義，不敢革命；革命派不那麼怕帝國主義，所以敢於革命。但是，怕根未淨，總覺得打起來不是帝國主義的對手，因而反帝不尖銳。

改良派宣揚光緒「聖明」，清朝政府可以依賴；革命派就以清朝政府喪地辱國、鎮壓拒俄運動、投降沙俄爲例說明其不可依賴。1903年時章太炎指出：清王朝的「滿洲故土」已經被沙俄搶走了，不能把喪失國土的罪魁捧出來當元首。⑥1904年初，孫中山也指出：東北是清朝的「發祥之地」，這樣的地方都丟了，發展下去，必然是「日削百里，月失數城，終底於盡」。要挽救國家的危亡，必須「發奮爲雄，大舉革命」，「倒此殘腐將死之滿清政府」。針對改良派畏懼帝國主義干涉的懦夫心理，孫中山還指出：「我愈畏縮，則彼愈窺伺」，叩頭、乞憐不能阻止帝國主義的侵略。他以清朝政府爲例說：「清國帝后今日日媚外人矣」，「媚外人之中又與俄爲最親暱矣，然而據其發祥之地者則俄也。」⑥

不同人從同一事件中常常會引出不同的結論。沙俄侵奪我國東北，改良派由之引出的是中國不能革命，革命派由之引出的是

中國必須革命。

誰掌握眞理，誰就將贏得群衆。拒俄運動期間，革命派和改良派的鬥爭還只是一次前哨戰，但是，勝負卻很快就有了分曉。

1904年底，日本《萬朝報》譯載了德國一家報紙的議論，提到一項世界商業統計表已經承認我國長城以北爲沙俄的勢力範圍，因此，引起了留學生中的極大騷動。改良派乘機活動，再度企圖將拒俄運動引入「立憲」的軌道。

先是由梁啓超的一個門徒出面召集四川留學生開會，提出了一份《要求歸政意見書》，共六條，要求慈禧太后歸政光緒，宣布立憲，召還康有爲，並決定推張瀾爲「伏闕上書」的代表。

1905年初，中國留學生就《要求歸政意見書》展開了大辯論。結果，大多數人反對。福建、安徽、貴州、直隸四省同鄉會批評其爲「不切時勢，無補時局」，江西同鄉會批評其爲「徒事喧囂，毫無實際」，兩廣同鄉會在留學生會館貼出了「兩粵學生全部大反對川策六條」的標語，廣西同鄉會則明確宣告：「抵禦瓜分之策，以革命爲宗旨。」⑫

未能解決的歷史課題

拒俄運動鋒芒所向，直指沙俄帝國主義及其走狗清朝政府中的親俄派。同這伙凶惡而强大的敵人作鬥爭，特別是要使鬥爭超出發宣言、提抗議、集會、結社的範圍，以武力驅逐侵略者，必須擁有足以致勝的雄厚實力。

領導這場運動的民族資產階級及其知識分子是懂得這個道理的，他們指出：對於沙俄侵略者，「非結合大群不足以禦之」。⑬從何處聚集力量呢？他們向全國各階層的各種人，上至政府、疆吏、領兵大員，下至術士、游民、乞丐、娼妓，無論男女老少，或者革命黨、立憲黨、保皇會、守舊派，乃至道學先生、厭世派，都發出或準備發出救亡的呼籲。但是，在這包容甚廣的人群

中，主要依仗哪種人的力量呢？半殖民地半封建中國社會階級關
係的錯綜複雜，又使他們對此躑躅彷徨。他們之所以同時向如此
眾多的、相互間格格不入以至敵對的人們發出呼籲，正說明他們
心中無數。

　　中國民族資產階級曾經寄希望於自己。有人提出：「與其官
爭於上，不如商爭於下」，建議停止對俄的茶絲貿易，「無論如
何重價，不准出售與彼」。⑭主張用自身的力量而不依賴「官爭
於上」，這是民族資產階級覺悟的表現。但是，他們的經濟力量
畢竟太微弱了，這種呼籲如同投向大海的石子，沒有激起多大波
瀾。

　　另一些人則寄希望於青年學生。他們認爲：學生是中國社會
的「主人」，爲存亡之「關鍵」，「中國之興，興於學生」。⑮
鄒容於1903年 5 月發起中國學生同盟會，正是這一思想的反映。
青年學生在運動中表現最爲活躍，最爲激進，但是也有人懷疑莘
莘學子們的作用，他們問道：以少數學生去和「如虎、如狼、如
蛇、如蝎」的沙俄侵略者作戰，行嗎？

　　在當時的歷史環境下，中國民族資產階級是先進的階級，但
是這個階級包括其知識分子在內，人數很少，經濟力量有限，只
靠本階級的群眾是做不出很多事來的。資產階級要和國內外反動
勢力鬥爭，就必須援引其他階級的力量。

　　他們曾經企圖依靠清朝的某些督撫。然而，事實證明，張之
洞、劉坤一、袁世凱、端方們的「拒俄」，不過是因爲自身的特
殊利害發出的空喊，這流人在鎮壓拒俄的群眾時卻是實幹的。人
們的希望破滅了。《蘇報》激烈地批評軍國民教育會最初採取的
請願做法是「熱昏」。「不識人頭，吃煞苦頭」。求助於袁世凱
之流，不是要「吃煞苦頭」嗎？⑯

　　也曾有些人企圖依靠某些帝國主義國家，20世紀初年，英、
日、美等國在爭奪我國東北問題上和沙俄有激烈的利害衝突，因

此，有人主張聯合英、日、美共同作戰，有人建議請各國「公斷」。這當然都是無法做到的。於一籌莫展之際，改良派居然附和美帝國主義提出的將東三省闢爲各國公共通商口岸的主張，企圖利用帝國主義列强的力量排擠沙俄。日俄戰爭爆發了，不少人聲援日方。鄭觀應等在廣州等地捐款組織赤十字社，準備療治日本傷兵。在革命派中，也有人倡議「編成義兵」，附入日軍，去打頭陣。由於對沙俄侵略的仇恨，很多人幼稚地把同情寄予日本方面。

這種情況也遭到了批評。魯迅就認爲此類人「太無遠見」，曾專門寫信給蔡元培，提請他辦《俄事警聞》時注意。⑥⑦有人正確地指出，爭奪著的雙方都同樣垂涎於我國的「膏腴綉壤」，⑥⑧「中國不能自立，無論何國，均未可恃」，我們不能「自委棄其國民之責任」而一味求助於人。

不錯，帝國主義國家之間的矛盾，清朝統治集團中各派系之間的矛盾，可以也應當利用，但是把獲勝的希望寄托於此卻是幻想。

儘管改良派不敢得罪清廷，康有爲等甚至可笑地把局面的改觀懸於光緒重新親政的空想上，而那種企圖依靠某些帝國主義的傾向更難於克服，但運動中的先進分子已經逐漸認識到上面這些看上去「强大」的力量並不可恃，開始向另外的方面去尋求助力。在運動的第二、第三階段，資產階級革命派成爲運動的領導力量之後，他們曾經注意到人民群眾的力量。

1904年時，有人提出過「民戰」的口號。他們指出：「民仇俄人，痛入骨髓」，只要能把人民動員起來，那末，擲瓦礫、施坑陷都會是鬥爭的辦法。沙俄侵略軍不過20萬，東北居民則在千萬以上，「以十民殺一俄兵，俄兵立盡矣！」⑥⑨這個口號無疑是進步的。廣大人民群中蘊藏著巨大的愛國反帝鬥爭力量。除了把人民動員起來，又靠誰來戰勝俄國侵略者呢？不過，要實現「民

戰」，卻非易事。

有人主張動員會黨。他們認為：會黨具有「剛腸俠骨」，「天不怕，地不怕」，只要「統統聯絡起來」，「莫說是一個俄羅斯，便是十個也不可怕了」。⑦

當時，東北活躍著無數支抗俄武裝。在最著名的「忠義軍」以外，影響較大的還有一種隊伍，由於多武裝馬隊，被清王朝誣蔑為「馬賊」。「馬賊」的成分和政治態度雖然複雜，但參加抗俄的「馬賊」，鬥爭卻很英勇。他們毀鐵道，割電線，焚燒糧庫，劫奪槍支彈藥，騷擾、襲擊俄軍，給了侵略者以沉重打擊。這一事實吸引了拒俄運動的活動分子們。1904年2月，《警鐘日報》發表時評，讚揚「馬賊」昭如日月，為「吾民族之代表」，宣稱：「吾不能不愛馬賊。」

近代中國的資產階級、小資產階級知識分子總是不耐煩難，希望順當地利用現成的有組織的力量。由於對會黨和「馬賊」缺少實際了解，上述議論未免流於理想化，但那種急於獲得下層群眾響應的心情則是可以理解的。

他們也曾直接向工農群眾發出呼籲。

我國拒俄運動發生、發展的時候，距巴黎公社成立已經30餘年。此間，國際工人運動有了長足的發展。這一事實，使得拒俄運動的活動分子們不得不對我國年輕的無產階級抱有熱切的期望。《俄事警聞》宣稱：工人是「世界上第一等有力量的」。⑦由對俄同志會成員主編的《中國白話報》則熱情介紹外國工黨的鬥爭「能夠致皇帝、官府的死命」。⑦他們要求中國工人能「學著外國工人，結成一個大黨」，「打退東三省的俄國人，叫各國不來奪我們的地方」。⑦

主張動員農民的人也有。《俄事警聞》在題為《告農》的社論中說：俄國奪了東三省，全國人都應該出力，農民「勞苦慣了」，「當兵是頂相宜的」，而且「人數本來多」，只要本領也好

了，又明白「道理」，「肯拼命去一打」，「俄國自然打退了」。《俄事警聞》並應許：「那時候，你們就可以想個把田地歸公的法子。」⑭

以農民為主體的義和團是抗擊八國聯軍入侵的主力，在東北，也是抗擊沙俄入侵的主力。他們所進行的鬥爭，儘管存在著弱點，卻無疑是一種「民戰」。對義和團，清王朝和改良派都誣之為「拳匪」，一些革命派分子也不免受此影響。在拒俄運動中，資產階級革命派中的某些人卻獨能作出較為正確的評價。他們贊譽其「不可奴隸、不可屠割之一種毅然獨立之血誠」，是中國「前此未有之特色」。⑮

在20世紀初年，出現這種贊揚工農，主張發動工農展開反帝鬥爭的觀點是難能可貴的。當時，中國民族資產階級正處在上升時期，以孫中山為首的革命派生氣勃勃，為了反帝反封建鬥爭，他們需要群眾的力量，敢於向勞動人民發出呼籲。由於眼界比較寬，革命派感到自己比改良派有力量，他們滿懷信心地批判了流行一時的「不戰亡，戰亦亡」的悲觀主義論調。但是，應當指出，即使在這時，他們也並不真正認識勞動人民。如前所述，對工農的呼籲，乃是向社會上類型眾多的人發出的呼籲中的一種，他們並沒有認為工農才是拒俄反帝的最主要的動力。反之，那種對群眾的蔑視卻不時流露出來。《俄事警聞》有一篇文章就說：「平民有血性而未知理義，紳士為教導之」；「紳士倡於前，平民和於後」。⑯他們推崇「平民」是要「平民」作他們的尾巴。資產階級蔑視勞動人民的心理根深蒂固。安徽愛國會發起人陳仲甫就誣蔑農民為「草野愚民」。⑰這個陳仲甫就是陳獨秀，他的這種謬誤觀念始終難變，後來他在新民主主義革命中搞右傾機會主義，這是思想根源之一。

1903年，當上海成立「四民公會」時，《浙江潮》第5期發表過一篇時評，大意說，中國有一件最可悲痛的事便是，「士」

爲士、農、工、商四民之首，不能自成一社會，而又與其他社會隔絕，所以，「日日言社會改革，言社會發達而無效」。文章要求該會成爲「國民之機關」，「自士社會以待合於其他種種各社會」。這段評論可謂「切中時弊」。然而，拒俄運動中，它始終是空談，「士」們除了熱衷在本階級群眾中活動外，並沒有認眞去做「合於」其他社會的工作，還是一個孤零零的自居的「首」。當上海工人爲周生友案投入拒俄鬥爭時，《警鐘日報》的「士」們可以在報上大談其「工民革命」，指手劃腳，但是卻不跑到工人中去做點實際工作。丁開嶂、張榕跑到東北去了，但是，主要依靠的也還是地方上層人士和「馬賊」中的上層頭目。1903年的「四民公會」無工無農，是個「二民」公會，實際上主要是資產階級、小資產階級知識分子的「一民」公會。此後的對俄同志會狀況也是這樣。該會極盛時不到 200 人，他們非常懊惱地感慨道：「義勇之軍，偵探之隊，徒抱虛願，一無表現，所藉手者，區區《俄事警聞》之報告而已。」⑱沒有人民大眾參加，當然只能是這樣一個結果。

哪些階級、階層、人士是反對帝國主義的力量？誰又是其中的主要動力？這是一切反帝鬥爭都必須解決的歷史課題。中國民族資產階級接觸到這個問題並試圖予以解決，他們在這方面所取得的成就應當給以恰當的估價，但是，軟弱的中國資產階級自身顯然無力完成這個課題。

反帝而不依靠人民，不發動工農群眾，必然無所成就，最終仍然要和帝國主義者妥協。後來辛亥革命之所以失敗，這是一個重要原因，拒俄運動也已經預示了這一前景。

反對沙皇奴役的世界人民鬥爭的一部分

毛澤東指出：「自從帝國主義這個怪物出世之後，世界的事情就連成一氣了，要想割開也不可能了。」⑲我國的拒俄運動不

是孤立的，它是20世紀初年世界人民反對老沙皇奴役的鬥爭的部分。

世界人民熱烈地同情和支持我國的拒俄鬥爭。還在1900年12月，列寧就在《火星報》第一號上發表《中國的戰爭》一文，論述中國人民反對沙俄侵略的正義性，號召俄國工人階級奮起鬥爭，「以結束政府的專制統治」。響應列寧的號召，布爾什維克揭露了沙俄政府在中國的犯罪政策，俄國社會民主工黨巴庫委員會在傳單裏寫道：「難道俄國人民需要滿洲這一塊外國的土地嗎？」⑧⓪一些在中國的國際友人還積極參加了拒俄運動。例如1903年有德國友人在南京「見中國人即握手，告以中國前途之苦及改變之不可緩」，「語及東三省事，輒切齒怒目。」⑧①1904年日俄戰爭期間，居住在哈爾濱的猶太、波蘭友人曾聯絡中國勞工，準備起事抗俄。

我國人民也熱烈同情和支持世界人民反對沙皇的鬥爭。

1903年，在俄國社會民主黨領導下，烏克蘭、高加索等地爆發了總罷工鬥爭。對此，《江蘇》雜誌發表文章說：「暴動！暴動！俄羅斯果不得不暴動，俄羅斯終不能不演革命之活劇。倒專制舊政體，建共和新政府，爲日非遠矣。」⑧②1905年1月，彼得堡的工人由罷工鬥爭發展爲準備武裝起義。消息傳到我國，《警鐘日報》立即發表了《請看俄國之工人》一文，讚美俄國工人「立志之堅」。⑧③在當時，沙皇還是個龐然大物，但是，中國拒俄運動分子們相信俄國人民：「斯拉夫民族眞好男兒，眞不愧爲偉大之人民。善於動！善於殺官吏！殺君主！」⑧④他們認爲，在這樣的人民面前，沙皇政府是遲早要完蛋的。

列寧曾經指出過：「俄國是各族人民的監獄。」⑧⑤在這個監獄裏，猶太人所受的壓迫極爲嚴重。中國拒俄運動的活動分子們尖銳地揭露了一小撮沙俄反動分子對猶太人的虐殺：「或挖其兩眼，或斷其四肢於板，以刀碎割。小兒則攜往最高之處擲下，或

則腰斬。」這是怎樣一幅慘絕人寰的畫面呀！中國拒俄運動的活動分子們語重心長地警告人們：「吾悲猶太，吾不能不慮夫將爲猶太者。」⑧

波蘭曾長期爲沙皇俄國、普魯士、奧地利等所瓜分，沙皇政府在其占領區實行殘暴的殖民統治。在《猛回頭》、《新湖南》等小冊子中，中國拒俄運動的活動分子們譴責了這種統治。對於波蘭人民的鬥爭，中國拒俄運動的活動分子們尤其寄以殷切的期望。1904年3月，他們見到了一份波蘭義勇軍的討俄檄文，情不自禁地歡呼：「偉哉！波蘭之民族！壯哉！波蘭之志士。」他們專門寫了《波蘭之志士》、《讀<波蘭義勇軍組織主意書>》等文章，指出：「彼俄國者，裂波蘭故土最多，壓波蘭遺民最酷。擒賊先王，首在覆俄」。文章建議波蘭志士利用日俄戰爭的機會奮起抗俄，乘熊腳被扎的時候「突刃其腹」。中國拒俄運動的活動分子們相信，經過鬥爭，「必有一波蘭新國出現波羅的海之濱」。⑧

此外，對於反對沙皇奴役的芬蘭、瑞典、挪威、丹麥、波斯、土耳其等國人民的鬥爭，中國拒俄運動的活動分子們也都表示了關切，並看成是對我國人民的支持，「此爲我國報深仇、雪大恥、樹我完全獨立之旗」之「大機會也」。⑧

1904年2月5日《俄事警聞》發表過《俄禍》一文，中云：

> 若夫俄，則尤虎狼之尤者也。自彼得大帝以來，以吞併與國，囊括全球爲志，彼意非使史拉夫人種爲全世界之主不止。此非我中國之禍，而全世界之禍。

這段話值得重視。馬克思指出：「資產階級的沙文主義只不過是一種虛假的裝飾，它給資產階級的種種無理要求罩上一件民族的外衣。」⑧沙皇推行「囊括全球」的侵略政策，並不是爲了使「史拉夫人種爲全世界之主」，而是要使俄國的一小撮地主和壟斷資本家爲「全世界之主」。在這一點上，《俄事警聞》講得不對

。但是，沙俄帝國主義是軍事封建帝國主義，它的壟斷資本主義和封建農奴制殘餘密切結合著，它把帝國主義的各種最壞因素都集中了起來，而且變本加厲了。因此，極富於侵略性，是當時世界的大禍害。《俄事警聞》發出的這一「警聞」又是正確的。中國拒俄運動的活動分子看清沙皇的侵略野心，明確自己鬥爭的意義，就更加鼓舞了自己的鬥志。

1901年至1905年的拒俄運動是我國近代一次較大規模的群眾性反帝愛國運動。它打擊了沙皇吞併我國領土的野心，揭露了清朝統治者對內鎮壓、對外投降的反動便目，表現了我國人民不甘屈服於內外敵人的愛國主義精神和革命精神，促進了資產階級民主革命高潮的到來，在近代中國史上，是起了積極作用的。

（原載《社會科學戰線》，1978年第 4 期，略有修訂）

【註　釋】

① 《清季外交史料》第一四四卷。

② 楊儒：《中俄會商交收東三省電報匯鈔》。

③ 《中外日報》，1901年3月16日。

④ 《中外日報》，1901年3月25日。

⑤ 《中外日報》，1901年4月 6 日。

⑥ 《中外日報》，1901年4月 5 日。

⑦ 《中外日報》，1901年4月 4 日。

⑧ 《蘇報》，1903年4月28日。

⑨ 《蘇報》，1903年5月 1 日。國民總會在實際成立時，定名為國民公會。

⑩ 《致北洋大臣袁緘》，《浙江潮》第 4 期。

⑪ 《蘇報》，1903年5月20日。

⑫ 《俄事警聞》，1903年12月15日。

⑬ 《大陸》，第 2 年第 4 號。

⑭ 《警鐘日報》，1904年4月 6 日。

⑮　《外務部發商約大臣盛宣懷電》，《俄兵砍斃華人案抄檔》。

⑯　《時報》，1904年12月29日。

⑰　《外務部收上海道袁樹勛電》，《俄兵砍斃華人案抄檔》。

⑱　《李傅相來電》，楊儒：《中俄會商交收東三省電報匯鈔》。

⑲　同前註。

⑳　《致江寧劉制台、上海盛大臣》，《張文襄公電稿》卷四十五。

㉑　《集成報》第一冊，光緒二十七年三月上浣。

㉒　《申報》，1901年3月28日。

㉓　《申報》，1901年4月23日。

㉔　《大公報》，1903年5月4日、6月12日。

㉕　同前註。

㉖　《大公報》，1903年6月13日。

㉗　《國民日日報》，1903年8月23日。

㉘　張篁溪：《蘇報案實錄》，《辛亥革命》㈠，第372頁。

㉙　《蘇報》，1903年5月19日。

㉚　《大公報》，1903年6月28日。

㉛　《中外日報》，1903年6月30日。

㉜　《蘇報》，1903年6月5日。

㉝　《外務部發沿江沿海各省督撫電旨》，端方檔。

㉞　同註⑳。

㉟　《大公報》，1903年8月30日。

㊱　《青年會與拒俄義勇隊》，《革命逸史》初集。

㊲　《俄事警聞》，1903年12月30日。

㊳　《俄事警聞》，1903年12月31日。

㊴　《書感》，《江蘇》第6期。

㊵　《抱憾歌》，《江蘇》第6期。

㊶　《方聲洞小史》，《神州日報》，1911年8月2日。「滿清政府」四字
　　，原報爲「□□政府」。

㊷ 《從甲午戰爭前後到辛亥革命的回憶》，《吳玉章回憶錄》，中國青年出版社，1978年版，第19頁。

㊸ 《蘇報》，1903年6月10日、11日。

㊹ 《陳夢坡事略》，《革命逸史》初集。

㊺ 《蘇報》，1903年6月14日。

㊻ 《蘇報》，1903年6月26日。

㊼ 《中外日報》，1903年10月15日。

㊽ 《甲辰馬福益長沙之役》，馮自由：《中華民國開國前革命史》第一冊。

㊾ 《軍國民教育會紀事》，該會自印本。

㊿ 《科學補習所始末》，張難先：《湖北革命知之錄》。

(51) 《中外日報》，1903年4月28日。

(52) 《大公報》，1903年5月5日。

(53) 《中外日報》，1903年5月12日、14日。

(54) 《蘇報》，1903年5月18日。

(55) 《蘇報》，1903年6月2日。

(56) 中國少年之少年（柳亞子）：《中國滅亡小史》，《復報》第10期。

(57) 《中外日報》，1903年7月31日。

(58) 《中外日報》，1903年6月7日。

(59) 《蘇報》，1903年6月12日、13日。

(60) 《駁康有爲論革命書》，《太炎文錄》卷二。

(61) 檀香山《隆記報》，轉引自《檀山華僑》。

(62) 《大陸》，第3年第2號。

(63) 《中國四民總會處知啓》，《蘇報》，1903年4月30日。

(64) 《中外日報》，1901年3月28日。

(65) 《蘇報》，1903年5月30日。

(66) 《蘇報》，1903年6月6日。

(67) 沈瓞民：《魯迅早年的活動點滴》，《上海文學》，1961年第10號。

(68) 《俄事警聞》，1904年2月25日。

⑥　《警鐘日報》，1904年3月5日。

⑦　《俄事警聞》，1904年1月29日。

⑦　《俄事警聞》，1904年1月10日。

⑦　《時事回答》，《中國白話報》第5期。

⑦　同前註。

⑦　《俄事警聞》，1904年12月22日。

⑦　《對於俄約之國民運動》，《江蘇》第2期。

⑦　《俄事警聞》，1904年2月22日。

⑦　《蘇報》，1903年5月26日。

⑦　《警鐘日報》，1904年3月15日。

⑦　《論反對日本帝國主義的策略》，《毛澤東選集》第1卷，第159頁。

⑧　《史學譯叢》，1957年第5期，第100頁。

⑧　《朱臻仕》，《江蘇》第7期。

⑧　《江蘇》第6期。

⑧　同前註。

⑧　《警鐘日報》，1905年1月26日。

⑧　《革命的無產階級和民族自決權》，《列寧全集》第21卷，第392頁。

⑧　《經世文潮》，第4期。

⑧　《警鐘日報》，1904年3月9日。

⑧　《抗俄鐵血會檄文》，《大陸》第2年第4號。

⑧　馬克思：《〈法蘭西內戰〉初稿》，《馬克思恩格斯選集》第2卷，第
　　427頁。

陳天華的《要求救亡意見書》
及其被否定經過

　　許多著作都提到陳天華有一份《要求救亡意見書》，但史學家們迄未見到。1985年，我在日本外務省檔案中將它找到了。原件爲鉛印傳單，附於警視總監安立綱之給外務大臣小村壽太郎的報告之後①。

　　1905年1月，日本《萬朝報》譯載德國某報的一篇文章，聲稱各國商業統計表關於中國領土已不列長城以北，承認其爲俄國範圍，「此實瓜分政策」云云。這一消息在中國留日學生中引起了騷動。四川學生首先集會，有人提出《要求歸政意見書》，主張西太后將「大政」歸還光緒皇帝，「以一主權」，同時，要求清政府「宣布立憲以定國是」。該意見書提議於1905年2月4日（夏曆元旦）致電清政府，陳述意見，並隨撰詳細呈文，公舉代表二、三人到北京伏闕上書②。在這一情況下，陳天華撰寫並印刷了《要求救亡意見書》，在留日學生中散發。

　　《意見書》全文約三千餘字。開宗明義，首先說明當時形勢和不得已擬向清政府請願，要求救亡的苦衷。《意見書》稱：

> 近日以來，警電紛至，危迫情形，視前尤急，同人等焦心灼慮，苦無良策，乃於無可如〔何〕之中，作一死中求生之想，則惟有以救亡要求政府也。

《意見書》將清政府譬喻爲「管屋者」，將國民譬喻爲主人，說是：「主人有屋，托人管理，不慎於火。管理者以非其屋也，將任其延燒，爲主人者豈能不以屋如焚焰，必責其賠償而急促之使救火乎？」

　　關於請願的目的，《意見書》說明，在於勸止清政府及其大

臣們出賣國家權益。它稱：

> 目的惟何？但使朝廷誓死殉國，勿存爲一印度王之思想，
> 賣吾儕以救活；爲大臣者實事求是，勿抱一爲小朝廷大臣
> 之主義，以吾儕之權利，爲彼等富貴之媒。

當時，印度已淪爲英國的殖民地，印度國王則成爲侵略者卵翼下的兒皇帝。陳天華要求清政府以印度爲鑒，不要使中華民族陷入更悲慘的境地。

關於請願的條件，《意見書》向清政府提出對外條件三項，對內條件四項。對外條件爲：1.勿以土地割讓於外人，竭死力保護礦山、鐵路、航權；2.勿以人民委棄於外人，人民之生命、產業、利權，絲毫不容外人侵犯；3.勿以主權倒授於外人，力杜外人駐兵內地並掌握用人行政之權。對內條件爲：1.實行變法；2.早定國是；3.予人民以地方自治之權；4.許人民以自由著述、言論、集會之權。《意見書》同時提出國民義務四項：1.當兵；2.納租稅；3.募公債；4.爲政府奔走開導。《意見書》要求清政府履行條件，國民履行義務，雙方處於對等地位。它說：「吾儕之義務有一未盡者，不待政府誅之，吾儕必自誅之。吾儕對於政府盡義務矣，而政府之於吾儕所求者或不之許，或許而陽奉陰違，行之不力，或竟顯違吾儕所訂之條件，則吾儕必盡吾力之所能以對付於政府，誅一人而十人往，誅十人而百人往。吾儕不死盡，政府不得高枕而臥也。」

《意見書》的主要篇幅是設爲問答，以二人辯難的形式，解釋各種疑問，說明請願活動的必要。最後，《意見書》表示，將以留學生全體名義，在兩周內赴北京實行。「有志偕行者請至神田西小川町一之一東新社（陳天華住址——筆者），商訂出發，反對者請即函告，否則作爲默認。」

《意見書》表現了陳天華一如既往的愛國主義熱情。他認爲，國家由土地、人民、主權三要素組成，有一個要素不具備，就

不能稱之爲國家。《意見書》指出：當時帝國主義者紛紛向清政
府索取土地和勢力範圍；在非洲、美洲的華僑和東三省的難民備
受帝國主義虐待；主權無一不被外人掌握。因此，中國「早已等
於瓜分，且更甚於瓜分」。《意見書》呼籲中國人民及時設法，
拯救國家危亡。它說：「救死者必於將死未死之時，不可待於已
死；救亡者亦必於將亡未亡之時，不可待於已亡。」這些地方，
和陳天華的名著《猛回頭》、《警世鐘》的基本精神是一致的。
但是，在對待清政府的態度上，卻有了顯著的變化。原先，陳天
華指斥清政府是「洋人的朝廷」，認爲「滿洲政府抱定一個『漢
人強滿人亡』的宗旨，死死不肯變法」，主張以暴力將其推翻。
「改條約，復政權，完全獨立」，建立一個嶄新的國家③；而現
在則希望以和平請願的方式促使清政府豁然警醒，外拒強敵，內
行變法。兩相對比，不能不認爲是一個嚴重的退步。在寫作《意
見書》之前，陳天華曾會見梁啓超，二人多次通信，《意見書》
反映出改良派的影響是無庸置疑的。

　　《意見書》末段，陳天華設想有一個革命者出來質詢：「吾
儕平日之所主張，非革命乎？今乃欲倚賴於政府，何其進退失據
也？」對此，《意見書》回答道：

> 政府之將以土地、人民、主權三者與外人，一彈指間也；
> 而吾子之革命，旦夕可舉乎？吾恐議論未定，而條約上之
> 效力發生，已盡中華之所有權移轉於他人手矣，則何如要
> 求政府，與之更始以圍〔圖〕存乎？

這段話可以看作是陳天華對自己改變主張的解釋。在陳天華看來
，革命不會很快發生，遠水救不了近火，國家危亡在即，只能以
請願的形式阻止清政府賣國，這樣會便捷得多。

　　然而，陳天華畢竟不同於改良派。這就是，他對於和平請願
的作用並不十分誇大，對清政府能否改弦更張也並不抱很多幻想
。《意見書》說：

　　吾儕之要求，所以使政府應付外人之要求外，而亦留一二
　　以應吾儕之要求也。蓋使彼惟虞外人之一方面，而不虞國
　　民之方面，則必至舉吾儕盡售之於外人，以保固其印度王
　　、小朝廷大臣之名位不止。今吾儕乃預先警告之，吾儕雖
　　被售，而必不使安固其印度王、小朝廷大臣之名位，是亦
　　僥倖望其勿售也。

這裏說得很清楚，和平請願的目的只是「僥倖望其勿售」。有些
地方，《意見書》又說：

　　至於警告而不聽，則吾儕自必有繼續之行為，決非僅如公
　　車上書之故事也。各國民黨之對於政府也，必先提出要求
　　之條件，要求而不納，然後有示威之舉動，無不如此者。
　　吾儕躐等以為之，則政府不知吾等意向所在，而國民亦不
　　知吾等之宗旨為何，縱擲數人之頭顱亦不過等諸無意識之
　　作為，而吾儕之主義，終難暴白於天下。惟先將主義標出
　　，可平和則平和，當激烈則激烈，一出於公，而不雜以一
　　毫之私，使政府有所擇取，使國民有所依然，於將來或不
　　至全無影響。此吾儕今日之苦心也，政府之無可望則久已
　　知之矣。

這裏，陳天華明確宣布，清政府「無可望」，是扶不起來的阿斗
，因此，鬥爭方式不能僅限於「公車上書」一類故事，而是要將
「吾儕之主義」表白於天下，「可平和則平和，當激烈則激烈」
，可見，陳天華並沒有封死通向革命的道路。

　　在《意見書》中，陳天華還說：「吾儕之欲以救亡要求政府
也，非謂如是即可以救亡也，乃欲以求吾致死之所也。政府能與
吾儕共致死於外人，則外人乃吾儕致死之所也；政府必欲以吾儕
送之於外人，則政府乃吾儕致死之所也。」這裏，陳天華那種不
惜一切，敢於與內外敵人拼死戰鬥的精神又表現出來了。

　　《意見書》散發後，立即受到湖南留學生的強烈反對。1905

年1月27日，宋教仁在日記中寫道：「彭希明、徐運奎來，談最久。時陳星台將有北京之行，運奎謀與余極力反對其說，余允之。」④28日，宋教仁應彭希明之邀，至劉揆一處，與黃興、章士釗等會商，決定召開同鄉會干涉。當日，宋教仁在日記中又寫道：「時陳星台發有《要求救亡意見書》於學界，其宗旨專倚賴政府對外與對內之政策，而將北上陳於政府，余等皆反對其說。」⑤29日，在湘西學會例會上，宋教仁演說「瓜分問題」，激烈地反對向清政府請願，主張各省獨立自治。當日到會者50餘人，有贊成者，有反對者，未能取得一致意見。30日，在錦輝館召開湖南同鄉會，與會200人，一致決議反對陳天華的「要求政府之說」，贊成宋教仁的「全省獨立自治」主張⑥。2月1日，黃興、宋教仁和陳天華舉行「特別談判」，宋教仁批評陳天華「受保皇黨之運動」，雙方「辯難良久」，陳天華因受日本警署傳喚離去⑦。在警署時，日本當局通知陳天華，禁止散發《要求救亡意見書》⑧。2月2日，宋教仁得到黃興的通知：「陳星台事，已干涉其不作」⑨。

與此同時，東京留日學生就向清政府請願問題進行了廣泛的討論。

廣西同鄉會認為，「抵禦瓜分之策，以革命為宗旨」⑩。

福建、安徽、貴州、直隸四省同鄉會公函稱：「此次提議上書政府一事，公認為不切時勢，無補時局，請置勿議。」⑪

留學生會館幹事及各省評議員大會討論結果，反對請願者占十分之九⑫。

這種情況，顯示出在東京中國留日學生中，革命日益成為普遍的要求。正是在這種形勢下，在黃興、宋教仁的幫助下，陳天華糾正了自己的錯誤，再度煥發革命精神，重新執筆為革命作鼓吹，寫下了《論中國宜改創民主政體》等名篇。

（原載《近代史研究》，1988年第1期）

【註　釋】

① 《關於清國留學生行動》，甲秘第13號，明治38年 2 月 2 日。

② 《東京留學界議請歸政立憲之匯志》，《大陸》第 3 年第 2 號。

③ 參見劉晴波、彭國興編校：《陳天華集》，湖南人民出版社，第36、59、61頁。

④ 陳旭麓主編：《宋教仁集》，第 512-514 頁。

⑤ 同前註。

⑥ 同註④。

⑦ 同註④。

⑨ 《關於清國留學生行動》，甲秘第13號，明治38年 2 月 2 日。

⑧ 同註④。

⑩ 《東京留學界議請歸政立憲之匯志》，《大陸》第 3 年第 2 號。

⑪ 同前註。

⑫ 同註⑩。

同盟會的分裂與光復會的重建

　　1905年，同盟會成立，實現了各派反滿力量的聯合，以孫中山爲代表的資產階級民主革命營壘出現了某種團結、興旺的景象，革命也取得了前所未有的進展。思想上，和改良派的論戰正在勝利進行，軍事上，萍、瀏、醴起義之後，各地革命黨人躍躍欲動，一個武裝起義的高潮正在醞釀。但是，好景不常，1907年夏，同盟會發生嚴重分裂。此後，愈演愈烈，終於導致光復會的重建。

　　當革命正需要一個堅強有力的、統一的司令部時，同盟會卻陷於分崩離析的渙散狀態。

　　對於這種情況，曾經有人主要以地域、宗教觀念來說明問題，以爲是廣東派與湖南派、江浙派之爭；又有人以爲是同盟會的三民主義和光復會的「一民主義」，即所謂資產階級、小資產階級革命派與地主階級反滿派之爭；這些解釋，都不符合歷史的本來面目。

一、張繼、章太炎、劉師培、陶成章
掀起的倒孫風潮

　　革命進程中總難免有光明與陰暗兩面。辛亥革命之後，當年獻身於革命的先行者熱衷於闡揚功烈，而對於這一進程中的不光彩的方面，大都不願涉及，或語焉不詳。因此，在討論同盟會的分裂與光復會的重建時，清理這一事件的過程是首要的工作。

　　1907年初，孫中山與黃興曾因國旗圖式問題發生爭執。孫中山主張沿用興中會的青天白日旗，黃興則認爲青天白日旗與日本

旗相近，「有日本併華之象」，①必須迅速毀棄。爭論中，黃興堅決毀棄青天白日旗的主張使孫中山很激動，他厲聲說：「僕在南洋，托命於是旗者數萬人，欲毀之，先擯僕可也。」②這樣，黃興也因而激動起來，他發誓要退出同盟會。

情感衝動常常驅使人走向歧途。冷靜下來之後，黃興接受了孫中山的方案，他致書胡漢民說：「余今為黨與大局，已勉強從先生意耳！」③

儘管國旗風波沒有使孫黃關係破裂，但是，卻在孫中山和宋教仁之間投下了陰影。宋教仁本來就認為孫中山「待人作事，近於專制跋扈」，當他得知此事後，就更增加了不滿，從而萌發了「早自為計」的念頭。④3月1日，他向孫中山辭去了同盟會庶務幹事一職。同月23日，偕白逾桓等離開東京赴奉天運動綠林武裝。

對孫中山的不滿使宋教仁以後一度參加了倒孫的行例，但在當時，還僅限於兩人間；去奉天之後，宋教仁仍然使用中國同盟會孫文、黃興的名義進行活動。⑤因此，在同盟會的內部矛盾中，國旗圖式問題只是一個小序曲。

對同盟會分裂具有決定意義的事件是孫中山接受日本政府贈款問題。

清朝政府鎮壓了萍、瀏、醴起義之後，感到對革命力量不可忽視，追尋「禍本」，認為出於流亡在日本的孫中山，因此，通過駐日公使楊樞等出面交涉，要求日本政府逮捕並引渡孫中山。⑥日本西園寺內閣對此採取了兩面政策，即一面向清政府表示，同意驅逐孫中山出境，一面又力爭不得罪中國革命黨人。日本政府通過內田良平、宮崎寅藏等對孫中山說：清朝要求日本把孫中山抓起來，日本政府考慮不抓，但孫中山必須迅速離日，否則不能保證安全。⑦同時，日本政府並資助五千元，⑧另一日本股票商人鈴木久五郎也資助一萬元，作為孫中山離日的經費。當時，

孫中山因急需一筆款子去中國南方發動，以便趁熱打鐵，適應萍、瀏、醴起義所帶動的革命高漲形勢，便接受了這兩筆資助。

除贈款外，日本政府還通過內田良平出面為孫中山餞行。2月25日，內田良平在赤阪區三河屋設宴，應邀者有孫中山、章太炎、宋教仁、胡漢民、劉師培、汪東、宮崎寅藏、清藤幸七郎、和田三郎等人。⑨3月5日，孫中山偕胡漢民及日人萱野長知等南下。事後數日，西園寺內閣才通知清朝政府，已經驅逐孫中山出境。清朝政府立即大肆宣揚，炫為外交上的勝利。

對日本政府的態度，孫中山是滿意的。他覺得，「各國政策無論如何文明，其對於與國必重於對民黨，但日本政府兩方面皆存好意，庶幾平等相待」，「殷勤備至」。⑩他完全沒有想到，此事卻在同盟會中激起了巨大的風波。

鈴木久五郎資助一萬元一事章太炎是知道的，孫中山曾從中提取二千元交章太炎作為《民報》經費，⑪章太炎嫌少，認為一萬元應全部留下，但對日本政府資助五千元一事，章太炎等則一無所知。孫中山離日後，這一情況為參加同盟會的日本人平山周、北一輝、和田三郎等探悉，首先和中介人宮崎寅藏等吵了起來。接著，張繼、章太炎、劉師培、譚人鳳、田桐等也得知了這一情況，並傳聞孫中山臨行時的宴會就是一去不復返的保證，⑫云云。張繼等認為孫中山「受賄」，「被收買」，「有損同盟會的威信」，便鬧了起來，張繼破口大罵，聲言「革命之前，必先革革命黨之命」。⑬章太炎把掛在《民報》社的孫中山照片撕下來，批上「賣《民報》之孫文應即撤去」等字。他以為孫中山在香港，便把照片和批語寄去，以羞辱孫中山。⑭可能為此事他還寫過聲討性的檄文。⑮剛到日本不久的劉師培也同聲附和。⑯他們一致要求罷免孫中山的同盟會總理職務。

在這一事件中，北一輝起了挑動和擴大矛盾的作用。他原是日本新瀉佐渡地方一個釀酒業主的兒子，因家庭破產而傾向於當

時流行的社會主義思潮。1906年出版《國體論及純正社會主義》一書。同年11年加入宮崎寅藏、和田三郎等組成的《革命評論》社。不久，又經宮崎介紹，加入同盟會。他認為孫中山是西歐主義者，因而，憎惡孫中山，接近章太炎、宋教仁等人。在其所著《支那革命外史》一書中，他自述說：「當時所發生之內訌，諸友皆以發生於不肖入黨數月之後，因而歸罪於不肖之行動。然而不肖方以彼等各自之色彩逐步趨向鮮明為快，深希彼等各自貫徹其思想之所向，因此敢於置不肖一身之毀譽於不顧也。」⑰從這段敘述不難看出，北一輝當時並不以同盟會的團結為重，而是強烈期望分歧加大。他又說：「以孫君英美之超國家觀視之，當其被逐時，日本政府贈予之數千金，未嘗不可視為對亡命客所給予之國際憐憫，然以太炎國粹主義之自尊心視之，則深以孫君率留學生離去而不示威為憾，且認為孫君實不應密收金錢，如喪家狗之被逐，太炎之所以逼使孫君辭去總理之理由，亦可使人理解者也。」⑱《支那革命外史》一書寫於1914年，雖然事隔已久，偏袒章太炎等人的感情仍然很強烈。

平心而論，雙方都有其不當之處。

從孫中山一方看，他對西園寺內閣的兩面政策缺乏認識，這是事實。但是，當時中國革命黨人以日本為活動基地，日本政府並未採取明顯的敵視態度，因此，自然不應採取率領留學生「示威」一類輕率的做法。孫中山處理不當的地方是：在接受日本政府贈款問題上沒有和大家商量，並說明有關情況。

從張繼等一方看，他們反對孫中山接受西園寺內閣的贈款可能不無道理，但是，孫中山接受贈款是為了南下起義，他們視此為「受賄」是錯誤的，由此大吵大鬧，提出革孫中山的命，要求撤換其總理職務尤其錯誤。章太炎的做法更是一種人身侮辱，是只圖一時痛快，不顧後果，嚴重傷害同志關係的行為。

屋漏偏逢連夜雨。當東京的倒孫風潮正鬧得沸沸揚揚的時候

，又傳來了黃岡、七女湖起義失敗的消息。這是孫中山離日後領導的第一次軍事行動，它的失敗使同盟會的內部矛盾猶如火上加油，反對孫中山的人日益增多。張繼等催逼同盟會庶務幹事劉揆一召集大會，罷免孫中山，改選黃興為總理。劉揆一認為孫中山接受贈款是為了供應黃岡、七女湖起義急需，當時，孫黃二人正在籌劃於廣東發動新的起義，「萬一因總理二字而有誤會，使黨軍前途，頓生阻力，非獨陷害孫黃二公，實不啻全體黨員之自殺」，⑲因此，力排眾議。張繼於盛怒之下，和劉揆一扭打起來。與此同時，劉師培則進一步要求改組同盟會本部。他自己想當同盟會領導人，並企圖援引北一輝與和田三郎為本部幹事，也遭到劉揆一的拒絕，因此，北一輝也對劉動了武。⑳

　　一波未平，一波又起。同年6月17日，為籌備在廣東欽、廉二府同時起義，孫中山派萱野長知赴日購械。在宮崎寅藏協助下，共購得村田式快槍二千支，每支帶彈六百發，計劃運至白龍港起岸，供革命軍使用。村田式在日本已經落後，在中國尚不失為先進武器。但章太炎卻認為不能使用，吵吵嚷嚷地說：「這種式子在日本老早不用了，用到中國去不是使同志白白地丟了性命嗎？可見得孫某實在不是道理，我們要破壞它！」㉑當時，宋教仁已被張繼從奉天叫回東京，㉒他支持章太炎，並聯絡了同盟會本部的一些人，以《民報》社名義用明碼打電報給香港《中國日報》，說是「械劣難用，請停止另購」。㉓因而，購械計劃擱淺。

　　在倒孫風潮中，陶成章支持張繼、章太炎等。據當時人回憶說：「其時黨人購買槍械靠日本浪人介紹代購」，「章太炎先生與陶公均主寧可少購，購必精良」，「而孫黃二公但求其多而價廉，認為械多可張大聲勢」，「陶於爭論時堅持尤力，因與孫黃失和。我彼時耳聞其事，曾於日比谷昌口醫院訪陶時有『大家不要爭奪領袖』的話，陶聞言即謂：『年輕人不要胡說』，但言詞之中卻嫌孫先生武斷。」㉔這裏所說的「爭奪領袖」雖被陶成章

斥為「胡說」，但證以上引其他史事，當是事實。

　　倒孫風潮中支持張繼、章太炎等的還有譚人鳳、田桐、白逾桓等，但他們的表現不那樣突出，以後的表現也不盡相同。

　　欽廉起義由孫中山親自策劃。他聯絡了當地抗捐的民團，聯絡了在清軍中任職的同盟會員趙聲和郭人漳，並派黃興和王和順歸國領導，原以為只要武器一到，立即可以組成一支「聲勢甚大」的軍隊，然後收兩廣，出長江，匯合南京、武昌的新軍，形成破竹之勢，「革命可收完全之效果矣」。㉕及至王和順攻克防城，武器不到，孫中山自覺失信於起義同志和當地團紳，極為惱火，便由胡漢民出面致函同盟會本部，「力責之」，表示要執行黨中紀律。不久，又派林文回東京，禁制章太炎和宋教仁，令其以後不得再干預軍事問題。㉖ 9 月，孫中山致函宮崎寅藏，譴責平山周、北一輝、和田三郎等「不顧公義」、「破壞團體」、「侵入內部，幾致全局為之瓦解」。他將運動日本各方面的任務交給了宮崎一人，表示「不特平山、北、和田數子，不可使之聞知」，連同盟會本部及《民報》社中人，亦不必與之商議。㉗在同盟會的內部分歧中，北一輝等起了惡劣的作用，孫中山完全應該採取斷然措施。但是，專任宮崎一人，卻危險地表現了拋開同盟會本部和《民報》社的意向。

　　由於東京同盟會本部的混亂狀態日益嚴重，劉揆一寫信告知黃興，又寫信給馮自由、胡漢民，引用「萬方有罪，罪在一人」的譬語，要求馮、胡勸孫中山向東京同盟會本部引咎謝罪。對此，孫中山復函謂：「黨內糾紛，惟事實足以解決，無引咎之理由可言。」㉘他表示可以辭去總理一職，但必須在同盟會本部及章太炎承認不是之時。㉙劉揆一要孫中山「引咎」，意在以孫中山的高姿態來平息越來越盛的倒孫風潮，但這是一種息事寧人的糊塗做法，孫中山對此表示拒絕是正確的。但是，他沒有及時採取積極措施來分辨是非，增強團結，而是等待「事實」的解決，要

求同盟會本部及章太炎「承認不是」，這就不僅將分歧的種子保留了下來，而且以感情代替了理智。

在孫中山復函劉揆一的同時，黃興也復函稱：「革命為黨員生死問題，而非個人名位問題。孫總理德高望重，諸君如求革命得有成功，乞勿誤會而傾心擁護，且免陷興於不義。」⑩孫中山是當時中國革命民主派的一面旗幟，黃興以其正確態度維護了孫中山的威信，也維護了同盟會的團結。但是，他也沒有做更多的工作來消除矛盾。

由於黃興拒絕出任同盟會總理，東京的倒孫風潮暫時平息下來了，但雙方的對立情緒仍然存在。這年 7 月 6 日，徐錫麟在安慶發動起義失敗，清吏在審訊時間及行刺是否為孫文指使，徐錫麟答道：「我與孫文宗旨不合，他亦不配使我行刺。」⑪在光復會併入同盟會後，徐錫麟始終拒絕加入同盟會，他與孫中山「宗旨不合」的情況早已存在，但是，「不配使我行刺」云云，顯然由於倒孫風潮的影響，它反映了光復會領導人對孫中山遠非一般的不滿。

歷史上的政治鬥爭不乏借題發揮的例子，倒孫風潮可以說就是如此。它借助於幾個具體問題爆發出來，其中隱藏的是深刻的思想分歧。

倒孫風潮的主力是張繼、章太炎、劉師培、陶成章，他們當時都在不同程度上接受了日本社會主義運動中正在流行的無政府主義思潮的影響。

二、無政府主義派別的出現

20世紀初年，國際社會主義運動中占優勢地位的是第二國際的右傾機會主義和「左」的無政府主義，日本的情況也是如此。當時，日本已進入帝國主義階段，資本主義社會的固有矛盾充分表現出來，罷工鬥爭高漲，社會主義運動處於活躍階段。1901年

，在片山潛領導下，建立了社會民主黨。1903年，幸德秋水組織平民社，宣傳「平民主義、社會主義、和平主義」，翻譯出版了《共產黨宣言》。1906年，社會民主黨以社會黨的名義重新建立。但是，這一時期，日本社會主義運動又還很幼稚。片山潛說：「儘管在我們中間對於馬克思主義進行了熱烈的爭辯和討論，儘管我們翻譯了馬克思和恩格斯的一系列經典著作，但是我們仍然處於一團混亂的狀態之中，不善於理解馬克思主義，在我們中間占統治地位的是馬克思主義跟改良主義和無政府工團主義的稀奇古怪的雜拌。」㉜1907年，日本社會黨分裂為軟硬兩派。軟派以片山潛、田添鐵二為代表，在第二國際機會主義影響下，主張通過議會道路來實現革命；硬派以幸德秋水、堺利彥、山川均、大杉榮為代表，完全否定議會鬥爭，宣揚無政府主義，主張除「直接行動」──總同盟罷工外，別無其他革命的途徑。前者組織社會主義研究會，後者組織金曜（星期五）講演會。

　　日本社會黨開始分裂後不久，張繼、章太炎等便和硬派發生了接觸並接受其影響。

　　1906年，張繼根據幸德秋水的日譯本，轉譯了馬拉跌士達的《無政府主義》一書，成為無政府主義的狂熱信徒。1907年春，他和章太炎通過北一輝的關係結識了幸德秋水，深受影響。在幸德秋水的遺物中，保存有章太炎、張繼一封求教的手札，中云：「明日午後一時，往貴宅敬聆雅教，乞先生勿棄。三月二十六日。」㉝此後，雙方來往日益密切。陶冶公回憶說：「（我們）參加了日本原始社會主義者幸德秋水為首組織的座談會」，「經常以旅行玩山遊水為名，到東京郊外一些地方秘密開會。」㉞不僅如此，幸德秋水等有時還深入中國留學生宿舍，大談特談巴枯寧和克魯泡特金的學說。㉟這樣，在中國留日學生和革命者中，就逐漸形成了一個傾向無政府主義的派別。對於這一派別，幸德秋水描述說：「亡命的革命黨中多數青年，則已不滿足於以往搞的

時評

祝日本社會黨之分裂

扶翊

自社會黨分硬輕二派其別派之中復有傾向無政府主義者蓋聚多數之人同奉一主義其進者必進而益上保守者必退而益下如德國社會黨當二十餘年之前已分二部一持革命態度一持老成態度及八百八十八年老成派中遂有政府黨之發生與之立異者別成反對派英法二國亦然近日義大利社會黨亦有分裂之勢此均社會黨派由合而分之證也然各派既離本派而獨立則其所持主義必較舊派為進步如日本近日社會黨分裂之事是也自日本社會新聞發行於東京為社會主義中央機關片山潛氏西川光次郎氏經營之時大阪平民社亦刊發平民新聞森近運平氏經營之然兩派發刊之詞一主激烈一主溫和及別子暴動之事起復一主階級鬥爭一主資本家與勞動者之調和兩派不同自此始及六月十六日堺利彥氏演說于社會新聞社陳述歐州社會黨之分派以社會新聞一派當頓派以已當硬派以幸德

時評。

圖十一　日本社會黨分裂對中國革命黨人的影響（1907年）
（採自《天義》第8、9、10合冊）

驅逐韃虜，復我中華，創立憲政，創立共和政體等運動，而進一步主張民生主義，即社會主義，其中最進步的人則熱心倡導共產的無政府主義或個人的無政府主義，把幾萬冊雜誌、小冊子陸續秘密輸入其國內。」「對於當前的國會、選舉、商業、經濟，都根本不信任，他們對當前的政治組織和社會都表示絕望，而另外要謀求人民幸福之途。」㊱

1907年4月，幸德秋水在《平民新聞》上撰文，提倡中國的革命家與日本的革命家攜手，東洋各國的社會黨應當聯合起來。㊲章太炎首先響應幸德秋水的倡議，開始與印度流亡在東京的革命者籌組亞洲和親會。和親會以「反抗帝國主義，期使亞洲已失主權之民族各得獨立」為宗旨，主張凡亞洲人，無論民族主義、共和主義、社會主義、無政府主義皆可入會。㊳中國方面參加者有章太炎、張繼、劉師培、何震、蘇曼殊、陳獨秀等數十人，日本方面參加者有幸德秋水、山川均、大杉榮等。和親會約章表現了某些無政府主義的影響，例如它規定「無會長、幹事之職，各會員皆有平均利權」，這正是無政府主義者反對一切「在上之人」的傳統主張。6月，劉師培通過他的妻子何震出面創辦《天義報》，聲稱其宗旨在於「破壞固有之社會，顛覆現今一切之政府，抵抗一切之強權，以實行人類完全之平等」。㊴同月，正當倒孫風潮大起的時候，張繼和劉師培共同發起組織「社會主義講習會」，其廣告稱：「近日以來，社會主義盛於歐美，蔓延於日本，而中國學者則鮮聞其說，雖有志之士知倡民族主義，然僅辨種族之異同，不復計民生之休戚，即使光復之說果見實行，亦恐以暴易暴，不知其非」，因此，他們要研究「社會主義」。㊵這份廣告實際上是另樹一幟的宣言書，它應是劉師培改組同盟會本部的要求遭到拒絕之後的產物。經過兩個多月的籌備，「社會主義講習會」於8月31日召開成立會。會上，劉師培表明了和孫中山完全不同的政治綱領。他宣稱：「吾輩之宗旨，不僅以實行社會

主義爲止，乃以無政府爲目的」，吾輩之意，惟欲於滿洲政府顛覆後，即行無政府」。據他說，如果「排滿以後另立新政府」，那就「勢必舉歐美、日本之僞文明推行於中國」，其結果必將是「中國人民愈無自由，愈無幸福，較之今日，尤爲苦困。」㊶「建立民國」是孫中山爲同盟會規定的重要任務，劉師培這裏所指責的「排滿以後另立新政府」，顯然針對孫中山和同盟會而言。它表明，劉師培等決心和孫中山分道揚鑣了。幸德秋水參加了成立會，在演說中，他聲言社會主義運動中有兩派，「平和派屬馬克思，激烈派則屬巴枯寧」；又表示：「中日兩國，地域相近」，「兩國國民，均可互相扶助」，「以促無政府主義之實行」。㊷

最初，「社會主義講習會」每星期活動一次，後來改爲每月活動兩次。在講習會上發表演說的，中國方面有張繼、劉師培、章太炎、陶成章、何震、汪公權、景定成、喬義生等；日本方面有幸德秋水、堺利彥、山川均、大杉榮、宮崎民藏等。

章太炎是講習會的積極分子，曾先後作過《國家論》、《人之根性惡》等講演。1907年12月，又曾提議派張繼去青島舉辦講習會。當時，山東同盟會員邀請章太炎等派人去青島辦學，章回信說：「鄙意學堂不當驟辦，蓋此事既須經費，講師又不易求，不如專在學會講社會主義爲妙。溥泉可至青島一遊，與同人開講社會主義一兩禮拜。」㊸張繼所講的「社會主義」，當然是無政府主義。同一時期，章太炎在爲張繼所譯《無政府主義》一書的序言中也說：「若能循齊物之眇義，任夔蚿之各適，一人百族，勢不相侵，井上食李之夫，犬儒裸形之學，曠絕人間，老死自得，無宜强相陵逼，引入區中，庶幾吹萬不同，使其自已，斯蓋馬氏所未逮歟？」㊹章太炎這裏所說的「馬氏」，就是意大利老無政府主義者馬拉跌士達。在章太炎看來，無政府主義雖然趕不上莊子的《齊物論》，但它還是實現人類平等，救護貧民的好藥方：「然其批搗政家，鋤犁駔儈，振泰風以播塵埃，鼓雷霆以破積

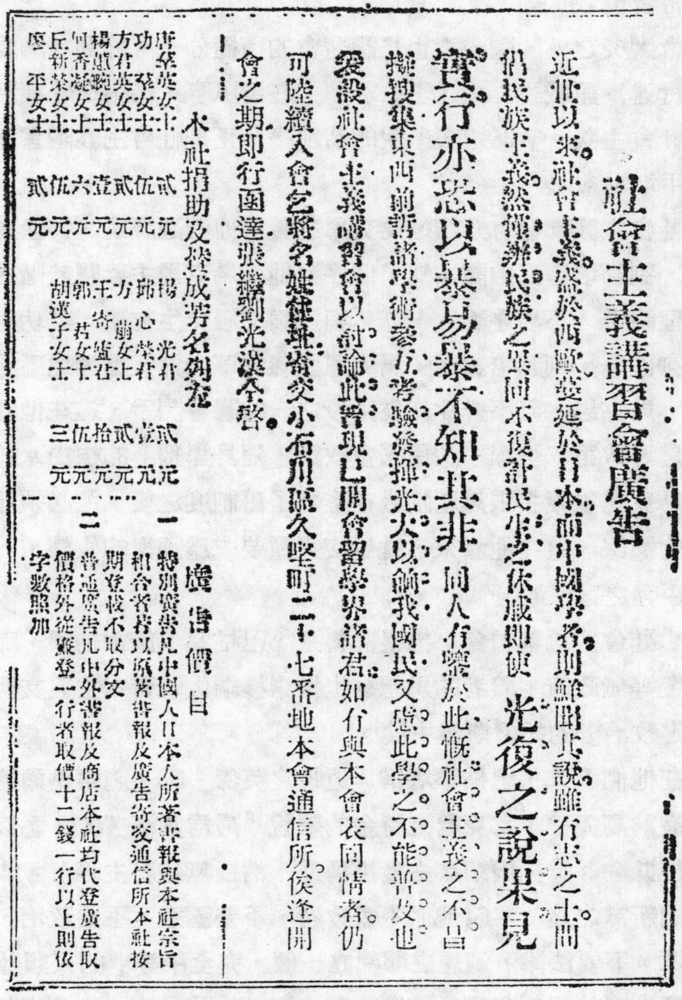

社會主義講習會廣告

近世以來，社會主義盛於西歐蔓延於日本而中國學者期餘聞其說雖有志之士間

倡民族主義然懲辦民族之異同不復計民實之依戚即使 **光復之說果見**

實行亦恐以暴易暴不知其非 同人有鑒於此慨社會主義之不昌

擬搜集東西新舊諸學術參互考驗發揮光大以餉我國民又慮此學之不能普及也

袋設社會主義講習會以討論此普現已開會習學界諸君如有與本會表同情者仍

可陸續入會名將名姓健址寄交小石川區久堅町二十七番地本會通信所俟逢開

會之期即行函達張繼劉光漢全啓

木社捐助及捷成旁名列左

座		
丘辦蘋女士	貳元	胡漢子女士	三伍元
回香凝女士	伍元	郭寄萍女士	伍拾元
楊蕙英女士	六元	王心鑒女士	貳元
方君英女士	壹元	方榮君士	貳元
功翠荣女士	伍元	邱光君	貳元
廟蘋女士	貳元	楊君	元

廣告價目

一
特別廣告凡中國人日本人所著書報與本社宗旨
相合者概以原價報及廣告寄交通信所本社按
期登載不取分文

二
普通廣告凡中外聲報及商店本社均代登廣告取
價格外從廉登一行者取價十二錢一行以上則依
字數照加

圖十二　社會主義講習會廣告（1907 年）
（採自《天義》第 6 卷）

堅，墮高堙卑，邱夷淵實，蕩復滿盈之器，大庇無告之民，豈第
首途，必自茲始。雖有大智，孰能異其說耶？諒知大戟蔑花，是
時為帝者也」。⑮

　　章太炎之外，陶成章也是講習會的積極分子。魏蘭《陶煥卿
先生行述》記載說：「（丁未）冬，在清風亭，偕張繼等演說，
提倡社會主義。」⑯這裏所說的清風亭，正是社會主義講習會集
會常用地點。

　　社會主義講習會介紹過馬克思主義。他們翻譯過《共產黨宣
言》，劉師培還為中譯本寫了個序。他稱馬克思主義關於階級鬥
爭的理論為「不易之說」，⑰「與達爾文發見生物學，其功不殊
」。⑱但是，劉師培認為，馬克思主義的革命性又還遠遠不夠。
其一，馬克思主義不排斥作為手段之一的議會鬥爭，這在他看來
，就是導致第二國際「利用國會政策，陷身卑猥」的根由。⑲其
二，馬克思主義主張無產階級在推翻了舊制度之後，還必須建立
自己的國家，這在他看來，就是使人還要成為國家的奴隸，「均
背於平等之旨」。⑳

　　「社會主義講習會」推崇蒲魯東、巴枯寧、施蒂納爾、克魯
泡特金等無政府主義者的思想，也推崇極端仇視資本主義文明，
「否定政治」的托爾斯泰主義。

　　在他們看來，巴枯寧堪稱「近世之英傑」㉑，施蒂納爾的學
說「最為高尚」，㉒克魯泡特金的學說「最為圓滿」，「悉以科
學為根據」。㉓托爾斯泰主義被稱為「消極無政府主義」，「足
箴中國新黨之迷」。㉔他們不要政府，不要國家，不要政治，不
要軍隊，不要法律，幻想立即建立一個「完全平等」的人類社會

　　章太炎的思想和劉師培等略有不同。他認為不能立即廢除一
切政府，而必須設新政府以為「無政府之階」，同時，他又認為
不能以「無政府」為最高理想，而應該「高蹈」盡善盡美的「太
虛」，即除「無政府」之外，還要「無聚落，無人類，無眾生，

無世界」。(55)在章太炎這一時期的思想裏，無政府主義和佛教虛無主義是密切結合著的。

小資產階級不可能正確地理解和接受科學社會主義。20世紀初年，中國近代工業還很微弱，無產階級還處在幼年階段，「社會主義講習會」諸人接觸到了馬克思主義，但卻拒絕接受，有其歷史必然性。

如果連馬克思主義都還被認爲革命性不夠，那麼，孫中山的革命民主主義綱領當然就更不在話下。「社會主義講習會」諸人和孫中山在一系列問題上存在著分歧。

1.在對帝國主義的態度上。孫中山「民族主義」思想的主要矛頭指向對外賣國投降的清朝政府，它包含有反對帝國主義侵略的愛國主義內容。但是，無可否認，孫中山對帝國主義存有某種幻想。他長年奔走世界各地，固然是爲了發動華僑，但也是爲了爭取帝國主義國家的援助。《民報》六大主義即要求「世界列國贊成中國之革新事業」。(56)對於日本政府，他尤其寄以希望。章太炎等人則强烈地反對帝國主義。他們認爲，帝國主義絕不可能贊助中國革命，也反對向帝國主義國家爭取任何形式的援助。對《民報》六大主義中的上述條文，章太炎解釋道：「此本含混言之，要之列國政府必不贊成。」(57)他聲言：「藉援强國，冀以自全，在品格則爲下劣，在事實則無秋毫之效。」(58)孫中山接受日本政府贈款一事之所以使章太炎等那樣激動，其原因蓋在此。

應該承認，在對帝國主義本質的認識上，章太炎等優於孫中山，但是，他們不懂得帝國主義國家之間存在著錯綜複雜的矛盾，由於這種矛盾，他們的對華政策（包括對中國革命的態度）並不完全相同，在不喪失原則的條件下，革命黨人並非不可以接受某些帝國主義國家某種形式的「援助」或「支持」。

2.在對民主立憲的態度上，孫中山指責中國數千年來的君主專制政體，主張通過「政治革命」以建立「民主立憲政體」(59)。

《同盟會宣言》規定：「由平民革命以建國民政府，凡為國民皆平等以有參政權。大總統由國民共舉。議會以國民公舉之議員構成之，制定中華民國憲法，人人共守。」⑩這是孫中山民權主義思想最完整的表述。孫中山認為這種政體於中國「最為相宜」。

「社會主義講習會」諸人則不然。他們不僅反對君主立憲，而且也反對民主立憲。章太炎說：「政府之可鄙厭，寧獨專制，雖民主立憲猶將撥而去之。藉令死者有知，當操金椎以趨冡墓下，見拿破崙、華盛頓則敲其頭矣！」⑪在「社會主義講習會」上，他大聲疾呼：「無論君主立憲，民主立憲，均一無可採。」⑫陶成章也說：「況且立憲實在是有弊病，無論什麼君主立憲、共和立憲，總不免於少數人的私意，平民依舊吃苦。」⑬在當時，他們尤為激烈地反對代議制度，章太炎指責議院為國家「誘惑愚民而鉗制其口」的工具，把「議士」和政府、官吏一起視為「天下之最下流者」，⑭劉師培則指責議會政策為萬惡之源，認為「凡以議會政策為目的者，無論出何黨派，決無有利平民之一日」。⑮

20世紀初年，歐美、日本等資本主義國家議會選舉制度弊端百出，資產階級民主已經充分暴露了它的虛偽性，「社會主義講習會」諸人看到了這一點，但是，他們不了解，資產階級民主比之封建專制制度來，仍然是個大進步。

3.在土地問題上。孫中山看到了歐美資本主義發展所形成的貧富懸殊現象，因此，在民族主義、民權主義之外，特別提出了民生主義。孫中山民生主義的核心是「平均地權」，即由國家核定地價，現有的地價歸原主所有，革命後因社會進步所增加的地價歸國家所有，「為國民所共亨」⑯，《民報》稱之為「土地國有」。孫中山主觀上企圖以此來防止資本主義發展所產生的弊端，而實際上，它只限制了地主階級對土地價格的壟斷，使土地買賣更適合於資本主義發展的需要，因此，列寧曾稱之為「純粹資

本主義的、十足資本主義的土地綱領」。⑥

　　《民報》時期，孫中山還沒有提出「節制資本」的口號，但《同盟會宣言》中有「敢有壟斷以制國民之生命者，與衆棄之」⑱一語，《民報》在和《新民叢報》辯論時，曾特別指出，國民經濟命脈不能「歸一二私人所壟斷」⑲，要求將郵政、電線、鐵道、銀行、輪船、煙草、糖酒諸事業收歸國家所有。可見，孫中山等反對的是壟斷資本主義，而不是一切資本主義。

　　和孫中山的「平均地權」思想不同，章太炎主張「均配土田，使耕者不爲佃奴」；⑰陶成章主張「把田地改作大家公有財產，也不准富豪們霸占」。㉑劉師培則主張通過「農人革命」以沒收地主的土地，按口均分，「使人人之田，均有定額」。㉒他尖銳地抨擊同盟會的「土地財產國有之說」，指責其爲「名曰均財，實則易爲政府所利用。觀於漢武、王莽之所爲，則今之欲設政府又以平均地權愚民者，均漢武、王莽之流也」。㉓從無政府主義的立場出發，劉師培反對任何政權機構來干預土地問題，而主張訴諸農民群衆完全自發的行動。

　　劉師培等主張把土地分給農民，這自然較孫中山和同盟會爲急進，但其目的在於維護小私有制和小農經濟。他們反對在中國發展資本主義和近代工業。劉師培主張「殺盡資本家」，㉔稱實業爲「民生之蠹」。據他說：工業日進，機械日新，那末，小民的生活也就愈加困難。㉕章太炎認爲，小艇如果可乘，就不必去造輪艦；躬耕如果可以足食，就不必去搞什麼機械。㉖在「社會主義講習會」上，他甚至公然主張人類倒退回去學猴子，「擬猿可也」。㉗

　　4.在革命策略上，孫中山主張發動會黨、新軍以進行武裝起義。1895年，孫中山即在廣州舉行了武裝反清的最初嘗試。1906年之後，他又積極籌備在廣東、廣西、雲南等省邊境發動起義。整個辛亥革命準備時期，在以武裝鬥爭推翻清朝政府這一點上，

孫中山始終堅定如一。

劉師培等反對孫中山的武裝起義路線。1907年，張繼譯出了德國無政府主義者羅列的《總同盟罷工》。該書提倡「非軍備主義」，主張以「直接行動」──全社會的總同盟工作爲「工人階級反抗掠奪者的不二法門」。⑱劉師培、章太炎均曾爲之作序。劉序認爲，如果羅列的策略能夠在中國推行起來，就會出現「握政之人，喪其所依」的局面，革命就大功告成了。他批評孫中山發動會黨以進行武裝起義的策略爲「罔恤民勞」。⑲章序的觀點與劉序大體相近。他天眞地設想：只要全體勞動者發動起來，「一市之間，閉門七日」，那末，不僅統治者的「饋餉役使」無人供給，而且連軍隊也將無法發揮作用，「雖有利器，且縮不前」了。⑳這一時期，在東京的一些集會上，章太炎、劉師培、張繼三人曾密切配合，多次宣揚過總同盟罷工。例如1907年11月，留日中國學生因收回蘇杭甬路權事在東京集會，即首由章太炎建議運動省城罷市、罷工，次由劉師培聲稱「惟罷市、罷工尙爲有益」，末由張繼「申明無政府主義罷工之說」。㉑

在「社會主義講習會」諸人中，陶成章這一時期是主張武裝起義的，但和孫中山在南方邊境發動不同，他主張在浙江、江蘇、安徽、福建、江西一帶發動。爲此，他於1908年春夏間積極組織五省革命協會。

雙方在思想觀點和鬥爭策略方面的分歧大體如上，它們是導致同盟會分裂的眞正原因。關於此，日人竹內善朔說：「到了明治40年（1907年），張繼、劉光漢㉒（當時都在二十四、五歲左右）等優秀青年才受到社會思想的刺激，因而改變了過去指望通過『大陸浪人』取得日本朝野較著聲望的政治家們對中國革命提供援助的那種想法，轉而希望自己去掌握科學的、哲學的、條理清楚的革命原理，用以換起人民大衆的覺醒。據我看來，他們正是爲了實現這個目的才開始面向社會主義，換言之，不依靠外力

而要自力更生的這種願望促使他們開始了社會主義的研究。而恰恰在這一點上，恐怕正是孫文和章炳麟及其他青年革命黨員之間發生裂痕的原因所在。北一輝寫的《支那革命外史》一書中也曾提到，這大概是明治40年孫逸仙從日本政府（？）某機關得到五千日元（當時我們聽說是由犬養一派人從中斡旋的）後離開日本的原因。《民報》社的人們都指責這件事，說孫文被收買了；其實，我們當時都有這樣一種感覺：孫文看來，對於當時留日青年中的這種思想變化情況，繼續在日本呆下去也已無能爲力了。因此可以說，當時的社會主義思想研究在一部分中國同志之間構成了發生內訌的原因。如果這種看法是對的話，這和日本社會主義者之間的派別問題如出一轍。可以說，思想的成長引起了他們之間的分裂，而且其中又攙雜了感情活動。」⑧③竹內善朔是幸德派的金曜講演會成員，同盟會分裂的目擊者，他的這段回憶爲我們提供了理解這一段歷史的第一手資料。

不難看出，「社會主義講習會」諸人的觀點中除謬誤的成分外，也有若干合理的成分，但是，極端狂熱的無政府主義把它們扭曲了。

無政府主義是一種小資產階級思潮，這一階級經常在「左」和右兩極滾動。列寧指出道：小資產者，在資本主義條件下，由於「經常受到壓迫，生活往往陡然下降，所以容易激發一種極端的革命狂熱，而缺乏堅韌性、組織性、紀律性和堅定精神」。「這種革命狂熱動搖不定，華而不實」，「很快就轉爲俯首聽命，消沉頹喪」。⑧④「社會主義講習會」諸人生長於半殖民地、半封建的中國，親身感受到了帝國主義的壓迫，親眼看見了或聽到了日本、西歐資本主義發展所造成的各種罪惡，因此，對中國資產階級民主主義革命的前途絕望。劉師培等認爲，與其在中國發展資本主義，還不如保持封建主義。劉師培聲稱：「若於政府尚存之日，則維新不如守舊，立憲不如專制」，「代議之制度，較之

官吏之專制，其害尤深。」⑧章太炎也表示，如果沒有均配土田、官立工場、限制財產相續、解散議員等四條作爲保證，那末，「勿論君民立憲，皆不如專制之爲愈」。⑧他說：「盛唐專制之政，非不可以致理」⑧，「今之專制，直刑罰不中爲害，佗猶少病」。⑧這就從「左」邊滑到右邊去了。

1907年冬，由於悲觀失望，章太炎想到印度去做和尙。他先是通過清朝政府駐長崎領事卜綍昌向張之洞謀求路費，未成，又連續給短期歸國的劉師培夫婦寫過五封信，要他們和端方等聯繫。⑧他沒有想到，劉師培夫婦這時已決計叛變革命。到上海後，劉師培立即寫信向端方自首。次年1月，張繼因參加幸德派的第二十次金曜講演會，被日本警察追捕，輾轉逃往法國。⑨這樣，「社會主義講習會」就失去了一員幹將。其後，劉師培夫婦回到東京，改出《衡報》，托名在澳門出版，繼續高唱無政府主義，暗中則爲清朝政府作偵探。4月，章太炎與劉師培、何震、汪公權之間因事吵翻，章太炎從劉、何的住處搬回了《民報》社。6月，發表《排滿平議》，明確表示和無政府主義決裂，宣稱「無政府主義者，與中國情狀不相應，是亦無當者也。」⑨這樣，「社會主義講習會」又失去了一員幹將。此後，劉師培夫婦逐漸受到東京中國革命黨人的冷落。在此期間，劉師培、陶成章之間也發生不和。這年11月，劉氏夫婦回到上海。爲了製造混亂，挑撥關係，將章太炎要他們和端方等聯繫的五封信影印寄給了黃興等人。黃興當時「一笑置之」⑨但以後卻從這五封信引發出了一場軒然大波。

同盟會的內部矛盾本來就相當複雜，由於出現了劉師培一流內奸，它就更加複雜化了。

三、第二之倒孫風潮

同盟會中無政府主義派別的出現反映出革命派內部政治、思

想上的深刻矛盾。但是，除個別人與之稍有辯駁外，並沒有形成一場是非明辨的論戰。

從孫中山一面看，他對無政府主義的破壞性認識不足。曾經有人提醒他：無政府主義「其性質與同盟會之民主主義迥殊」，但孫中山卻回答說：「無政府論之理想至爲高超純潔，有類於烏托邦，但可望而不可即，頗似世上說部所談之神仙世界。吾人對於神仙，既不贊成，亦不反對，故即以神仙視之可矣。」⑬

從「社會主義講習會」一面看，由於張繼出走，章太炎、陶成章和劉師培之間不睦，這個派別也已處於渙散狀態，無法繼續活動，更無力從思想上、理論上對同盟會進行新的攻擊。除劉師培外，無政府主義的旗號也逐漸收了起來。

自1908年下半年起，同盟會內部矛盾的焦點轉爲經費問題。

章太炎等人在東京掀起的風潮嚴重地傷害了孫中山的感情，自此，他將全部心血和熱情都澆注到了南洋方面。1907年8月，孫中山積極支持同盟會新加坡分會創辦《中興日報》，使之成爲宣傳革命和與改良派論戰的新陣地。他不僅親自爲該報撰稿，過問編輯、財務、招股等事，而且多次表示，《中興報》的文章議論「頗愜人心」，⑭「於大局甚爲有關」⑮，維持《中興報》乃「吾黨在南洋之極急務」，⑯要求南洋各地同志積極支持。

在此同時，孫中山又積極整頓南洋各地同盟會，並醞釀將它改組爲中華革命黨。⑰1908年秋，他在新加坡建立同盟會南洋支部，訂立分會總章十六條及通信辦法三條，委胡漢民爲支部長，統一領導南洋各地同盟會分會，以期互相聯絡，「協力相扶，同心共濟」⑱。通訊辦法規定：各團體間至少每兩個月互相通訊一次，住址有移換時，須即時通知南洋支部，如有新團體成立，即由南洋支部發信通知。這樣，南洋支部實際上形成爲一個與東京總部並峙的中心。

和南洋相反，東京同盟會總部愈來愈渙散，《民報》的問題

也愈來愈多。

《民報》在歸章太炎編輯後，逐漸傾向於談國粹、說佛理。孫中山、胡漢民離日後，原主要撰稿人朱執信、汪精衛等也陸續離日，《民報》談佛理的文章逐漸增多。1908年2月印行的第19號居然以首要篇幅刊登《大乘佛教緣起說》。有讀者批評其為不作「民聲」，而作「佛聲」。⑨這種不滿當然不會是個別的，因此，銷數銳減，「印刷房飯之費，不足自資」，⑩窘迫得開不了伙。章太炎有時就靠啃幾塊「麥餅」過日子。⑪其後，章太炎曾寫過五、六封信，打過三、四次電報，呼籲南洋方面接濟，據說，「或無復音，或言南洋疲極，空無一錢，有時亦以虛語羈縻，謂當挾五、六千金來東〔相〕助，至期則又飾以他語，先後所寄，只銀圓三百而已。」⑫

為了維持《民報》出版，陶成章準備親往南洋招股。對此，孫中山及東京部分革命黨人均加勸阻，理由是「南洋同志甚少，且多非資本家」，「必無效果」，建議在東京另籌。⑬陶成章沒有聽取這一意見，於1908年8月南行。

陶成章南行的目的有二，除為《民報》募捐外，還要為籌備中的五省革命協會募集經費。到南洋後，陶成章向孫中山要求撥款三千元作為《民報》印刷費，並要求增加股款及維持費。據有關人士回憶：「孫中山四處張羅，無法籌措，乃出其手錶等物，囑往變款，以救燃眉之急」，陶成章因此發生誤會，與孫中山「爭持不休」。⑭此外陶成章又要求孫中山為他籌款五萬元，以便「回浙辦事」。對此，孫中山「推以近日南洋經濟恐慌，自顧不暇，斷難辦到」。⑮陶成章要求為他寫介紹函去各地募捐，孫中山同意了。⑯

「南洋經濟恐慌」並非完全是孫中山的託詞。自1907年黃岡之役起，至1908年5月河口之役止，孫中山共在南方邊境發動了六次起義，用去近20萬元，南洋華僑中有力捐款的同盟會員大都

已成强弩之末；加上河口之役後，六、七百名起義戰士被法國殖民當局解除武裝，强行押送至新加坡，又需要解決他們的生活出路問題，經濟更形拮据。10月16日孫中山致檀香山同志函云：「黨中財政日困，雖香港一隅，或得檀埠同志之接濟，而他方則無法可設也。⑩」信中所言，應是事實。

由於在經費上沒有得到孫中山的積極支持，陶成章決計「獨自經營」。⑩他制訂了章程，開始以浙江同盟分會江、浙、皖、贛、閩五省革命軍布置決行團爲名進行籌餉。章程中，陶成章特別說明：「本光復會，由來已久。乙巳夏，由總會長蔡、湖南分會長黃，從輿論眾望，請孫中山先生爲會長，開會日本東京，改名同盟會，而以本會附屬之。但該時浙江內地，勢力異常擴張，章程發布已久，更改爲難，故內地暫從舊名。然重要事務員，均任同盟會職事，故又名浙江同盟會分會。」又稱：本會「以浙江爲根基」，「以江、浙、皖、贛、閩五省爲本會辦事區域」。⑩這一章程突出地誇張了光復會的作用。它絕口不提興中會，把成立在前的華興會說成是光復會的湖南分會，把光復會說成是同盟會的母體，並將「辦事區域」擴大到浙江以外的東南各省，顯然，都是在爲重新打出光復會旗號作準備。

南洋是同盟會的根據地。從興中會起，孫中山就在南洋活動，當地華僑對同盟會是熟悉的，光復會則還是一個陌生的名詞。因此，在一段時期內，陶成章還不得不仰仗孫中山和同盟會的威望。籌餉章程中，陶成章特別聲明「本會既爲同盟會分會，故本章程訂定後，移知東京總部及南洋支部」，所得款數「亦移知東京總會及星洲分會」。⑩但是，陶成章的募捐活動卻一直進行得很不順利。11月，陶成章去到緬甸仰光，在《光華日報》上發表記述秋瑾、徐錫麟起義的《浙案紀略》以爲宣傳，臨行時募得千元。12月6日，到檳榔嶼，該地辦事人聲稱，按章程，必須孫中山之人來運動方可，僅邀集三四人，認捐三百元。1909年1月23

日，到壩羅，正值《中興報》代表到埠演說，言「《中興報》事緊要」，並聲言：「陶君來此，不過來游歷而已，並非籌款而來」，因此，亦僅認捐三百數十元。⑪至當年 4 月底，各地認捐總數不足三千元，且多未兌現。陶成章懷疑孫中山在「暗中設法播弄」，開始攻擊孫中山。他在致李燮和函中說：「弟自去歲南來，迄今已歷九月，所希望之目的，全然未達。」又說：「弟本不說中山壞事，蓋猶爲團體起見，不得不稍留餘地，至是逼弟無可奈何，不得不略陳一二已。」⑫其間，陶成章曾向孫中山索取介紹函至各地收款，爲孫中山拒絕。⑬

　　光復會的傳統活動地點在江、浙，陶成章在南洋「獨自經營」，明顯地造成了和南洋支部爭奪群眾和影響的對壘局面。如果說，東京的倒孫風潮表現爲對個人的不滿，「社會主義講習會」的建立表現爲思想上的分歧，這以後就進一步發展爲組織上的對立了。

　　離開壩羅後，陶成章活動於勿里洞、吧城、諫義里、文島等地（均爲今印度尼西亞屬地），醞釀新的倒孫風潮。

　　還在1909年 5 月間，陶成章就在文島等地做散布流言，聲稱孫中山將各處同志捐款攫爲己有，河口起義所用不過千餘元等等。⑭8 月，陶成章去到檳港，糾合李燮和、柳聘農、陳方度、胡國梁等七八人，以東京南渡分駐英、荷各屬辦事的川、廣、湘、鄂、江、浙、閩七省同志的名義起草了一份《孫文罪狀》，聲言孫中山在「同盟會初成立之際，彼固無一分功庸」；「在兩廣內地，固無一毫勢力」；「既得勢，彼乃忘其所自始」；「謊騙營私之念萌，而其毒其禍，遂遍及於南洋各埠矣」。《罪狀》稱：「罄南山之竹，書罪無窮；決東海之波，流惡無盡」，指責孫中山有「殘賊同志之罪狀」五條，「蒙蔽同志之罪狀」三條，「敗壞全體名譽之罪狀」四條，並表示：「惡莠不除，則嘉禾不長」，共提出要求九條，其主要者爲：

1.開除孫文總理之名，發表罪狀，遍告海內外。

2.另訂章程，發布南洋各機關，令其直接東京總會。囑令南洋支部章程一概作廢。

3.公舉辦事二人，前往南洋各埠演說，收拾人心，揭破孫文詭謀，使其無立足之地。

4.再開《民報》機關。

5.兼於民報社內，附設旬報，凡《中興報》之所至，亦蹤尋之而往。

　　陶成章、李燮和等聲稱，只要開除了孫文，發表《罪狀》，「事必大有可爲，無論將次者開辦不至蒙害，即令既破敗者，熱心之人尙多，猶堪收效在桑楡也」。此外，《罪狀》並誣蔑孫中山在香港、上海匯豐銀行貯款20萬；其兄在九龍起造屋宇，用款不足，孫中山電匯款項助建云云。⑮其後，陶成章便帶著這份《罪狀》趕赴東京，要求同盟會本部開會討論。

　　在東京的「倒孫風潮」之後，孫中山即不大過問同盟會本部和《民報》的工作，這是事實，但是，《罪狀》大部分屬於誣陷。它得到了少數江浙人的支持，卻遭到了黃興等的堅決拒絕。黃興一面向陶成章作調停、勸說，一面和譚人鳳、劉揆一聯名發表長達千餘言的致李燮和等公函，逐條爲孫中山申辯。

　　黃興的調停、勸說、申辯都沒有能打動陶成章。在公布《罪狀》的要求被拒絕後，陶成章便決定自行發表。他在致胡國梁書中表示：「與中山已不兩立」，「不若由二三人出面發表之，從此分爲兩歧罷了。」⑯其後，便由陳威濤、魏蘭將《罪狀》油印百餘份，寄給了南洋各報。

　　革命的首要問題是分清敵我，陶成章等把孫中山視爲敵人，不顧大局，不顧影響，惡意誣陷，這是一個極爲嚴重的錯誤。

　　陶成章等的行動迅速影響了章太炎。在公布《孫文罪狀》的同時，章太炎也刊發《僞〈民報〉檢舉狀》，再次參加了對孫中

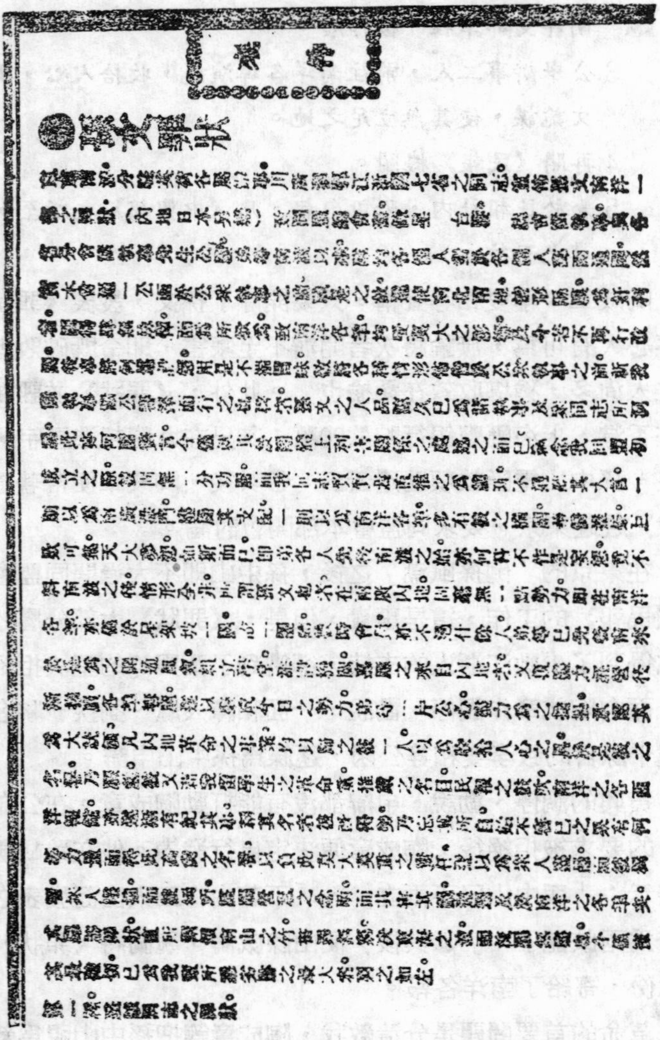

圖十三 陶成章等爲罷免孫中山職務上同盟會總會書
（採自北京圖書館）

山的攻擊。

《民報》於1908年10月遭日本政府封禁，1909年秋，黃興在林文等幫助下籌備恢復。因爲對章太炎主持時的《民報》不滿，黃興邀汪精衛到東京任編輯；又因避免日本政府干涉，托名以巴黎《新世紀》爲發行所。

恢復《民報》本來是陶成章等在《孫文罪狀》中提出來的「善後辦法」，但是，他堅持不能替孫中山「虛張聲勢」，必須以革除其總理職務爲先決條件。⑪自然，這也遭到了黃興的拒絕。因此，他便支持章太炎出面反對。章太炎由於多年困苦維持《民報》，一旦恢復，卻被排斥在外，因此，大動肝火。他指責續刊《民報》爲僞《民報》，在《檢舉狀》中攻擊孫中山「背本忘初，見危不振」，並主觀武斷地說：「夫孫文懷挾巨資，而用之公務者十不及一，《民報》所求補助，無過三四千金，亦竟不爲籌畫，其乾沒可知已。」⑫沒有任何根據，一個想當然的「可知已」就定了孫中山「乾沒」巨資的案！

對孫中山的公開誹謗爲保皇派提供了炮彈。不久，南洋《總匯報》發表了《僞〈民報〉檢舉狀》。其後，保皇派大規模地開展了對孫中山的攻擊，各種穢詞如水般潑來。他們辱罵孫中山爲「馬騙」、「棍騙」，誣蔑其「假借革命名目，以爲衣食飯碗之計」，說是：「孫汶腔中，何嘗有一滴愛國之血，眼中何嘗有半點愛國之淚，心中何嘗有分毫愛國之思，不過口頭禪焉耳！」⑬

和陶成章、章太炎相呼應，當時在法國的張繼則寫信給孫中山，要求他「退隱深山」或「布告天下，辭退同盟會總理」。⑭

這樣，就出現了第二次倒孫風潮。

敵人的辱罵、鎮壓並不可怕，可怕的是同營壘人的反誣和倒戈。長期以來，孫中山把實際領導起義的責任交給黃興等人，而以在華僑中募集起義經費爲己任。陶、章這兩份材料的公布對孫中山工作所造成的困難是可想而知的。爲了破壞孫中山赴美募捐

，陶成章等甚至冒名作信，將攻擊材料寄發美洲各華字日報，10月22日孫中山與王子匡函云：「近接美洲來信，謂有人托同盟會之名，致書各埠，大加詆毀於弟，不留餘地，該處人心頗爲所惑云。此事於聯絡華僑一方面，大有阻礙矣！」⑫但他毫不灰心，一面要求吳稚暉在巴黎《新世紀》上撰寫長文，「加以公道之評判」，⑬一面對張繼嚴正指出：「此時爲革命最衰微之時，非成功興盛之候，是爲弟冒艱危、茹困苦以進取之時代，非退隱之時代也。」他並憤憤地說：「同盟會及太炎至今未自認過，則弟已不承認爲彼等之總理者久矣。前去兩年，兩廣、雲南起兵，皆奉革命黨本部之名義，並未一用同盟會名義也。」⑭

　　經歷種種挫折而革命之志不撓，這是孫中山作爲一個偉大人物的突出優點，但是，因章太炎等少數人而遷怒及於同盟會，仍然是以感情代替了理智。在很長一段時期內，東京同盟會員處於群龍無首的狀態，國內各地同盟會分會也無人領導，在這方面，孫中山不無責任。

　　1910年2月，孫中山在舊金山建立同盟會分會，在誓詞中將同盟會會員改稱中華革命黨黨員，開始實現其醞蓄已久的打算。同年秋，抵達檳榔嶼後，又通知南洋各地同盟會分會，一律照改。⑭但由於同盟會已在群眾中留下深刻的影響，事實上難以執行，不久也就作罷。

　　得道多助，失道寡助。陶成章對孫中山的攻擊激起了革命黨人的義憤。東京方面，黃興等決定不和章太炎計較，只在即將續刊的《民報》上登一啓事，宣布章爲「神經症之人」。他要孫中山「海量涵之」，表示「陶等雖悍，弟當以身力拒」。⑮爲了給孫中山赴美活動掃除障礙，黃興又函知美洲，指出有人從東京發函攻擊孫中山，「用心險毒，殊爲可憤」，要求美洲同志乘孫中山到美機會，同心協力，以謀團體之進步，致大業之成功。⑯

　　安南方面，中國革命黨人發表《河內公函》，詳述發動雲南

、廣西起義的情況，針對陶成章的誹謗，一一予以駁斥。⑩

南洋方面，革命黨人焚毀了陶、章散發的印刷品⑱，派人調查，發現孫中山在九龍的家除幾間舊房外，別無所有；孫中山的哥哥孫眉自己蓋了草房子在那裏種地；於是，將實情公布，眞相大白。⑲

多年來，同盟會在其內部分歧中，既無同志式的討論，又無思想上的必要交鋒。現在交鋒了，這對於澄清眞相，維護孫中山的威望來說都是必要的，但是，這種交鋒無助於塡平雙方感情上的巨大鴻溝。

在倒孫風潮的掀起者中間，劉師培的叛徒面目此時已經暴露。1908年冬，劉師培回上海後即出賣了同盟會會員張恭，不久，又投入端方幕中。1909年8月，端方由兩江調直隸，報上發表了隨員名單，劉師培赫然在內。在此情況下，人們不得不思考，和劉師培一度關係極爲密切的章太炎是什麼人？他爲什麼對孫中山如此攻擊不遺餘力呢？在未經冷靜分析的情況下，東京革命黨人公布了章太炎致劉師培、何震五函，指責章太炎爲端方偵探。11月30日，《中興日報》發表《章炳麟與劉光漢之關係歷史》及《爲章炳麟叛黨事答復投書諸君》等文。12月，孫中山得悉保皇派報紙發表了章太炎的《僞〈民報〉檢舉狀》，認爲章太炎「破壞黨事之心已不留餘地」，要求吳稚暉將章太炎致劉師培、何震五函的筆跡照片寄給他，「以證明太炎之所爲，庶足以破其言之效力」。⑬不久，香港《中國日報》、巴黎《新世紀》、舊金山《美洲少年報》先後發表了這五封信，《中國日報》聲稱章太炎受端方委任，擔任解散革命黨及充常駐東京之偵探員，《新世紀》指責章太炎以「萬金出賣一革命」。⑭

將章氏五函的問題一下子提到如此的高度，當然也嚴重傷害了章太炎的感情。剛愎自負而又極易衝動的章太炎對此的態度是可想而知的。

在第二次倒孫風潮中，思想分歧退居次要地位，但是，雙方的關係則由彼此猜忌、怨憎發展為互相敵視和進行勢不兩立的攻擊，分裂成為不可避免的了。

四、光復會的重建與倒退

陶成章到東京時作了兩手準備：一手是爭取黃興，開除孫中山，另推同盟會總理，掌握同盟會的領導權；另一手是取消對同盟會形式上的附屬關係，公開分裂，重建光復會山頭。

在開除孫中山的要求被拒絕之後，陶成章便按第二手行事。他多次與李燮和、胡國梁等通函，聲稱同盟會東京總會已經「一敗塗地，無可整頓」，⑱必須「另行組織新機關」。⑲他說：「何妨另開局面乎？前次之事，終算一場大晦氣罷了！」⑳在此同時，又積極爭取章太炎，以光復會成立在先來打動他，說：「逸仙難與圖事，吾輩主張光復，本在江上，事亦在同盟會先，曷分設光復會？」㉑章太炎長期對孫中山不滿，他的性格又一向是任情孤注，不考慮利害得失，對此自然表示同意。

1910年2月，光復會總部成立於日本東京，章太炎任會長，陶成章任副會長，章梓任庶務員，沈家康任書記員。㉒不久，新加坡、文島等地陸續建立分會。由於基本群眾在南洋，因此，光復會在南洋設行總部，代行東京本部職權，以李燮和、沈鈞業、魏蘭為執行員，下轄各地分會，形成了所謂「以南部為根基，推東京為主幹」的局面。㉓

後期光復會收容了同盟會包括原華興會內對孫中山不滿的分子，以同盟會的反對派面目出現，但是，比起同盟會，它在不少方面都倒退了。

章太炎是後期光復會中唯一的理論家。這一時期，他思想中的封建主義成份進一步增加。3月10日，他和陶成章在東京一起創辦《教育今語雜誌》，以「保存國故，振興學藝，提倡平民普

及教育」為宗旨。《緣起》中說：「恨歐學東漸，濟濟多士，悉捨國故而新是趨」，「同人有憂之，爰設一報」，藉以「明正道，闢邪詞」。⑱中國是個封建古國，清王朝是個實行高度封建專制主義的王朝，因此，在這一歷史條件下，「歐學」，即西方資產階級上升時期的民主主義文化，仍然可以發揮其進步作用，但是，《教育今語雜誌》卻視為「邪詞」，要「闢」。在此之前，續刊《民報》正在介紹盧梭的《民約論》，《教育今語雜誌》的出版可以說唱的是對台戲。同年由章太炎編輯的《學林》也一樣充滿了國粹氣。該刊《緣起》說：「世人多急〔利〕近功，以古學不足治，惟異化之務」，它號召「一二耆儒故老」們起來挽救即將「墜入糞壤」的「文武之道」。⑲這裏所說的「異化」，指的是鴉片戰爭以來先進的中國人向西方尋找救國真理的熱潮，所謂「文武之道」，指的是長期成為中國人民精神枷鎖的封建文化。在該刊第2期上，章太炎發表了著名的《秦政記》，歌頌「卓絕在上，不與士民等夷」的「天子」，說是「人主獨貴者，政亦獨制」。同期發表的《非黃》則抨擊「尚賢」、「任眾」的民主政治，說是「誠聽法，雖專任，與武斷莫比；誠尚賢，雖任眾，與武斷奚分？」如果說，1908年章太炎發表《代議然否論》，主張「代議政體，必不如專制為善」時，還曾經特別提出了一個「恢廓民權」的方案，那麼，這一時期，他已經更多地神往於「王者一人秉權於上」的法家封建專制主義了。

陶成章是後期光復會的組織者和實際領導人。這一時期，他的活動逐漸向改良主義方向靠近。

前文指出，當張繼等迷信「直接行動」──總同盟罷工時，陶成章仍然主張進行武裝起義，但是，光復會重建後，他卻拋棄了自己的主張。在《致石哥函》中，他說：「夫我輩之目的，在一舉覆清，若東放一把火，西散一盤沙，實屬有害而無益。」又說：「如不用暗殺，則用地方起兵，喪民費財，禍莫大焉！一有

不慎，必引外國人之干涉，後事益難著手矣！」⑩和人民群眾缺乏充分的聯繫，實行單純的軍事冒險，這是同盟會所領導的武裝起義的弱點，但是，這些起義畢竟打擊了清朝統治，鍛鍊了革命者，教育了群眾，不能稱為「有害無益」，更不能稱為「禍莫大焉」，至於所謂「必引外國人之干涉」云云，更是被革命派痛駁過的改良派謬論。

當時，國內各省革命力量迅速發展，他們武裝反清的總目標一致，只在策略上互有歧異：「有欲向雲貴以進取者，有欲向兩廣以進取者，有欲向江浙以進取者，有欲向兩湖以進取者，有欲向山東、河南以進取者，有欲向中央革命者」。⑩這本來並不難統一，對於上述各種力量，陶成章一概採取排斥態度，他說：「如此紛紛之熱心人各欲乞此總會以求運動整頓，其將奈之何哉！當是時也，不與則名不正，言不順；欲與則無款以給之，即令有稍稍之款，與其一不與其二不可也，與其先不與其後不可也。全力助他人，未見他人之能集事，本己之方針，且先亂矣。秦末之項羽，隋末之李密，其失敗皆因此也。」⑩在陶成章看來，多一些人革命反而會造成麻煩，唯此一家最好，因此，他給光復會規定了「必不汲汲擴張」的關門主義方針。⑩《浙案紀略》中，陶成章說：「浙人素多個人性質，少團體性質，其行事也喜獨不喜群。」這可以說是陶成章的夫子自道。

一不靠武裝起義，二不靠全國各地的革命力量，陶成章靠什麼「一舉覆清」呢？他靠的是暗殺活動。光復會重建後，他曾建議集款數千金或萬金，專辦此事，以振動華僑，擴大影響。⑩甚至，他想入非非地提出了一個實行「中央革命」的妓院方略：收羅一批美女，在北京開設妓院，誘惑滿族親貴，席間放毒，一網打盡。⑩

弱者和窮途窘促的人常常盼望奇蹟，妓院方略的提出，說明了陶成章和同盟會分裂後，既軟弱無力，又窮途窘促。

　　當然，生活中出現奇蹟的可能並不大，這一點陶成章完全明白。因此，他為後期光復會規定的方針是「專主個人運動，以教育為根本」，「察學生之有志者聯絡之」」。⑭據他說：如果能得到兩三個有資本的學生的贊成，就於願已足。光復會重建後，陶成章立即和章太炎編輯《教育今語雜誌》，目的在此；隨之，他在東京埋頭編寫小學歷史、地理教科書，目的也在此。1911年初，他又曾計劃到南洋找一個寺院住下，專力編撰教科書。《致柱哥》函云：「蓋弟近立定主意，不為虛耗金錢之事，更不為無益之舉，而虛耗其精神，實事求是，以圖漸進，不為躐等。」⑭

　　「虛耗金錢」、「無益之舉」云云，指的都是武裝起義，「漸進」云云，指的就是教育。「不為躐等」云云，完全是改良派的爬行哲學。和劉師培、章太炎一樣，陶成章也經歷了一個從「左」到右的轉化。

　　反革命的暴力必須以革命的暴力去推翻。同盟會領導的武裝起義雖然存在著種種弱點，但是，歷史證明了，使清朝皇帝滾下龍座的還是武昌新軍手中的槍炮，而不是陶成章的「教育根本」論。

　　在經費問題上，後期光復會也逐漸效法改良派。

　　同盟會解決經費問題靠在華僑中募捐，這使他們在一定的範圍內還能聯繫群眾。後期光復會成立後，陶成章主張靠經商，他說：「歷觀萬事，皆與財政相為因果，然財政之道，非自行籌劃無由，此商業之所以不得不速為經營。」⑭為此，他和李燮和等積極籌辦商業公司，計劃經營教科書籍、圖畫、科學儀器、體操、音樂用具、學校用品、衣衫、牙粉、肥皂等；並計劃把《教育今語雜誌》改變為廣告機關。⑭這一套，都是流亡海外的改良派的做法。

　　由於分裂不得人心，光復會重建後不久即在各方面陷入了困境。

首先是對孫中山的攻擊不得不停下來。本來，陶成章已經編印好了《布告同志書》一冊，「直言孫文種種之非」。由於輿論，包括光復會內部的強烈反對，僅散發了九冊，不得不宣布「餘皆不寄了」。⑤

其次是陶成章視爲「吾輩面目所存」的《教育今語雜誌》停刊。陶成章原以爲該刊發行後會「普及南方各地」，結果只售出了不到三百本，大部分擱置在代派所無人問津，⑤已銷之款又遲遲收不到，因而「虧折甚巨」，⑫「眞正困難萬分」。⑬

再次是籌款門路均已斷絕。據陶成章說：內地可籌之處，久已籌之一空；東京萬無可籌；⑭南洋呢？所籌之款又不見寄來，氣得他準備發表聲明，將不再向南洋各地募捐。⑮

此外，商業活動也進行得極不順利。陶成章《致桂中》函云：「祈老哥善自珍重，勿以經商目的之不能遽逐，多生煩懣，致生理有礙也。」⑯

按照計劃，陶成章還準備創辦《光復報》與《光復雜誌》，但都因找不到作文之人而告吹。據陶成章說：章太炎雖有幾個弟子，但多半是爲了學成後往內地當教員，「非特不肯作文，且亦不能請其作文」，其中雖有一二稍有志者，但「皆欲獨善其身」，不願意介入。章太炎本人呢？「乃其不肯作文何」！章太炎反對創辦《光復報》和《光復雜誌》。⑰這一時期，陶、章之間可能也產生了某種矛盾。

革命需要團結，陶成章無忌憚的分裂行爲使他陷入了四面楚歌中。在東京，他覺得「實在難以過日」；⑱回南洋吧，當地同盟會員反對分裂的呼聲很高，「風潮方作，來反遭忌」。⑲一直躊躇到1911年4月，他才從東京回到南洋，已經是廣州起義的前夜了。

在籌備廣州起義過程中，黃興電邀李燮和、王文慶、陳方度等參加，建議「捐除意見，同任艱巨」，⑳主動向光復會伸出了

合作之手。李燮和等積極響應。1910年10月，李燮和受檳港同志委託，參加了孫中山在檳榔嶼召集的發難會議。會後隨即回檳港傳達，動員華僑捐款。經過幾個月的努力，籌得一萬七千餘元，由李燮和、陳方度帶給了黃興。不久，胡國梁、柳聘農也帶著募得的五千元趕到香港，向統籌部報到，一起參加了震驚中外的廣州起義。⑯

廣州起義失敗後，趙聲極為悲憤。一日，胡漢民招飲，食後，趙聲腹痛劇作，延醫診治，知為盲腸炎，經割治無效，於5月18日逝世。趙聲先是光復會員，後加入同盟會，是在雙方會員中都具有威望的革命者。對趙聲之死，陶成章疑為胡漢民所毒，進一步加深了對同盟會的猜忌。其後，陶成章回到上海，在嵩山路沈宅開會時與陳其美發生衝突，陳掏槍欲打陶成章。數日後，陶匆匆離開上海，再返南洋。於是，舊矛盾之外又加上了新矛盾，同盟、光復之間的關係又增添了新的複雜因素，它埋下了辛亥革命後兩會繼續摩擦、齟齬、對立的種子。

通過以上分析，不難看出，同盟會的分裂是個複雜的歷史現象，它是一系列政治、思想、策略分歧和人事糾紛發展的結果。既有其時代原因，也有其社會原因。

中國資產階級民主革命發生於帝國主義時代，資本主義社會的弊端早已暴露無遺，在歐美和日本，擺在日程上的已經是從資產階級統治下面解放出來的問題。因此，在這一情況下，必然會產生對資產階級民主革命的不滿、懷疑以至絕望的情緒。同時，中國又是個小資產階級極其廣大的國家，在國際無政府主義思潮一度抬頭的情況下，同盟會中有人接受這一思潮的影響是很自然的。中國同盟會的分裂發生於日本社會黨的分裂之後，張繼、劉師培諸人的行為不少是對後者的模仿。

「社會主義講習會」諸人在反對帝國主義、實行土地革命和不能建立資產階級共和國等問題上向同盟會提出了挑戰。由於中

國民族資產階級的階級局限和其由娘肚子裏帶出來的特殊軟弱性，它無法解決這些問題。孫中山的三民主義在對改良派的論戰中已經被證明了不是很有力的理論武器；在回答「社會主義講習會」的挑戰上，當然更加發揮不了多大作用。

「社會主義講習會」諸人自身同樣也解決不了這些問題。在書面上，口頭上，他們可以連篇累牘、喋喋不休地發出極端革命的大言壯語，沉溺於「無政府革命」的狂熱幻想，然而，卻提不出任何切實可行的辦法。在嚴峻的現實面前，他們中有些人很快向右轉，倒向封建主義和改良主義，或頹唐，或倒退，或動搖，或叛變投降。

同盟會的分裂淵源於思想分歧，但是，在其發展過程中，思想分歧逐漸被掩蓋起來，個人主義、宗派主義、分散主義和山頭主義逐漸上升，舊的感情上的裂痕和新的摩擦、猜忌、怨憎結合在一起，引發出新的攻擊。終於愈演愈烈，一發而不可收拾。

克服個人主義、宗派主義等傾向需要以大局為重的廣闊胸襟和高度的組織觀念，而這，對資產階級、小資產階級來說，都是難以做到的。

站在中國革命的對立面的是帝國主義和封建主義。要推翻這兩個敵人，不僅需要強大的階級力量，也需要號令一致、步伐一致的戰鬥。當領導這一革命的司令部——同盟會處於思想分歧、組織渙散的狀態時，歷史就已經決定了這次革命必然是一次巨大的小產。

（原載《近代史研究》，1979年第1期，略有修訂）

【註　釋】

①　《雪生年錄》卷一。

②　《太炎先生自定年譜》。

③　《胡漢民自傳》，《革命文獻》㈢，總394頁。

④ 《宋教仁日記》，1907年2月28日。

⑤ 王以真：《記與鈍初赴滿洲聯絡馬軍革命事》，全國政協文史資料未刊稿。

⑥ 《時報》，丁未一月二十七日。

⑦ 樊光：《光復會領袖章炳麟、陶成章合傳補充》，上海政協文史資料未刊稿。

⑧ 日本政府資助款數，說法不一，此用劉揆一說，見《黃興傳記》。

⑨ 《宮崎滔天年譜》，《宮崎滔天全集》㈤，第687頁。

⑩ 《致檀香山同志書》，黃季陸編：《總理全集・函札》，1944年版，第122-123頁。

⑪ 胡漢民述：《南洋與中國革命》，見張永福編：《南洋與創立民國》。

⑫ 譚人鳳：《牌詞》，《近代史資料》，1956年第3期。

⑬ 北一輝：《支那革命外史》，東京，昭和15年改訂6版，第48頁。

⑭ 胡漢民述：《南洋與中國革命》，見張永福編：《南洋與創立民國》

⑮ 參見劉師培：《上端方書》，《建國月刊》第12卷第4期。

⑯ 陶成章：《浙案紀略》，《辛亥革命》㈢，第48頁。

⑰ 北一輝：《支那革命外史》，第47頁。

⑱ 《支那革命外史》，第48頁。

⑲ 劉揆一：《黃興傳記》，《辛亥革命》㈣，第289頁。

⑳ 陶冶公：《中國同盟會原始黨報〈民報〉的歷史和我在報社服務的一些見聞》，全國政協文史資料未刊稿。

㉑ 胡漢民述：《南洋與中國革命》。

㉒ 李根源：《雪生年錄》卷一。

㉓ 馮自由：《弔章太炎先生》，《制言》第25期。

㉔ 許軔民：《從陶成章先生被害說起》，《上海文史資料選輯》，第4輯，油印本。

㉕ 孫中山：《建國方略》第8章，《總理全集・方略》，第68頁。

㉖ 《胡漢民自傳》，《革命文獻》第3輯，總399頁。

㉗ 《爲防城起義望籌畫接濟餉械致宮崎寅藏》，《總理全集·函札》，第91頁。

㉘ 劉揆一：《黃興傳記》，《辛亥革命》㈢，第 289 頁。

㉙ 《致張繼函》，孫中山佚稿，吳稚暉原藏。

㉚ 劉揆一：《黃興傳記》，《辛亥革命》㈢，第 289 頁。

㉛ 《徐錫麟供》，陶成章：《浙案紀略》下卷，《辛亥革命》㈢，第81頁。

㉜ 片山潛：《論馬克思主義在日本的發展》，《共產國際》7-8 期，1933年俄文版，第84頁。

㉝ 石母田正：《續歷史與民族的發現》，東京，1969年版，第 193 頁。

㉞ 陶冶公：《無政府主義思想對同盟會的影響》，未刊稿。

㉟ 南桂馨：《山西辛亥革命前後的回憶》，《辛亥革命回憶錄》㈤，第147頁。

㊱ 《病中漫談》，《高知新聞》，明治41年(1908) 1 月 1 日。

㊲ 《幸德傳次郎遺文集》㈢，第 121 頁。

㊳ 章太炎：《亞洲和親會約章》，未刊稿，陶冶公原藏。

㊴ 《天義》廣告，《民報》第15號。

㊵ 《天義》，第 2 卷。

㊶ 《社會主義講習會第一次開會記事》，《天義》第 6 卷。

㊷ 《幸德秋水演說詞》，《新世紀》第25號。

㊸ 《致陳幹書》，章太炎佚稿。

㊹ 《民報》第20號。

㊺ 同前註。

㊻ 抄件。張篁溪曾將之纂改爲《光復會領袖陶成章革命史》。

㊼ 劉師培：《〈共產黨宣言〉中譯本序》，《天義》第 16-19 卷。

㊽ 齊民社同人：《〈社會主義經濟論〉中譯識語》，《天義》第 16-19 卷。

㊾ 同註㊼。

㊿ 劉師培：《歐洲社會主義與無政府主義異同考》，《天義》第 6 卷。

(51) 《巴枯寧學術要旨》，《天義》第 1 卷。

㉟ 自由：《斯撒納爾無政府主義述略》，《天義》第 8-10 卷。

㊾ 劉師培：《苦魯巴特金學術述略》，《天義》第 11-12 卷。

㊿ 《俄杜爾斯托〈致支那人書〉節譯識語》，《天義》第 11-12 卷。

㉟ 《五無論》，《民報》第 16 期。

㊱ 《民報》第 1 號封裏。

㊲ 《答祐民》，《民報》第 22 號。

㊳ 《答祐民》，《民報》第 22 號。

㊴ 《三民主義與中國前途》，《孫中山選集》（上），人民出版社 1956 年版，第 75 頁。

㊵ 《孫中山選集》（上），第 69 頁。

㊶ 《官制索隱》，《民報》第 14 號。

㊷ 《社會主義講習會第三次開會記事》，《天義》第 8-10 卷。

㊸ 《龍華會章程》。該章程自署爲甲辰(1904)年作，實係有意倒塡，應爲 1907 年冬至 1908 年春夏間之作。關於此，筆者另有考證，見本書第 158-166 頁。

㊹ 《官制索隱》，《民報》第 14 號。

㊺ 《社會主義與國會政策》，《天義》第 15 卷。

㊻ 《同盟會宣言》，《孫中山選集》（上），第 69 頁。

㊼ 《中國的民主主義和民粹主義》，《列寧選集》第 2 卷，第 427 頁。

㊽ 《同盟會宣言》，《孫中山選集》（上），第 69 頁。

㊾ 馮自由：《民生主義與中國政治革命之前途》，《民報》第 4 號。

㊿ 《五無論》，《民報》第 16 期。

㊀ 《龍華會章程》。

㊁ 《悲佃篇》，《民報》第 15 號，參見《怪漢譯〈俄國第二議會提議之土地本法案及施行法案〉序》，《天義》第 16-19 卷。

㊂ 《西漢社會主義學發達考》，《天義》第 5 卷。

㊃ 畏公（劉師培）：《女子勞動問題》，《天義》第 5 卷。

㊄ 《異哉中國婦人會》，《天義》第 2 卷，參見志達：《政府獎勵實業》

，《天義》第 5 卷。

⑯ 《〈無政府主義〉序》，《民報》第20號。

⑰ 《朱希祖日記》，1908 年 3 月20日，稿本。

⑱ 《總同盟罷工》，見《工人寶鑒》。

⑲ 《天義》第 8-10 合卷。

⑳ 《太炎文錄》初編，《別錄》卷二。

㉑ 《黨人拒款之運動》，《神州日報》，1907年11月24日；參見《留學界拒款之運動》，《神州日報》，1907年12月 4 日。

㉒ 劉光漢，即劉師培。

㉓ 《明治末期中日革命運動的交流》，日本評論社《中國研究》㈤，1948 年 9 月。

㉔ 《共產主義運動中的「左派」幼稚病》，《列寧全集》第31卷，第14頁。

㉕ 《論新政爲病民之根》，《天義》8-10卷。

㉖ 《五無論》，《民報》第16期。

㉗ 《政聞社員大會破壞狀》，《民報》第17號。

㉘ 《與馬良書》，《民報》第19號。

㉙ 《黨人》，《新世紀》第 117 號。參見本書第 175-189 頁。

㉚ 《金曜講演的大迫害》，《熊本評論》，明治41年(1908) 2 月 5 日

㉛ 《民報》第21號。

㉜ 曼華：《同盟會時代〈民報〉始末記》，《辛亥革命》㈡，第 447 頁。

㉝ 馮自由：《同盟會四大綱領及三民主義溯源》，《革命逸史》第 3 集。

㉞ 《到暹羅前後致鄧擇如等函》，《國父全書》，台北版，第 412 頁。

㉟ 《赴歐洲前致鄧擇如等各函》，《總理全集·函札》，第50頁。

㊱ 《致黃甲元囑籌款維持〈中興報〉函》，《國父全書》，第 408 頁。

㊲ 馮自由：《同盟會四大綱領及三民主義溯源》，《革命逸史》第 3 集；參見《致張繼函》，孫中山佚稿。

㊳ 《爲規定南洋各處團體通信辦法致鄧擇如函》，《總理全集·函札》，第46頁。

⑨⑨　轉引自章太炎：《答夢庵》，《民報》第21號。

⑩⑩　章太炎：《僞〈民報〉檢舉狀》，《南洋總匯新報》，1909年11月 6 日

⑪⑪　黃侃：《太炎先生行事記》，《制言》第41期。

⑫⑫　章太炎：《僞〈民報〉檢舉狀》，《南洋總匯新報》，1909年11月 6 日

⑬⑬　南洋歸客：《駁詆毀孫中山者》，《民立報》，1912年11月 6 日。

⑭⑭　鄭螺生：《華僑革命之前因後果》，見黃警頑：《南洋霹靂華僑革命史跡》。

⑮⑮　《由歐抵美前後致王子匡與留比同志各函》，《國父全書》，第 417 頁。

⑯⑯　《華僑革命史》，《陳新政遺集》下。

⑰⑰　《致檀香山同志請盡力籌款函》，《國父全書》，第 411 頁。

⑱⑱　魏蘭：《陶煥卿先生行述》。

⑲⑲　《憑單》，徐市隱：《緬甸中國同盟會開國革命史》第 8 節。

⑩⑩　《憑單》，徐市隱：《緬甸中國同盟會開國革命史》。

⑪⑪　《致鐵仙》，己酉三月九日，陶成章手札，湖南省哲學社會科學研究所藏，下同。

⑫⑫　同前註。

⑬⑬　《華僑革命史》，《陳新政遺集》下。

⑭⑭　汪精衛：《致藍瑞元、黃葵風書》，《革命之倡導與發展》(三)，台北版，第 591 頁。

⑮⑮　《神州日報》，1912年11月 2 日。

⑯⑯　《致若愚》，1909年 9 月24日，陶成章手札。

⑰⑰　《爲陶成章誣謗事致孫中山函》，《黃克強先生全集》，台北版。

⑱⑱　《南洋總匯新報》，1909年11月 6 日。

⑲⑲　介民：《敬告捐助革命軍餉者》，加拿大《日新報》，1911年 4 月26日。

⑩⑩　轉引自孫中山《致張繼函》，吳稚暉原藏，未刊稿。

⑪⑪　《由歐抵美前後致王子匡與留比同志各函》，《國父全書》，第 417 頁。

⑫⑫　《在歐將去美國時致倫敦吳敬恒函》，《總理全集・函札》，第 106 頁。

⑬⑬　《致張繼函》，吳稚暉原藏，未刊稿。

⑫　馮自由：《同盟會四大綱領及三民主義溯源》，《革命逸史》第 3 集。

⑬　《爲陶成章誣謗事致孫中山函》，《黃克强先生全集》。

⑭　《爲孫中山受謗致各同志望同心協助函》，《黃克强先生全集》。

⑮　胡漢民《致南洋同志書》，鄒魯：《中國國民黨史稿》第 1 冊。

⑯　《華僑革命史》，《陳新政遺集》下。

⑰　胡漢民述：《南洋與中國革命》。

⑱　《致吳敬恒請於〈新世紀〉評論〈日華新報〉破壞黨事謬論各函》，《總理全集・函札》，第 110 頁。

⑲　《黨人》，《新世紀》第 117 號。參見本書第 175-189 頁。

⑳　《致若愚、鐵仙》，陶成章手札。

㉑　《致若愚、桂中》，同上。

㉒　《致亦逵、桂中》，同上。

㉓　《太炎先生自定年譜》。

㉔　《致桂中、若愚、彝宗、福生、文慶、佐新》，陶成章手札。

㉕　章太炎：《致臨時大總統書》，《大共和日報》，1912年1月28日。

㉖　《教育今語雜誌》，第 1 冊。

㉗　《學林》，第 1 期。

㉘　陶成章手札。

㉙　《致石哥》，同上。

㉚　同前註。

㉛　同註㉚。

㉜　同註㉚。

㉝　魏蘭：《陶煥卿先生行述》。

㉞　《致石哥》，陶成章手札。

㉟　《致桂哥》，同上。

㊱　陶成章函札殘頁，1910年。

㊲　同前註。

㊳　《致鐵仙》，陶成章手札。

㉑　《致福哥》，同上。

㉒　《致彝宗、若愚、柱中、文慶》，同上。

㉓　《致鐵仙、若愚》，同上。

㉔　同前註。

㉕　《致若愚、鐵仙》，同上。

㉖　《致柱中》，同上。

㉗　《致福哥》，同上。

㉘　《致石哥》，同上。

㉙　《致若愚、柱中》，同上。

㉚　馮自由：《光復軍司令李燮和》，《革命逸史》第2集。

㉛　胡國梁：《辛亥廣州起義別紀》，《建國月刊》第14卷，第1期。

《龍華會章程》主屬考

　　在辛亥革命史的研究中，《龍華會章程》①因為主張土地公有，很受史家注目。《章程》說：「要把田地改作大家公有財產，也不准富豪們霸占，使得我們四萬萬同胞，並四萬萬同胞的子孫，不生出貧富的階級。」不少論著都樂於引證和評論這段文字，但是，《章程》本身需要加以考訂的若干問題，卻一直沒有受到應有的注意並從而得到正確解決。

　　認真讀過《龍華會章程》的人，都會發覺其中一個明顯的自相矛盾之處。它的標題上大書著「龍華會」字樣，而《會規十條》中的《命名》條卻說：「我們的會，就叫做革命協會。」龍華會是浙江哥老會的一個支派，陶成章《浙案紀略》載有它的始末；關於革命協會，該書也有記載，云：「戊申春夏間，浙江革命黨人另訂一新章，將合江浙皖贛閩五省各秘密黨會鎔鑄而一之，定其名曰革命協會」②。如果《章程》屬革命協會，應為1908年事，但《檄文》之末卻明白寫著「甲辰正月朔日」，即1904年2月16日，恰當龍華會興盛之時。那末，現今之《龍華會章程》到底是1908年革命協會的章程呢，還是1904年龍華會的章程？

　　最能說明現今之章程主屬問題的證據，首先在《章程》自身

　　第一，《章程》正文說明了會名叫「革命協會」。它說：「我們的會，就叫做革會協會；山名，就叫做一統龍華山；堂名呢？就叫做漢族同登普渡堂。」它還有「我們這個革命協會」、「我們這個協會」等語。特別是《檄文》部分，開宗明義就問：「怎樣叫做革命？」接著答：「革命就是造反」，並詳加詮釋、發揮。它為何首先在「革命」一詞上大做文章呢？理由顯而易見，

就是因為該團體係以「革命」二字命名的緣故。

第二，《章程》約束的對象是一批而不是某個會黨團體。《會規十條》說：「現在所設的官職，同洪家、潘家的舊官職是一式一樣的。」《入會規矩之次序》說：「大都督、左右都督，招兄弟入自己部下時，各照各會各教各黨的老規矩。」可見，它約束的對象包括著洪家（紅幫）、潘家（青幫）這哥老會的兩大派，包括著各教各會各黨。這種情況，龍華會是無法辦到的。

第三，《章程》變更了會黨舊有的章制。《章程》雖稱它的官職、制度與各會黨是一樣的，實際卻有增損，名稱都有所變更。這些變更當然是為著將各會黨統一在協會內。其中最突出的變更是入會式。哥老會崇敬五祖、桃園結義、梁山泊和瓦崗寨，它的開山式與入會式是「場中正面壇上，設五祖，關聖等神」。龍華會是終南會的一支，終南會票布的中央即標明「關聖帝君之位」。《章程》則規定：「凡進我們這個協會的規矩，最好是在岳廟裏」，無論在何處，均須「設立公案，寫少保忠武王岳爺爺的神位一個」，配以楊再興、牛皋、施全。以對岳飛的崇拜代替對關羽的崇拜，明顯不同於包括龍華會在內的任何一個會黨團體。

第四，《章程》規定的活動範圍與《浙案紀略》所載革命協會活動範圍相同。《附錄》說，擬將各股力量分為五省十路，這五省恰好是江蘇、安徽、江西、浙江、福建。

以上四點表明，現今之《龍華會章程》正是「將合江浙皖贛閩五省各秘密黨會鎔鑄而一之」的「新章」，亦即革命協會的章程。

確認《章程》屬革命協會，除它自身外，其他方面也並不乏明證。1910年，日本偵探山口升奉派來中國調查革命黨，保皇黨和會黨等各方面情況，回國後寫過一份題為《清國形勢與秘密結社》③的報告書，其第三卷《中清地方》的第三章即為《江南的革命協會》。該章內分五節：《會規十條》、《約章五條》、《

入會式》、《新中國軍政署職官表》、《五省十路》。《章程》
被刪節、合併或分割，納入相應的節內。這一材料說明，現今之
《龍華會章程》在當時確實是被稱作革命協會章程的。

　　用山口報告書作證明也有其弱點，它沒有著錄《檄文》。好
在《檄文》與《章程》其它部分的聯繫是緊密的。它開篇就闡發
了會名的涵義，篇末還署明發布者爲「新中國軍政省」，即出自
革命協會的中樞機關。僅此兩點，就表明《檄文》不能與其它部
分分割開來。山口引用《章程》是爲充實情報，不是爲保存文獻
，他不引《檄文》，並不能動搖《檄文》在全篇中的地位。

　　不過，《章程》的主屬問題至此並未最終解決。會名「龍華
」，發布於「甲辰」，都是《章程》自己標明的，多數論者對此
深信不疑。既是1908年的革命協會章程，爲何又標上「龍華會」
和「甲辰」年呢？個別企圖解決《章程》主屬問題的論者也在此
躑躅不前④。因此，要徹底解決《章程》的主屬問題，就不能繞
過文件自身設置的難關。

　　其實，《章程》到底產生於何時的問題並不難解決。每一種
歷史文件都必然留有它產生的那個時間的痕跡。《龍華會章程》
也不會例外。關於這點，可以考察《檄文》的內容。

　　《檄文》說：

　　　　然而也有一種口口聲聲拍滿洲人馬屁的外國人，同著幾個
　　　　亡心昧理的中國人，居然想望滿洲立憲。列位要曉得「立
　　　　憲」二字怎麼樣解法。外面看看像是照各國的樣子，實在
　　　　是把權柄集在皇帝同幾個大官身上，卻好借著「憲法」二
　　　　字，用出種種的苛法來壓制我們。

這段談立憲的話，既揭露了搞立憲騙局的清朝政府，也譴責了企
望清廷的立憲派和某些外國人。立憲主張在國內抬頭，始於1904
年日俄戰爭時。「甲辰日俄戰起，識者咸爲之說曰：此非日俄之
戰，而立憲專制二政體之戰也。」及至日勝俄敗，「於是立憲之

議，主者漸多」⑤。這年，有孫寶琦、張之洞、魏光燾、岑春煊奏請清廷立憲。1905年，清廷派載澤等五大臣出國考憲政，載澤等回國後即奏請宣布立憲。1906年9月1日，清廷下詔「預備仿行憲政」。所謂「仿行」，意即照外國樣子辦。《檄文》既涉及清廷的假立憲，它怎麼可能寫成於動議立憲之前的「甲辰正月朔日」呢？在預備立憲的名義下，1906年11月，清廷頒布中央官制，更定了幾個部的名稱，並增設資政院及審計院，集權於滿洲親貴。次年，開始改變地方官制，7月，頒布外官制，收回了各省督撫的軍權和財權。這一切，不正是《檄文》所譴責的「外面看看像是照外國樣子，實在是把權柄集中在皇帝同幾個大官身上」嗎？因此，它的寫作時間，只能在清朝政府開始實行內外官制改革之後。

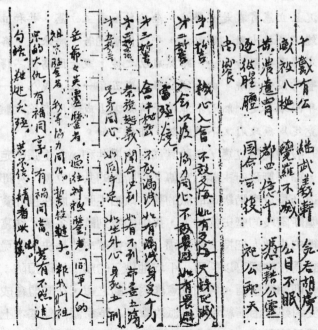

圖十四　江南革命協會的入會祭文及誓詞（1908年）
（採自日本外交史料館）

　　值得指出的是，所謂「口口聲聲拍滿洲人馬屁的外國人，同著幾個亡心昧理的中國人，居然想望滿洲立憲」等語，也是有事實可稽的。1907年10月17日，政聞社在東京錦輝館開成立大會，擁護立憲，梁啓超、蔣智由等邀犬養毅等八名日本人參加。犬養在會上說：「諸君如以鞏固獨立、保全領土爲前提而研究之，結果不認革命爲必要，如立憲黨之主張也，則不革命亦可。」⑥革命黨人張繼、陶成章、平剛等衝擊會場，打跑了梁啓超，張繼登台演說。這個犬養，起初表示同情革命派，現又食言自肥，因而，激起革命黨人不滿，張繼曾嚴詞詰問。事後，章太炎又作《政聞社社員大會破壞狀》⑦記其事，並發長論批駁犬養。《檄文》所云，應是隱指其事。

　　《檄文》又說：

　　　況且立憲實在是有弊病，無論什麼君主立憲、共和立憲，
　　　總不免於少數人的私意，平民依舊吃苦，將來天下各國，
　　　定歸還要革命。……雖然成功之後，或是因爲萬不得已，
　　　暫時設一總統，由大家公舉，或五年一任，或八年一任。
　　　年限雖不定，然而不能傳子傳孫呢！或者用市民政體，或
　　　竟定爲無政府，不設總統，亦未可知。

這段話一般地反對立憲，無論其爲君主爲共和，而主張「定爲無政府」，顯係無政府主義的宣傳。它所說的共和立憲，亦即民主共和，這乃是資產階級革命派的基本政治主張。處在世界資本主義進入壟斷階段的歷史條件下，孫中山看到歐美各國「貧富不均」，「總由少數人把持文明幸福」，社會革命「是決不能免的」，但他認爲在中國可以採用「平均地權」的辦法加以預防；對共和立憲，則始終堅信。共和立憲作爲救國之道，在同盟會成立前後，除受封建統治階級和改良派攻擊外，革命派內部基本上是一致的。只是到了1907年，這個主張才開始在內部受到一些人的起勁反對，這些人擁護或傾向無政府主義，自成一個小派別。他們

說：「蓋政府者，萬惡之源也。不必論其為君主、民主，不必論其為立憲為共和，既有政府，即不啻授以殺人之具。」⑧又說：「政府之可鄙厭，寧獨專制，雖民主立憲，猶將撥而去之。」⑨張繼在錦輝館持以批駁犬養毅的，就是這種無政府主義觀點⑩。《檄文》所宣傳的，也正是這個派別的觀點。同盟會內這個無政府主義派別的出現，是以1907年6月劉師培、何震發刊《天義》報和張繼、劉師培發起「社會主義講習會」為標志的。《檄文》的草擬，當然也不會早於這個時間。

《檄文》還說：

> 單只為防我們漢人造反，便各處要緊的省份駐紮旗兵，監守著我們。還要我們辛苦地種出田來，養活他們。近來又想出新鮮法子，要想奪我們的各省田地，凡是好的都想歸給他們，那狗屁的上諭，反說是滿漢平等，時價估買。

這裏提到的「狗屁上諭」何所指？稽之文獻，甲辰正月之前沒有內容相似的上諭，而在1907年秋，倒有一通《旗丁改籌生計諭》，中云：

> 我朝以武功定天下，從前各省分設駐防，原為綏靖疆域起見。迨承平既久，習為游惰，坐耗口糧，而生齒滋繁，衣食艱窘，徒恃累代豢養之恩，不習四民謀生之業，亟應別籌生計，俾各自食其力。著各省督撫，會同各將軍都統等，查明駐防旗丁數目，先盡該駐防原有馬廠、莊田各產業，妥擬章程，分割區域，計口授地，責令耕種。其本無馬廠、莊田，暨有廠田而不敷安插者，飭令各地方官於駐防附近州縣，俟農隙時，各以時會分購地畝，每年約按旗丁十分之一，或十數分之一，授給領種，逐漸推擴，世世執業，嚴禁典售。……旗丁歸農之後，所有丁糧詞訟，統歸有司治理，一切與齊民無異。……期於化除畛域，共作國民，用副朝廷一視同仁之至意⑪。

細究兩者，該諭提到「我朝以武功定天下」，派旗兵「各地駐防」，「綏靖疆域」，《檄文》就指責清朝「爲防我們漢人造反，便各處要緊的省分駐紮旗兵」。該諭要求各地方官爲駐防旗丁授田購買土地，《檄文》就指責其「近來又想出新鮮法子，要想奪我們各省田地」。該諭有「時價分購」，旗丁歸農後「一切與齊民無異」，「化除畛域，共作國民」，「一視同仁」的說法，《檄文》就指責其「反說是滿漢平等，時價估買」。兩相比較，可見《檄文》所抨擊的「狗屁上諭」，正是這通《旗丁改籌生計諭》。革命黨人對這通上諭是很注意的，曾經在《民報》上揭露其反動實質⑫。

以上三處所涉及的時事，均集中於1907年的夏秋，這說明了《檄文》不可能產生於1904年初，《章程》自署的「甲辰正月朔日」，純係倒填。《旗丁改籌生計諭》頒布於1907年9月27日（光緒三十三年八月二十日），《檄文》稱之爲「近來」之事，可見《檄文》應寫於此後不久的1907年冬或1908年春。陶成章說，革命協會「新章」的制定在1908年春夏間，《檄文》自身顯示的寫作時間是與之相符的。這一點，也是《章程》即革命協會章程的有力證明。

至此，可以進而討論《章程》標明的會名問題了。「龍華會」亦名「龍華山」，會主沈英（榮卿）、副會主張恭、周華昌，原是終南會骨幹。後來終南會首領或死或走，他們便另立了龍華會，時間約在1902年。1904年夏秋間，在浙江聯絡會黨的魏蘭結識沈英、張恭，繼又引陶成章前往，以發動龍華會響應夏歷十月初十日的華興會長沙起義。此後，龍華會成了光復會聯繫的一支重要的會黨力量。秋瑾組織光復軍，「恃以爲大本營者，即此會也」。但是，龍華會在光復軍失敗時遭到了嚴重的破壞，此後再沒有恢復過活動。龍華會與反清革命運動的關係雖很密切，但從前文舉出的例證看，現今的《章程》並不是它的章程，而是多個

會黨聯合的章程。那末，這樣一個章程為什麼又標上龍華會的名稱呢？不妨看兩段材料。

山口報告書說：

> 於是，陶成章、沈英、張恭等首倡者即聯合歸國留日學生等，糾集浙江、福建、江蘇、江西、安徽五省之頭目，在杭州召開大會，統一各會黨結為一團，建立一個名為龍華山漢族同登普渡堂革會協會的組織。

《中國秘密社會史》說：

> 於是，有陶成章、沈英、張恭等，倡議於杭州，集浙江、福建、江蘇、江西、安徽五省之頭目，開一大會，打作一團，名龍華會。

比較之下，兩條材料，譯筆雖異，內容文字卻基本相同，這至少可以估計它們是出自同一個原始資料。惟一較大差別，僅在於會名。但通過這一對比，就可以明確問題所在了。第一，平山所說的「龍華會」，雖有浙江龍華會首沈英、張恭介入，按其內容，卻正是山口說的革命協會，而非浙江龍華會。《龍華會章程》係這段文字的附錄，它理應是革命協會章程，當無疑義。第二，關於會名，山口報告書顯然是照所據原始資料移錄的，記載的是全名，而《中國秘密社會史》卻由於作者方面的原因，不顧會黨名稱有會名、山名、堂名的區別，給變成了「龍華會」。誤植的會名和倒填的時間，不經考察，被輕易地聯繫在一起，便釀成一件疑案。

附帶還可以指出，山口、平山都沒有說明革命協會倡議的時間，其原因可能在於無法解決《章程》自署時間和協會實際倡議時間的衝突，只好迴避了事。山口不著錄《檄文》，很可能也出於此因。

現在，我們可以毫不猶豫地下一個結論：現今之《龍華會章程》，實即1908年江浙皖贛閩五省革命協會章程。章程自署年月

是有意倒塡的。

（《〈龍華會章程〉探微》中的第一部分，

原載《歷史研究》，1979年第9期）

【註　釋】

① 《龍華會章程》共七部分，即《檄文》、《會規十條》、《約章五條》、《入會儀式》、《祭文》、《入會規矩之次序》和《附錄》，全文見平山周《中國秘密社會史》一書。該書商務印書館譯本初版於1912年5月。1954年《中國近代史參考資料選輯》增訂本和1957年中國近代史資料叢刊《辛亥革命》（以下凡引用此書者，不再注明），都在《龍華會章程》的總題下，選收了《檄文》和《會規十條》兩部分。

② 《浙案紀略》，全文見《辛亥革命》㈢。

③ 《日本外務省檔案》，縮微膠卷，MT109，北京圖書館藏。

④ 此前，魏建猷先生《龍華會和〈龍華會章程〉》一文曾指出關於《章程》主屬問題的矛盾。他認爲它「可能是革命協會的章程」，但又說其擬定「不遲於1903年」（《文匯報》，1961年10月5日）。趙金鈺先生則根據山口報告書斷言《章程》自《會規十條》以下爲1908年革命協會章程，而《檄文》仍是1904年龍華會文件，它們是時間不同的「兩個不同組織的兩個不相關聯的文件」（《關於〈龍華會章程〉的幾個問題》，《光明日報》，1963年7月3日）。

⑤ 《立憲紀聞》，《東方雜誌》臨時增刊《憲政初綱》。

⑥ 《立憲黨與革命黨》，《政論》第3號，1907年12月。

⑦ 《民報》第17號，1907年10月25日。

⑧ 《政府者萬惡之源也》，《天義》第8期，1907年7月10日。

⑨ 章太炎：《官制索隱》，《民報》第14號，1907年6月8日。

⑩ 景定成：《罪案》。

⑪ 《德宗實錄》第五七八卷。

⑫ 《預備立憲之滿洲》，《民報》第19號，1908年2月25日。

章太炎與端方關係考析

一

　　辛亥革命時期，曾經發生過一樁轟動一時的公案，即章太炎與清朝兩江總督端方的關係問題。

　　1909年冬到1910年初，在陶成章、李燮和、章太炎等發動對孫中山的攻擊之後，香港《中國日報》、巴黎《新世紀》等報刊先後公布過章太炎給劉師培、何震夫婦的五封信。據此，《新世紀》斷言章太炎已經被端方收買：「此即太炎先生得金之清單。玩『攤年過久』一語，指十年八年而言，又玩『歲不過千餘元』一語，即可推其總數，大約萬金。萬金出賣一革命，至爲便宜。」①《中國日報》則進一步宣稱：「據最近布告，言章與直督（端方後由兩江調直隸——筆者）幕員劉光漢和好如初，且受端方委託，擔任解散革命黨及充常駐東京之偵探員。」到清朝滅亡後的1912年，章太炎倒向袁世凱方面，同盟會會員主持的上海《民權報》便重新發表了這五封信中的四封，認爲是「以萬金出賣革命黨之一篇大罪案」。②該報說：「本報攻擊章者，在昔日以圖財之故而通清吏，作奸細，棄革命黨，攻擊孫中山；在今則主張專制，逢迎袁世凱，詆毀孫、黃，排斥同盟會。」③

　　章太炎與端方的關係到底怎樣呢？搞清楚這一問題，對於研究章太炎、同盟會的內部矛盾以至辛亥革命史都有一定的意義。

　　爲了便於考察並方便讀者，現將章太炎致劉師培、何震的五封信及何震所加注解節錄如下：

　　致何震函一（以下簡稱函一，餘類推）云：「近想安抵滬

上」，「所托諸事，務望盡力」。末署：「兄麟頓首」。

何震注解說：「此信無甚關係，惟觀『所托諸事，務望盡力』二言，則凡運動張之洞諸事，皆包括其中矣。」

致何震函二云：「聞妹將赴金陵，想近日已在途也。……劉、卞二處消息如何？幸告。」末署：「兄麟頓首，陽十一月二十五日。」

何震注解說：「劉、卞二處。劉即□□□之姊，係章下獄後，劉允月貼二十金，至今未交者也。卞即前長崎領事卞綍昌，張之洞之女婿。彼於去歲八月致函張之洞，誓言決不革命，決不與聞政治，且言中國革命決難成功，若贈以巨金，則彼往印度為僧。書為申叔所見，始知彼與官場有往來。及我返國，彼知吾兄何譽生與前長崎領事卞綍昌親善，彼為張婿，故囑我往長崎訪之，使再致書於之洞。」

函三云：「四、六君鑒：二十九日接得手示，知四弟在船甚苦。……四弟既不往寧，在滬交涉亦善。前書言恐有枝節，愚意可密致楊仁山書，令其轉圜。」末署：「毛一頓首。十二月三十日。」

何震注：「四君、四弟，均劉申叔也。六君即何震也。毛一，章自稱也。……楊仁山者，池州楊文會也，以通佛學聞，南京官場多敬之，故彼欲囑何致書於彼，請其向江督為彼乞恩。」

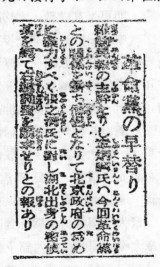

圖十五　日本《萬朝報》所登章太炎「背叛革命」的消息（1908年4月14日）（採自日本京都大學圖書館）

函四云：「黃、葉亦無他語，惟已明知四弟到滬，在外喧傳，黃更知兄欲出家。前數日有周尊者，自上海來信云：『聞黃抱香語，公欲出家。』則此事已稍漏洩矣。運動之事，想二子無不周知。」

何震注：「黃者，湖北人黃抱香也；葉為黃友，浙江人，忘其名。黃見章不做《民報》，將疑彼無心革命，在東京對人宣言，故彼畏之甚，疑其盡知彼事。又葉為鄰人，知申叔返滬，故信中言『運動之事，想二子無不周知』也」

函五云：「領事按月支款之說，萬難允從。一、若按年分攤，則一歲不過千餘元，或僅數百，必不敷用。二、若攤年過久，章甫去江寧後，事即中寢。三、領事為政府所派，非兩江私派，若果遷延抵賴，亦無如何，以留學官費證之可見。要之不以意氣相期，盡力磋磨，亦無益也。弟若轉圜，當要以先付三分之二，不則二分取一，如或未能，當面回復。此則當令六弟任之。」末署：「兄毛一白。陽三十日。」

何震注：「此信最有關係。何接彼第四信，復致書於彼，故為疑問之詞，謂『將付領巨款歟，抑至印後按月支款歟？請示明，以便開交涉。』彼乃以此函相答，反對按月支款之說。章甫者，端方也。」

要考察章太炎與端方的關係，首先要考察這五封信的真偽。

二

有些研究者認為這五封信是假的。筆者認為，何震的注解雖未可全信，但這些信卻是真的。

不妨先就這五封信的本身作一番考察。

五函署有月日，未標年份，它們是哪一年寫作的呢？何震注云：「黃見章不做《民報》，《新世紀》也說：「彼時乃忽辭《

民報》編輯之任，即在作此五書之時」。按，章太炎確曾一度辭去過《民報》編輯人的職務，《民報》第18期《啓事》云：「本社總編輯人章君炳麟因腦病忽作，不能用心，頃已辭職，今仍請張君繼續接續主持。」該期印刷於1907年12月24日，顯然，五信即作於這一日期前後的一段時間內。

信的年份明確了，對它的考察就方便了。

首先，應該檢查一下受信人的行止與信的時間、內容有無衝突。

劉師培夫婦是1907年2月去日本的，當年12月前後，他們是否離開過日本呢？這年12月4日，蘇曼殊在上海致劉三書云：「頃須俟劍妹（何震號志劍──筆者）來，方能定日東行。劍妹十五日回鄉，云一周可返，今逾半月未來，殊悒悒。」④可見當時何震不僅已從日本回到上海，而且又從上海回了「鄉」。同信又云：「申公有意明春返居滬瀆」。可見劉師培當時還在日本。不過，劉師培不是到次年才返滬的，據柳亞子回憶，1907年冬天，他就曾在滬與劉氏夫婦及其他友人聚飲，並留有當時作的詩和攝的相片。⑤到1908年2月26日，蘇曼殊在日本致劉三書云：「申叔伉儷西來。」⑥可見劉繼何之後，於1907年冬也回國了，到次年2月，又一起再到日本。上述五函中，前二函單獨寫給何震，後三函寫給劉、何二人，其所署月、日，均與何震、劉師培當時的行程、活動狀況相吻合。

其次，應該考察一下五信的基本事實。

何震在注中說，「贈以巨金」，章太炎就到印度爲僧。函四中，章太炎也有「黃更知兄（章氏自稱──筆者）欲出家」之語。這一時期，章太炎是否有過類似的念頭呢？

1907年6月28日蘇曼殊致劉三書：「衲今後決意與太炎先生同謁梵土，但行期尚不能定。」⑦

同年11月28日蘇曼殊致劉三書又云：「前太炎有信來，命曼

隨行，南入印度，現路費未足，未能預定行期。」⑧

　　同年章太炎贈蘇曼殊照片題詞云：「當於戊申（1908年）孟夏，披剃入山。」⑨

　　1916年章太炎《致許壽裳書》回憶云：「梵土舊多同志，自在江戶，已有西游之約。」⑩

　　章氏弟子黃侃《太炎先生行事記》云：「睹國事愈壞，黨人無遠略，則大憤，思適印度爲浮屠，資斧困絕，不能行。」⑪

　　綜上可見，章太炎在1907年確曾計劃去印度做和尙，並爲缺乏路費所苦。

　　1906年章太炎到日本後，逐漸和孫中山發生了思想上、政治上的深刻分歧。1907年上半年，這種分歧通過孫中山離日時接受日本政府贈款和欽、廉起義購買日械等問題尖銳地爆發了出來，黃侃所謂「睹國事愈壞，黨人無遠略，則大憤」，應指此。想去印度做和尙，也應在這個時候。這一時期，章太炎自稱「震旦優婆塞」，⑫以示其歸依佛門之意，也是一個旁證。

　　章太炎是否曾通過劉師培夫婦從端方那裏取得去印度當和尙的費用呢？

　　在劉師培秘密寫給端方的一封信中有關於章太炎的一段話，原文如下：

　　　　餘杭章炳麟少治經學，尤深於《春秋左傳》。……彼居東京歲餘，抑鬱不得志。初擬變易《民報》宗旨，以消弭種族革命（彼所作文詞均言佛理，或考古制，無一篇言及排滿革命）。嗣彼黨時有謗言，故彼即作檄斥孫文，並置身同盟會之外，近且辭《民報》編輯矣。即偶有講演，亦係黨人迫彼使爲，非其志也。今擬往印度爲僧，兼求中土未譯之經。惟經費拮据，未克驟行。倘明公赦其既往之愆，開以自新之路，助以薄款，按月支給，則國學得一保存之人，而革命黨中亦失一績學工文之士。以彼苦身勵行，重

　　　　於言諾，往印以後，決不至於有負於明公。惟此事宣露於
　　　　外，則革命黨人或對彼潛加暗害，所謂愛之者害之也。《
　　　　論語》有言：「君子成人之美」。尚祈明公之力踐此言也
　　　　。⑬

該信向端方表示「大恨往日革命之非」，並獻「弭亂之策」，實
際上是一封叛徒的自首書。通過這封信，劉師培和端方勾搭成功
，成爲隱藏在革命隊伍中的一名內奸。

　　這封自首書與章氏五函有其相通之處：

　　第一，此信提及章氏「近且辭《民報》編輯」，可知寫於
1907年12月或稍後，正是劉師培從日本回到上海之際。章氏函三
寫於是年12月30日，中云：「四弟（劉師培）既不往寧，在滬交
涉亦善。」時、地、人、事均合。

　　第二，章氏五函係托劉氏夫婦向端方謀求在印度爲僧款項，
此信向端方明白地將此問題提出了。特殊之處，僅在於劉的「交
涉」是以替端方畫策並爲章太炎乞憐的方式提出的。這樣提出問
題，很符合其叛變身份。他既替端方物色到一個理想的策反對象
，也等於自己獻上一份可觀的覲禮，還替老朋友辦了事。

　　第三，章在函四中警告劉、何：「此事已稍漏洩矣」！此信
也警告端方：「此事宣露於外，則革命黨人或對彼潛加暗害，所
謂愛之者害之也。」秘密進行以保全章太炎的態度是一致的。

　　第四，爭執的付款方式是同一個。此信向端方提出的「按月
支給」，正是章太炎在函五中極力予以反對的付款辦法。據何震
注，何接第四函後，先寫信問章「將付領巨款歟，抑至印後按月
支款歟？請示明，以便開交涉。」於是函五才反對按月支款，要
求劉去「轉圜」，爭取先付三分之二或二分之一。

　　此信與章氏五函爲什麼有這些重要相通之處呢？合理的解答
應該是，它們是同一樁事在不同場合留下的文件。不然，就不容
易解釋此信中的這種情況：劉師培向端方比較眞實地介紹了章太

炎與孫中山的矛盾，卻抹殺章當時的革命活動，所謂想「消弭種族革命」，文章「無一篇言及排滿革命」，講演「亦係黨人迫彼所爲」等等，均非事實。這種曲筆，無非是要讓端方相信對章太炎可以「赦其既往之愆，開以自新之路」，痛快地拿出錢來。如果劉師培心中無底，一旦端方給了錢，章拒不接受，甚至予以揭露，那末，內奸的面目不就要暴露了嗎？顯然，他敢於預支章「決不至有負明公」的保票，就是因爲他是受章太炎的委託來「交涉」的。這封自首書的存在，證明了章太炎確曾通過劉師培向端方處活動，同時也證明了章氏五函是眞的。

　　這封自首書是1934年偶然發現的，據有關線索判斷，它是從端方家中流散出來的。事後不久公布的章氏五函容易招人懷疑，這封自首書的眞實性卻不好輕易否定。劉師培雖然號稱「才子」，他也不可能在編造假信之前，就預先遞一份與之呼應的信給端方，並使之留傳下來，以便在後人討論此段公案時繼續作僞。

　　其他方面的材料，也有力地證明了章氏確曾向端方謀款。

　　1909年10月，當東京的革命黨人因章太炎和劉師培的來往而指責其爲「偵探」時，據陶成章說，章太炎「已有《辯書》一紙，將以付印」，這份《辯書》到底付印了沒有，現在還不清楚。但是，其內容從陶成章稍後的《致柱中、若愚手札》卻不難窺知。陶成章說：「太炎作和尙之意實有，至偵探，斷斷無之。彼居東京，每日講學，所出入者止學堂，何有官場特派員？昭昭在人耳目，誣妄太炎先生無益也。」柱中就是李燮和，在同盟會的內部矛盾中和章太炎、陶成章是站在一起的。事情已經發展到了連自己人都發生懷疑，說明對方提出的證據相當有份量，以致陶成章不得不出面保證：「至偵探，斷斷無之」，而於「作和尙之意」，不能不承認「實有」；至於與之密切相聯的通過劉師培夫婦向端方謀款一事呢？則未置一詞，不加否定，實際上採取了承認的態度。陶成章當時在東京與章太炎朝夕相處，立場完全一致，

他對李燮和的上述說明當然也反映了章太炎的態度。它表明，如果章太炎確有一份《辯書》的話，所「辯」者也只是並非「偵探」，而沒有否定通過劉師培夫婦向端方謀款這一事實。

此外，還有一些值得注意的現象。

前文談到，1912年上海《民權報》大罵章太炎時，曾重新發表章太炎致劉氏夫婦五函中的四函。事隔一日，5月5日，上海《民聲日報》以「記者」名義發表文章說明情況稱：

> 初，日人有漢字統一會之設，而張之洞亦贊成之。章氏曾為一文，揭諸《民報》，盛致譏評張氏之意。張氏於文學極自喜，聞章氏非之，思所以自解者，令其婿卞某託劉申叔代達殷勤，謂每年願致千金，而章氏多所要索，卞某不敢應，以語端方。端方固蓄章甚，以為可以術致章氏歸國而後除之。章氏知其狙詐，則愈為讕言相弄。端知章終不可利誘，其事遂寢。

該文認為，《民權報》所發表的章氏四函「並無賣黨之證」，「謂章氏以術取清吏之財則誠有之，夫以術取清吏之財者，革命黨中寧止一章氏，要之非窮凶極惡，罪在不赦者也」。該文明顯地替章太炎辯護，但承認「章氏以術取清吏之財則誠有之」。《民聲日報》是一家擁護袁世凱、吹捧章太炎的報館。它的主筆黃侃1908年以後成為章太炎的弟子，處處以維護乃師尊嚴為己任。上海《天鐸報》發表過對章「不敬」的文字，黃侃便把該報主筆之一的柳亞子找去，「鐵青面孔」責問，要柳脫離該報。⑭試想，如果章太炎根本沒有通過劉師培和端方發生過關係，黃侃怎麼能讓本報「記者」作出這種答辯來呢？這個「記者」不是別人，應該就是極端熟悉章太炎東京生活的黃侃自己。

上海《神州日報》也是一家擁袁捧章的報館。它的主筆之一汪允中和章太炎同為俞樾門生。對於《民權報》刊載的章氏函件，它同樣不敢否認，5月6日該報社論說：「其事之有無，姑不

置辯。」又說什麼「小德出入，盡人難免」，意思是這只是「小德」！5月8日該報又發表文章說：「夫章原書中有一字涉及黨人事實否？如以設法取人金錢即指爲賣黨之證，蓋黨人流離奔走時，其設法自濟者多矣，某報可謂其人皆賣黨乎？」這篇文章進而承認了事實，但「小德」問題也沒有了，而是「設法自濟」。

最後，必須著重指出的是致劉師培、何震五函是章太炎的親筆。曼華《同盟會時代〈民報〉始末記》說：「劉申叔夫婦以居東備受黨人冷淡，亦相偕遁還國門，投效於滿吏端方。申叔抵滬時，且遺書黃蘆午、林廣塵、湯公介等，詆章枚叔曾致函端午橋，由劉妻何震轉交，要挾巨款二萬，即捨革命而不言，往印度爲僧以終其身云。內並附章氏關於此事之手書眞跡照片，蘆午等一笑置之。」⑮此文是根據湯增璧的回憶寫成的，湯增璧即湯公介，他是民報社職員，章太炎的友人。這段回憶雖有其失眞之處，但關於章氏手書照片的說法應是可信的。劉師培散發的這份眞跡照片，正是日後《中國日報》等報刊揭露章太炎的依據。1909年12月，因爲美洲華僑受了陶、章攻擊孫中山的影響，對孫中山的感情「大不善」，爲了廓清影響，順利開展在美的籌餉活動，孫中山曾寫信給吳稚暉，要他將「劉光漢發露太炎同謀通奸之筆跡照片寄與弟用，以證明太炎之所爲，庶足以破其言之效力」。⑯隨後，這份眞跡照片就影印刊登在美國《美洲少年報》上。

1912年，當中國同盟會廣東支部聽說袁世凱要委任章太炎任「國史院長」時，曾發表通電說：

> 章炳麟前乞充滿奴端方偵探，洩漏民黨秘密，筆據確鑿，尚存本處。今聞擬委國史院長，如此重大事件，付諸僉壬之手，勢必顛倒是非，搖惑萬世，誓不承認。⑰

可見，這份「筆跡照片」辛亥革命後還保存著。

章太炎不是謙謙君子，他不會容忍任何人對他無中生有，栽贓陷害，可是對於這件事，除了上面已經分析過的那份《辯書》

外，他沒有作過任何公開解釋。這種異樣的沉默只能說明其中有難以否認的事實。

基於以上種種理由，筆者肯定章太炎致劉師培、何震的五封信是真的。

<h2 style="text-align:center">三</h2>

那麼，章太炎和端方的關係到底怎樣呢？

關於這個問題，在上述五函真偽問題的考證中實際上已可窺見其大概：章太炎確曾通過劉師培、何震夫婦跟端方聯繫，聯繫的中心問題是要端方給章太炎以去印度做和尚的經費，而章將從此脫離革命。劉師培在叛降端方時，向端方提出了這個問題，並在章、端之間聯絡交涉。章氏致劉氏夫婦的信，就是這種活動的記錄。

在脫離革命去印度為僧的背後是否還有更隱秘的政治交易？作這種指責的人沒有提出充分的證據，筆者也沒有發現這方面的材料，從章太炎的思想和性格看，他也絕對不會幹這種事。但是，沒有這點，並不能否定章太炎向端方運動經費是一個難辭其咎的錯誤。端方是鎮壓革命最力的滿洲貴族之一，革命派恨之入骨。章太炎在和孫中山鬧翻之後，去和這樣一個人物發生關係，無怪乎事實公開後輿論大嘩了。

這裏，必須進一步考察的是章、端之間關係究竟達到何種程度。

1912年9月8日，北京《民主報》刊出該社職員的一篇文章，作者是與章太炎很熟的革命黨人，[18]文中說：章「因劉申叔與聖母何震受端方運動，每月得其乾修二百兩。」這條材料值得重視。前文提到，端方「資助」章太炎赴印度為僧的錢應怎樣付給，劉師培提出的方案是「按月支給」，而章太炎不同意，認為按月支給不可靠，錢也太少，必須先在總數中「先付三分之二，不

則二分取一」。這條材料所說的每月二百兩銀子，顯然是一種折衷方案，它既維持了「按月支給」的付款原則，又將實數提高到章氏所不願意的「一歲不過千餘元或僅數百」的一倍以上。問題的關鍵在於章太炎曾否接收了這分「乾修」，按作者文意，章太炎是接收了的。但是，這一方案並沒有解決去印度的路費問題，章太炎並非謀衣謀食者流，顯然不會接收。作者所述，當係出於傳聞。

　　此後，這種關係有無進展？因為得不到直接材料，只能從別的方面考查。章、端之間以劉師培作中間人，章、劉關係可以反映出這個問題。1908年2月，即章太炎寫了第五函的次月，劉師培、何震即回到東京。劉師培返日後，一面繼續以「革命」的高姿態大唱無政府主義「高調」，一面暗中做偵探，向端方密報革命黨人動態。這時，章太炎與劉、何關係很好，與兩人同住於麴田區飯田町，同在名為研究「社會主義」，而實為宣揚無政府主義的「社會主義講習會」上作演說。但是，不過兩個月，章就與兩人大吵特吵起來，只好搬回民報社，自此，劉、何與章反目成仇，何震表弟汪公權甚至宣布要和章太炎「白刀子進去，紅刀子出來」。他們之間為什麼突然決裂呢？雙方事後都沒說明其真實原因和細節，我們不能妄測這次衝突與章、端關係有關，但可以肯定，處於這種境況，由於失去中間人，章、端關係也就無法繼續和發展下去了。

　　不過，事態並不到此為止。1908年4月27日，廣州《國民報》刊出一則題為《章炳麟出家》的「活劇曲」，中云：

　　　（同志掃板唱）章炳麟拋卻了、平生抱負。（慢板）眼見得漢人中、少個幫扶。披袈裟，坐蒲團，不顧宗祖。縱不念、眾同胞，該念妻孥。況且是、我支那、蹉跎國步。望同志，抱熱心，休作浮屠。

　　　（章炳麟中板唱）……因此上，除卻了三千苦惱，逼著我

請個高僧來到東京披剃頭毛。我非是、主持厭世遁入空門愛栖淨土，我國人莫予肯谷故把禪逃，從今後理亂不聞興亡不顧，入沙門，參佛祖做貝葉工夫。

這篇戲文的史料價值，在於它反映出章氏出家消息傳播之廣，及革命黨人對此的態度。戲文批評章「理亂不聞興亡不顧」，態度是善意的，誠懇的。對此，章太炎沒有反應。緊接著，5月24日，上海《神州日報》又刊出了一則《炳麟啓事》：

世風卑靡，營利競巧，立憲革命，兩難成就。遺棄世事，不攖塵網，固夙志所存也。近有假鄙名登報或結會者，均是子虛，嗣後閉門卻掃，研精釋典，不日即延高僧剃度，超出凡塵，無論新故諸友，如以此事見問者，概行謝絕。特此昭告，並希諒察。章炳麟白。

這裏，除了去印度一節外，脫離革命和出家似乎都將實行了。但是，章太炎卻在6月9日出版的《民報》第21期刊登《特別廣告》，予以否認：

僕於陽曆五月二十四日赴雲南獨立大會，僕歸後即不見印章一方，篆書：章炳麟印。知是偵探乘間竊去，以後得僕書者，當審視筆跡，方可作準。

再，近有人散布匿名揭帖，偽造僕與錫良之電報，又有人冒名作信，在上海《神州日報》登《炳麟啓事》一則。其散布匿名揭帖者，查得是山西寧武縣人。其冒名告白，尚待調查，合併聲明。

這則《廣告》戳穿了前述《啓事》是偽造的。它的偽造者是誰呢？《廣告》中提到了「散布匿名揭帖」的是「山西寧武縣人」。當時，在東京的「山西寧武縣人」中，確有人信奉無政府主義，與章太炎不睦，並與劉師培關係密切。章太炎聲明已經「查得」，但沒有點名。至於「冒名告白」的作者，章氏只表示「尚待調查」，沒有公布結果。實際上，也只有劉師培一伙才會幹這種勾

當。

　　這是因為：章太炎找劉、何替他跟端方拉關係，使劉師培、端方都覺得有油水可撈，因而劉替章打了保票，狡滑的端方雖不肯將巨款輕易付人，也還是出了高價，可是章太炎居然食言——雖然在那裏醉心佛學，夢想「扶掖聖教」，請了一個名叫密尸邏的印度人在那裏敎梵文，[19]但是，並沒有去印度，而且，仍然在《民報》上發表文章，倡導「排滿」。這樣，劉師培當然無法向他的主子交代了。情急無奈，只有不擇手段，偽造一個啓事在上海的報紙上登出來，好讓端方看到，說明他劉師培已經完成了任務。

　　總之，在章太炎和劉師培的關係破裂以後，章太炎和端方的關係也就無法存在了。1908年10月，日本政府在封禁《民報》的同時，也封禁了劉師培的《天義報》和《衡報》。11月，劉師培回國，繼續以革命黨人的身份在上海招搖撞騙。此後不久，他即將章氏五函由何震加注說明後寄給黃興等人。這一事實，說明端、劉的策反計劃已經徹底破產，只能利用這五封信搞臭章太炎，在革命黨人內部製造猜疑和矛盾。

　　章、端關係曾達到何種程度，如何結局，至此已比較瞭然了。前引《民聲日報》的文章說：「端方知章終不可利誘，其事遂寢」，這應該是可信的。

　　末了，附帶談一談章太炎與端方的關係問題為什麼引起了軒然大波。這種情況的形成當然與章太炎此舉本身的嚴重性分不開，同時，也和同盟會內部矛盾的加劇有關。

　　在劉師培回國後不久，民報社發生縱火案。緊接著，又發生毒茶案。縱火、放毒的主犯都是劉師培的同伙汪公權。1908年12月，江、浙革命黨人在上海策劃起義，劉師培將這一情況密報端方，黨人張恭被捕，劉師培一伙的叛徒身份因而逐漸暴露。此後，劉即投入端方幕中任「文案」。1909年8月，端方調赴直隸，

上海報紙發表了隨員名單，其中就有劉師培。這樣，劉師培的叛徒身份就徹底暴露了。在此之後一月，陶成章、李燮和等聯絡少數人，發布了一份所謂《七省同盟會員意見書》，誣陷孫中山吞蝕華僑巨款，藉革命肥家，陶並親自跑到東京要求罷免孫中山的總理職務。同年10月，《民報》秘密在日本籌備復刊，章太炎又寫了《僞〈民報〉檢舉狀》，攻擊孫中山。陶、章二人肆意破壞團結，聲勢咄咄逼人，迫使孫中山、黃興等不得不回擊，以挽回影響。儘管陶成章是組織和發動這場攻擊的禍首，章太炎卻因舊日聲名及其同孫中山的長期矛盾而風頭最健。於是，章太炎與端方的關係被正式提出來了。

　　雙方的激烈情緒是可以想見的。在抨擊章太炎時，像吳稚暉那樣斷言章已經出賣革命，顯然夾有個人恩怨；他人斷言章背離革命，淪爲偵探，不是意氣用事，便是由於情況不明。章太炎和劉師培有過那樣一段極爲密切的關係，又有這樣五封信，當時，人們無法弄清全部情況，把章、端關係估計得更復雜些並不奇怪。在我們考察這樁歷史公案時，對於雙方過頭的話，都應根據可靠史實予以訂正。

　　關於同盟會內部的分歧和鬥爭，筆者將另文討論。這裏須要提出的是，同盟會內部日常事務和人事上的衝突是由於在政治、思想和鬥爭策略上存在分歧而引起的。但是在鬥爭開展之時，這種分歧並沒有被提出來展開應有的思想鬥爭，反而被個人的攻擊所掩蓋。這種現象也是當時革命派政治上不成熟的一種表現。我們在觀察同盟會內部的鬥爭時，不應被一些熱鬧事件所迷惑，忽略了背後的主要分歧，也不能認爲這些事件都不值一提，把它與背後的分歧看成截然兩回事。這樣，都無法掌握同盟會內部鬥爭的全貌。

（原載《南開學報》，1978年第6期，略有增補修訂）

【附記】本文發表後，有人贊成，有人懷疑。1979年，曾業英先生發現了章

太炎覆浙江統一黨支部的一封信，爲本文找到了確鑿的證據，其
爭遂息。今錄章函如下：

　　浙江統一黨支部鑒：電悉。同盟南北諸報皆舉端方事件，以爲
攻僕之詞，其實不值一哂，請爲諸君道其原委。僕自抵東辦報，
親戚故舊，音問俱絕。後見同盟會漸趨腐敗，憤欲爲僧，以求梵
文於印度。又與安南、朝鮮諸學生立亞洲和親會，聞印度革命黨
才高志堅，欲裹糧以從之，得所觀法。於時假貸俱絕，惟南皮張
孝達有一二日之舊游，後在東京關於文學教育諸事，亦嘗遺書獻
替。張於革命黨素無惡感，不得已告貸焉。其書囑長崎領事卜某
帶歸，卜即＜張＞之婿也。卜回國後，不敢請通，私以語端方，
遂居爲奇貨，反囑卜來告。其言十萬金五萬金者，皆憑虛餌人之
語。僕亦欲達初志耳，何論出資者爲端爲張！而端遂欲致之鼓山
（福建島）、普陀等處，僕遂決意不受。對敵之言，自有開合張
馳，同盟會人遂云僕作偵探，然則黃興出洋留學，亦端方特與官
費，其偵探耶非耶？同盟會業成而＜歸＞者，亦多仕宦，或爲將
弁、幕府之屬，其偵探耶非耶？誣人之言，以〔心〕所不可。《
天鐸》、《民權》諸報，市井醜談，未脫南洋、美洲口吻，夫何
足致辯哉！肅此敬復。章炳麟白。

　　　　　　　　　　　　（《越鐸日報》，1912年6月6日）

【註　釋】

① 《黨人》，《新世紀》第117號。

② 《章炳麟之醜史》，《民權報》，1912年5月4日。

③ 《正告神州報》，《民權報》，1912年5月7日。

④ 《蘇曼殊全集》第1集，北新書局1931年版，第199頁。

⑤ 《南社紀略》，開華書局1940年版，第8頁。

⑥ 《蘇曼殊全集》第1集，第202頁。

⑦ 《蘇曼殊全集》第1集，第335頁。

⑧　《蘇曼殊全集》第 1 集，第 197 頁。

⑨　《越風》第18期。文中云，該相片是其「三十九歲所造影像」。章生於同治七年十一月三十日，三十九歲生日應在一九〇七年一月中旬，故應作於是年。

⑩　《制言》第25期。當時章太炎再次準備去印度學佛，「以維摩居士之身，效慈恩法師之事」。

⑪　《制言》第41期。

⑫　《梵文典序》，《天義報》第 6 卷。優婆塞，梵語。《涅槃經》：「歸依於佛者，眞名優婆塞。」

⑬　天津《大公報》，1934年11月 2 日；《建國月刊》第12卷第 4 期。

⑭　《南社紀略》，第47頁。

⑮　中國史學會：《辛亥革命》㈡，第 447 頁。

⑯　《總理全集》第 8 冊，成都近芬書屋，1944年 7 月版，《函札》，第111頁。

⑰　《民權報》，1912年 5 月11日。

⑱　此人在東京曾親見章太炎以臉盆「遙擊」黃興，又曾遇黃侃於途，「道太炎近事，爲之咨嗟，太息不置」。

⑲　楊仁山：《等不等觀雜錄》卷八。

《民報》的續刊及其爭論

　　1909年10月，同盟會本部在東京籌備續刊《民報》，以汪精衛爲總編輯人，將原《民報》社長章太炎排除在外，章太炎憤而作《僞〈民報〉檢舉狀》，對孫中山等進行攻擊，引起《中國日報》、《公益報》、《中興報》、《星洲晨報》、《新世紀》等報刊的反擊，從而形成爲同盟會分裂過程中的一大事件。對此，筆者已作過分析①，本文擬在舊作的基礎上，依據新近發現的資料，作進一步的闡述和探討。

一、同盟會內部矛盾的加深
和爭奪《民報》的鬥爭

　　《民報》是在和改良派論戰、宣傳革命思想中發揮了重大作用的刊物。按其編輯方針和內容，可分前後兩期。前期撰稿者主要爲胡漢民、汪精衛、朱執信等，後期撰稿者主要爲章太炎、劉師培、湯增璧等。1908年10月，日本政府下令禁止第24號發行，《民報》出版中斷。在東京中國革命黨人討論續刊時，章太炎由於爲支撐《民報》而吃盡苦頭，又由於和黃興、宋教仁之間發生分歧等多方面的原因，憤而當衆宣布，辭去社長職務，並聲明「不再與聞《民報》之事」②。此後，革命黨人雖有意將續刊問題付諸實施，但印刷發行地點、經費、編輯人選等都發生困難，章太炎的位置也不好安排，因此，遲遲不能獲得進展。1909年夏，革命黨人得到了「香港某君」的資助，決定以巴黎《新世紀》雜誌社爲掩護，仍在日本秘密印刷發行，黃興等「共舉」汪精衛爲總編輯人。這樣，有關困難逐一解決，停頓近一年的《民報》有

了續刊希望。但是，同盟會的內部矛盾當時正在進一步加深，此事遭到了陶成章等的強烈反對。

1907年春，孫中山離日南下，準備在中國南方邊境發動起義，因缺乏經費，曾接受過日本政府的贈款。陶成章、章太炎等不明眞相，在部分日本浪人的挑唆下，發動第一次「倒孫風潮」，要求罷免孫中山的同盟會總理職務。由於黃興、劉揆一等人的抵制，這一風潮逐漸平息。1909年春，陶成章因在南洋籌款收效不大，和孫中山及同盟會南洋支部矛盾日深，醞釀發動第二次「倒孫風潮」。同年秋，他在陳威濤支持下③，聯絡李燮和等起草《孫文罪狀》，大肆攻擊孫中山有「殘賊同志」、「蒙蔽同志」、「敗壞全體名譽」等罪行三種十二項。陶成章的目的仍然是罷免孫中山的同盟會總理職務，爭奪同盟會的領導，包括《民報》的編輯、出版權。《罪狀》指責孫中山爲了個人目的，企圖扼殺《民報》。它說：「《民報》名譽，爲南洋各埠所頂禮，孫文之出名，亦即由此而來。今彼名既成立，復有《中興報》之鼓吹，但《中興報》不得目爲南洋全體之機關，實係彼一人之機關而已。然使東京而有《民報》在也，是則加於《中興報》及《中國日報》之上，南洋華僑人心，勢必有所分馳，不得便其私圖。故於去歲陶君《民報》收單寄交之後，彼即托言籌款困難，並不發布，至《中興報》之股，集款至於再而至於三，極言本報大有關係，我同志不可不出力協助、維持等之言。此去歲秋多二季時之事也。」④《罪狀》又說：孫中山不僅要使得東京沒有《民報》，而且要使得南洋各埠除《中國日報》及《中興日報》之外，不再有中國的其他報章。「何則？中國各報均零星載有內地革命之事，使華僑見之，知我革黨非僅彼一人專有矣。」⑤《罪狀》以此作爲孫中山「蒙蔽同志」的第一大罪。它附列善後辦法九條，其第四條爲：「再開《民報》機關，通信各埠，以繫海內之望。」第五條爲：「兼於《民報》社內，附設旬報，凡《中興報》之所至

，亦蹤尋之而往，以爲擴張勢力之舉，且以限止孫文謊騙之伎倆也。」⑥這裏，陶成章、李燮和把續刊《民報》的目的說得很清楚，除了所謂「繫海內之望」外，一是爲了和《中興報》分庭抗禮，一是爲了攻擊孫中山，「限止孫文謊騙之伎倆」。

《中興報》初名《中興日報》，1907年8月20日創刊於新加坡，第一任主編爲田桐，是同盟會南洋支部的機關報。它創刊之後，繼承前期《民報》的方針，和保皇黨的《南洋總匯新報》展開了激烈論戰。原《民報》主力胡漢民、汪精衛及革命黨人林文、居正等先後抵新，參加辯論。和章太炎主持的後期《民報》比起來，它顯得潑辣、銳利得多。其間，孫中山曾以南洋小學生爲筆名，發表《論懼革命召瓜分者乃不識時務者也》等三篇文章，批駁保皇黨謬論。1908年9月，陶成章也曾發表《規保皇黨之欲爲聖人英雄者》等四篇文章。章太炎的著作《新方言》、陶成章的著作《中國民族權力消長史》，《中興日報》均曾發表啓白，積極鼓吹。因此，它既不是孫中山一派的派報，更不是孫中山一人的私報。陶成章等攻擊《中興報》，目的在另樹一幟。後來，南洋華僑曾駁斥道：「夫《中興報》爲有限公司，全是華僑資本，雖爲開通民智起見，仍含營業性質，吾同人亦有附股者，何硬指爲孫君所辦？試問《中興報》之宗旨，果爲何等？自負革命功首，而必蹤其跡而破敗之？」⑦這後一個問題提得是好的。革命的刊物之間本應互相配合，彼此支持，爲什麼要「蹤其跡而破敗之」呢？

1909年8月下旬，陶成章帶著《孫文罪狀》趕赴東京，要求同盟會總部開會討論。不久，汪精衛也到達東京。陶成章敏銳地感到，汪精衛此行的目的是爲了續刊《民報》。他致書李燮和等說：「精衛此次之來，一爲辯護孫中山，二則因南洋反對日多，欲再來東京竊此總會及《民報》之名，以牢籠南洋。蓋東京總會無人過問，故彼欲圖此以濟其私。」他聲明，《民報》的編輯權

「不由眾議而自竊取者，無論何人」，「決不承認」⑧。繼而表示，《民報》專爲孫中山一人「虛張聲勢」，非先革除孫中山的同盟會總理職務不能辦報⑨。這樣，陶成章爭奪《民報》，另樹一幟的企圖就清楚地表現了出來。陶成章的要求遭到了黃興的堅決拒絕。在此期間，《民報》續刊的籌備工作開始，事爲支持陶成章的章太炎得知，立即起草《僞〈民報〉檢舉狀》，對孫中山進行了駭人聽聞的攻擊。由於它以「原《民報》社長章炳麟白」的名義並以傳單形式散發，因而，迅速引起各方面的注意。

二、章太炎的《僞〈民報〉檢舉狀》

《僞〈民報〉檢舉狀》是章太炎盛怒狀況下的產物。它反映了陶成章對章太炎的影響，也反映了章太炎長期積鬱的對孫中山的不滿，還反映了章太炎思想性格中的弱點：主觀、武斷、感情用事。

㈠指責續刊《民報》爲僞。章太炎說：「《民報》於去年陽曆十月，出至二十四期，即被日本政府封禁。時鄙人實爲社長，躬自對簿。延至今日，突有僞《民報》出現，主之者爲汪兆銘，即汪精衛，假托恢復之名，陰行欺詐之實。」⑩汪精衛是前期《民報》的主要撰稿人，爲什麼他主編的《民報》就是「僞」呢？章太炎的理由是：《民報》被封禁時，自己是社長，曾在法庭上代表《民報》和日本政府打官司。

㈡指責汪精衛、胡漢民「標榜」孫中山。章太炎說：「（鄙人）出獄之後，主任《民報》，幾及三年，未有一語專爲孫文者也。惟汪精衛、胡漢民之徒，眼孔如豆，甘爲孫文腹心，詞鋒所及，多涉標榜。」《民報》前期，汪精衛、胡漢民曾在他們的文章中，闡述了孫中山的民族、民權、民生三大主義，章太炎對此看不慣。他以「主任《民報》」三年，「未有一語專爲孫文」自誇，正說明他和孫中山的思想之間有某些扞格難合之處。

　　㈢指責孫中山不接濟《民報》的經濟困難，「背本忘初，見危不振」。章太炎說：《民報》經費多次支絀。第一次在1908年春天，由於萍、醴起義後，《民報》不能輸入內地，銷數減半，因此不僅付不出印刷費和房租，而且《民報》社連伙食都開不出，人跡杳無。其間，章太炎曾致書南洋，要求孫中山接濟，或派胡漢民、汪精衛東渡，但「或無復音，或言南洋疲極，空無一錢，有時亦以虛語鞿縻，謂當挾五、六千金來東相助，至期則又飾以他語，先後所寄，只銀圓三百而已」。第二次在1908年秋，章太炎印製股票數百份，托陶成章帶到南洋募捐，但孫中山「坐視困窮，抑留不發」。第三次在《民報》被封後，準備遷地出版，同時，訴訟失敗，日本政府判令交納罰金一百五十元，章太炎交納不出，親身跑到警察署，準備坐牢，以苦役代罰金，幸得友人資助告免。章太炎憤憤地說：「夫身當其事者，親受詬辱則如此；從旁相助者，竭蹶營謀則如彼；而身擁厚資、豢養妻妾之孫文，忝爲盟長，未有半銖之助，不自服罪，又敢詆毀他人，此眞豺虎所不食，有北所不受。」《民報》經費困難是事實，章太炎辛苦支撐《民報》也是事實，但說孫中山「身擁厚資，豢養妻妾」則是主觀臆想。

　　㈣指責孫中山「乾沒」巨款，借革命以營私。章太炎說：「孫文本一少年無賴，徒以惠州發難，事在最初，故志士樂與援引。……四五年中，名譽轉大，一二奮激之士，過自謙挹，獎成威柄，推爲盟長，同志又作《民報》以表意見……而孫文小器易盈，遂借此自爲封殖。在東京則言南洋有黨羽十萬，在南洋則言學生全部皆受指揮，內地豪傑，悉聽任使。恃《民報》鼓吹之文，借同志擁戴之意，乘時自利，聚歛萬端。」章太炎提出的主要事實有兩項。一爲1907年春，孫中山接收日本政府贈款事，章太炎斥之爲「密受外賄」。一爲欽州、廉州、鎭南關、河口等地軍費開支事。據章太炎統計，1907年孫中山南行，四處籌款，不下三

四十萬，但開銷只有四萬不到。他說：「鎮南關、河口之役，軍
械至少，欽、廉亦未有大宗軍火，先後所購之銃，僅二百餘支，
此外則機關銃四門，更無餘器（此皆黃興口說）。計其價值不盈
三萬，所餘款項，竟在何處？若云已悉散之會黨，由今核實，則
關仁甫之攻河口也，所領薪水，但及三千，許雪秋亦得三千，梁
秀春二千而已。先後所散，略及萬金。是則其說亦僞。夫孫文懷
挾巨資，而用之公款者，十不及一。《民報》所求補助，無過三
四千金，亦竟不爲籌畫，其乾沒可知已。」在所有指責裏，這一
條最有損於孫中山的形象，因而也最使孫中山感到惱火和委屈。
在《致吳稚暉函》中，他曾自述因投身革命而使家庭破產的事實
：「兩年前家兄在檀已報窮破產，其原因皆以資助革命運動之用
，浮錢已盡，則以恒產作抵，借貸到期無償，爲債主拍賣其業。
今遷居香港，寄人籬下，以耕種爲活，而近因租價未完，又將爲
地主所逐。」並說：「自我一人於此兩年之內，除住食旅費之外
，幾無一錢之花費，此同事之人所共知共見也。而此期之內，我
名下之錢撥於公用者一萬四千元，家人私蓄及首飾之撥入公用者
，亦千數百元。此我『攫利』之實跡，固可昭示於天下也。」⑪

　　㈤指責孫中山賣國賣友。章太炎說：「雲南本中國之地，而
欲贈送法人。」又說：「試觀黃興，非與孫文死生共濟者耶？而
以爭權懷恨，外好內猜；精衛演說，至以楊秀清相擬。關仁甫，
非爲孫文效死建功者耶？而以事敗逋逃，乃至密告英吏，誣以大
盜。其背本無恩如此。」這一條指責很厲害，但由於過份無稽，
因而人們並不大相信。

　　㈥勸阻華僑爲續刊《民報》捐款。章太炎說：「今告諸君，
今之《民報》，非即昔之《民報》。昔之《民報》，爲革命黨所
集成；今之《民報》，爲孫文、汪精衛所私有。豈欲伸明大義，
振起頑聾，實以掩從前之詐僞，便數子之私圖。諸君若爲孫氏一
家計，助以餘資，增其富厚可也；若爲中國計者，何苦擲勞力之

圖十六　保皇派報紙所登章太炎攻擊孫中山的傳單

（採自新加坡大學圖書館）

餘財，以盈饕餮窮奇之欲！」這一條是釜底抽薪，目的在斷絕續刊《民報》的經費來源。

透過凹凸鏡看世界，一切都改變了樣子。在章太炎的筆下，孫中山這個偉大的革命家成了貪財黷貨的江湖騙子，他的行為一無可取。章太炎說：「綜觀孫文所為，豈欲為民請命，伸大義於天下，但擾亂耳！」章太炎的這份《檢舉狀》先在東京《日華新報》上發表。11月6日，保皇黨在新加坡的機關報《南洋總匯新報》全文刊出，改題為《章炳麟宣布孫汶罪狀書》。同月11日、27日、29日，又分三天刊出了李燮和等的《孫文罪狀》。編者以無限輕蔑的口吻在跋語中說：「記者之意，不過欲使華僑知革命之內容，如是如是，則已入迷途者宜急早回頭，將入而未入者更宜視之若浼。大之為國家培無限之正氣，小之為華僑惜有限之錢財，如是焉而已。」⑫整個辛亥革命時期，保皇黨一直利用這兩份「罪狀」作為進攻革命黨人的炮彈。1913年二次革命失敗，袁世凱編印反動小冊子《國賊孫文》，也從中擷取了不少材料。

《檢舉狀》的作者是在革命黨中素負重望的章太炎，它攻擊的對象孫中山則是當時中國革命黨人的旗幟。因此，《檢舉狀》的散發和流布對革命黨人的威信是個巨大的打擊，也給同盟會的募捐活動製造了巨大困難。最初，黃興持克制態度，僅在《民報》第26號刊登告白，說明章太炎「好聽讒言」，「不計是非」，「不問情偽」，並不準備展開辯論⑬。但是，被《檢舉狀》所激怒，東京部分革命黨人已經平靜不下來了，他們決定拿出殺手鐧來回擊。

三、劉師培《致黃興書》的公布

1907年夏曆八月，章太炎因和孫中山矛盾日深，對同盟會也日益不滿，準備去印度做和尚，但缺乏路費，曾通過劉師培之妻何震與長崎領事、張之洞的女婿卜綬昌聯繫，企圖向張之洞謀款

，沒有接上關係。後又通過何震、劉師培與端方聯繫，企圖從端方手中取得路費。1907年多，何、劉二人先後返國，暗中向端方自首，章太炎爲謀款事，曾給二人寫過若干封信。次年春，劉、何二人返回日本後，與章太炎之間的關係破裂。章太炎曾在《日華新報》上揭露過何震。作爲報復，劉、何擬延聘律師起訴，後又擬將章太炎的有關信件匯印公布，但都沒有實行，僅去《民報》社將章太炎「痛毆」了一頓。同年多，劉、何二人返國。到上海後，爲了在革命黨人中挑撥離間，劉師培即給黃興寫信，揭露章太炎要他們向張之洞、端方謀款的經過。信中說：

> 彼於去秋（指1907年秋——筆者）之後，與僕同居，僕因平日所學，與彼相同，言奇析疑，遂成莫逆。然太炎當此之時，已無心於革命，欲往印度爲僧；又以無款之故，欲向官場運動。乃作函於張之洞，辭多猥鄙，乃其稿藏於書中，猝爲僕見。彼亦不復自諱，宣言士各有志，同盟會不足與有爲，而研習佛教，亦當今急務。且與僕相商，言今長崎領事卞綍昌，爲張之婿，於何震爲戚屬，可將致張之函稿（此爲第二函）托卞轉致，向張索款三萬，以二萬助彼旅費，以一萬歸僕，爲印書之資。時震適以事返國，並爲彼向餘杭家索款（得洋八百元），道經長崎，登岸訪卞。適卞已於前數日卸職，乘輪返國，此事遂成畫餅。然太炎心仍未已，復作函於震，使之向金陵劉姓索款，並向卞綍昌及池州楊仁山謀，使以此事干江督端方，復令僕返滬，共商此事。然僕等均知此事不易成，至滬以後，乃告以三萬元之款，必不可得，即成亦不過按月支款，冀寢其謀。而彼仍作函相促，並於《民報》登告白，言近罹腦疾，不克用心，並將此報寄至滬上，囑僕等由卞、楊轉示官場，僕等一笑置之。此報旋贈高某⑭。

信中所言章太炎情況，證以其他資料，大體屬實。所言自身態度

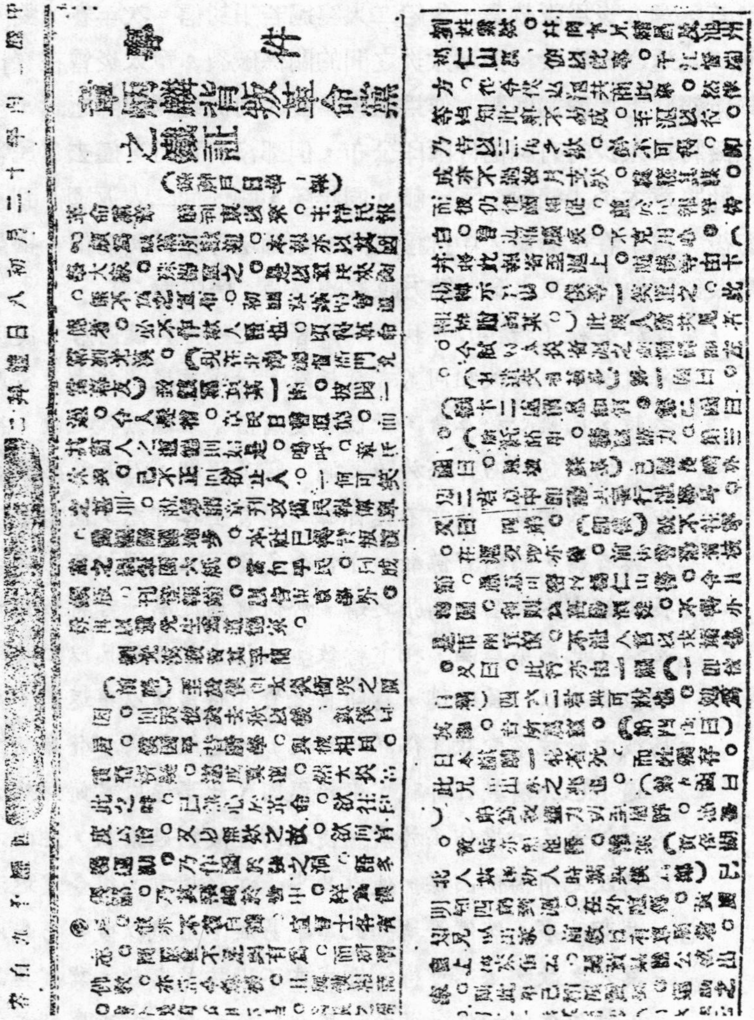

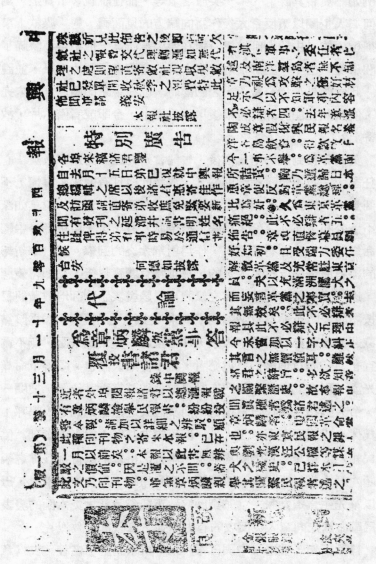

圖十七　同盟會攻擊章太炎「背叛革命黨」的文章
（採自新加坡大學圖書館）

，例如「冀寢其謀」、「一笑置之」等，都在說謊。事實上，劉
、何二人企圖以策反章太炎作爲向端方的見面禮，對「謀款」事
是很積極的。由於劉師培這時還在僞裝革命黨，他不得不隱瞞了
有關事實。信中，劉師培附寄章太炎的有關書信照片六紙，並說
：「此六函外，尚有數函，因回國時，已在東京印照片，尚未完
成，俟該照相館將此片寄滬後，再爲寄上，今印成者僅六片，故
先寄上。」

　　黃興等接到劉師培此信後，曾開會研究過，認爲章太炎「心
神狂亂，宗旨不定，稍涅即淄」，決議此後凡有關秘密事情，不
與商量，同時，爲了給章太炎的回頭留有餘地，決定「諱莫如深
，不予公布」⑮。《僞〈民報〉檢舉狀》發布後，東京部分中國
革命黨人決定公布有關資料，作爲對章太炎的回擊。《日華新報
》的編者原來是支持章太炎的，在獲睹有關資料後，立即轉變態
度，以《章炳麟背叛革命黨之鐵證》爲題發表了劉師培致黃興書
。按語說：「革命黨章炳麟到東以來，主持《民報》，頗爲該黨
所歡迎。本報亦以其國學大家，殊器重之，是章氏來函，無不爲
之宣布。初謂章炳麟倡言道德者，必不作欺人語也。頃得革命黨
劉光漢（現在北洋總督衙門充當幕友）致該黨黃某一函，披閱一
過，令人髮指。章氏日言道德，而其個人之道德則如是！嗚呼！
章氏休矣！己不正而欲正人，一何可笑之甚耶！說者謂章刊『僞
《民報》』傳單，爲圖歸國地步。本社已得章炳麟背叛該黨之親
筆函六紙，當付手民，刊成銅版，刊登報端，以告東京學界，毋
再以章先生爲道德家。」⑯劉師培致黃興書及章太炎六函的發表
成爲革命黨人向章太炎反攻的有力炮彈，筆戰日益激烈。

　　11月下旬，香港《中國日報》以「東京訪函」名義發表《章
炳麟與劉光漢之關係歷史》一文，詳細地敍述了二人之間的離合
關係。該文進一步宣稱：「章近致書直督幕中劉光漢，重申前約
，願和好如初，目前劉已派委員到東京，與章交涉革黨事，謂端

午帥令其解散革黨，事成許以重利，現章已允盡力擔任云。」⑰
按此文的說法，章太炎和端方的關係就不只是爲了取得做和尙的
路費，而是發展爲因「重利」而出賣革命了。同日，《中國日報
》又發表《爲章炳麟叛黨事答復投書諸君》一文，宣布章炳麟已
經「叛黨」，成了「滿洲鷹犬」，是「中國革命黨之罪人，《民
報》之罪人」。該文說：「夫《民報》社長一職，乃由革黨本部
委任，豈章可據爲子孫萬世之事業乎？端方之賞金黃光耀目，章
或可犧牲同志之生命以圖之耳，若《民報》原有之名字，則不容
漢奸輩盜竊之也。」⑱這樣，革命黨人就找到了排除章太炎於《
民報》之外的充足理由。

　　此後，同盟會系統的報紙在反擊章太炎時，大都採用《中國
日報》的調子，指斥章太炎爲端方偵探，有的並提出章太炎和清
陸軍部尙書鐵良也有曖昧關係。這些反擊，抵銷了章太炎散發《
檢舉狀》所造成的影響，但是，卻中了劉師培的反間計，擴大了
同盟會內部的裂痕，也給章太炎加上了誣妄不實之詞。章太炎和
鐵良的關係，完全出於劉師培一流內奸的捏造⑲；他和端方的關
係，也僅止於謀款。「偵探」云云，均屬子虛。

四、全盤否定章太炎的《民報》編輯工作

　　在胡漢民、汪精衞、朱執信等離日後，《民報》在大部分時
間內由章太炎主持。《中國日報》等除在政治上指責章太炎「叛
黨」外，也對章太炎的《民報》編輯工作進行了指責。這些指責
，反映了《檢舉狀》公布後孫中山一派人的憤激情緒，也反映了
他們對章太炎長期積鬱的不滿。

　　㈠指責章太炎不參加對《新民叢報》的論戰。《中國日報》
說：「章與梁啓超同辦《時務報》以來，與保皇黨之關係未嘗斷
絕，《新民叢報》之《儒術眞論》即章手筆。當《民報》與《新
民叢報》筆戰之時，戰鬥皆精衞、漢民、懸解（朱執信）、寄生

（汪東）諸君任之，章以與梁啓超交厚故，未有一文之助力。」⑳在革命派中，章太炎是最早批判梁啓超和康有為的人，但是在《民報》和《新民叢報》論戰時，章太炎確實不大積極，他覺得胡漢民、汪精衛的文章「辭近詬誶」㉑，當梁啓超通過徐佛蘇出面建議停止辯駁的時候，章太炎主張「許其調和」㉒。

　　㈡指責章太炎提倡佛學，背離孫中山的「三大主義」和《民報》的「六大主義」。《中國日報》說：「章炳麟以其一知半解、乾燥無味之佛學論，占據《民報》全冊之大部，一若以《民報》為其私有佛學之機關報也者。……由是各地閱者以《民報》主張佛學甚於本來之六大主義，多辭退不閱。」《公益報》也說：「足下弗悟，甫執文權、即叛《民報》本來宗旨之大主義……所主張闡發民族、民權、民生之大問題者，足下偏摭拾一二佛經，為佛氏傳教。」㉓章太炎在主持《民報》期間，發表過不少推崇佛學的文章。在這些文章中，既表現了章太炎改造佛學，尋求一種新的世界觀，使之為民主革命服務的積極企圖，也表現了他所承受的佛學唯心主義和虛無主義的消極影響。而從根本上說，佛學是精神鴉片煙，它雖有某些精華，但卻包裹在艱深煩瑣的教義中。它不能也不應該成為革命黨人的精神武器。章太炎撇開盧梭《民約論》等一類西方民主主義文化，也撇開業已為革命黨人所接受的孫中山三大主義，在《民報》上大肆推崇佛學，這就走上了一條錯誤的道路，也脫離了革命黨人和廣大群眾。當時，四川革命黨人鐵錚就曾指出，佛學是「迂緩之學」，「上智之士猶窮年累月而不得，而況欲使普通之一般國民皆能明之以振起其氣概！」㉔日人夢庵也針對章太炎的《大乘佛教緣起說》指出：「此《緣起說》足以濟度惡劣政府乎？足以建設共和乎？佛教之平和思想，死於千載之上，曷得抱亡骸為維持新世界、新真正之平和之具？」「《民報》之作此佛報者，抑出於何意乎？《民報》宜作民聲，不宜作佛聲也。」㉕應該承認，這些意見有一定道理。

但章太炎性格執拗，對於佛學的嗜好也太深，先後發表《答鐵錚》、《答夢庵》二文，繼續堅持必須大力宣揚佛學，這就使革命黨人很失望。應該說，孫中山等之所以熱情扶助《中興報》，而對《民報》態度消極，這是一條重要原因；續刊《民報》時之所以排除章太炎，這也是一條重要原因。關於後者，《公益報》曾明白宣示：「顧同人之光復《民報》，志在發揮公理，非求洩發私怨也；志在宣揚民意，非求傳播佛聲也。故《民報》光復，不能使足下與聞，亦不欲以狂妄之夫再尸要地，以礙同志團體之進行也。」㉖

㈢指責章太炎提倡無神論，攻擊基督教。《中國日報》說：「基督教素重人權自由主義，故內外同胞之主張民族、民權、民生三大主義者，以基督教徒爲多，乃章炳麟創爲無神論，以排斥耶穌之道，以致內外同志多疑《民報》爲排斥耶穌之機關報，搖惑人心，莫此爲甚。」㉗革命派這裏所說的基督教，指的是16世紀歐洲宗教改革運動中產生的「新教」。在當時，它代表新興資產階級的利益；在近代，它成爲西方資本主義對內鞏固統治和對外侵略的工具。章太炎批判基督教，主要目的在於反對帝國主義對中國的文化侵略。《中國日報》注意了團結基督教徒投入民主革命，但是卻看不到章太炎批判基督教的積極意義，也看不到章太炎提倡無神論的積極意義（雖然章太炎的無神論並不徹底），這在理論上是短視淺見的。

㈣指責章太炎批判《新世紀》，傷害同志感情。《中國日報》說：「法國《新世紀》與《民報》同屬革命黨之機關報，原應同心戮力，以謀國事，乃章炳麟以個人私怨，竟借《民報》爲攻城之具，日向《新世紀》宣戰，第24號有《規新世紀》之文，占全冊之半，傷害同志之感情，徒貽外人之笑柄。」㉘辛亥革命前中國宣傳無政府主義的雜誌有兩個：一爲東京的《天義報》，創辦人爲劉師培、何震；一爲巴黎的《新世紀》，創辦人爲吳稚暉

、李石曾、張靜江。兩個雜誌各有特點。前者和國粹主義糾結難分，帶有很大的封建性；後者則對國粹主義持批判態度，反對封建文化的色彩較濃。章太炎受過劉師培無政府主義的影響，但對《新世紀》則始終深惡痛絕；在和劉師培決裂之後，即以《新世紀》為靶子對無政府主義進行批判。他先後發表過《排滿平議》、《四惑論》、《駁中國用萬國新語說》、《規新世紀》等文。這些文章，並沒有抓住要害，但他公開宣布「無政府主義者，與中國情狀不相應」㉙，總反映了思想上一個方面的進步。

　　章太炎對《新世紀》的批判也有缺點。還在中國教育會時期，章太炎和吳稚暉之間就因事不和，章太炎到日本後，又聽人說吳稚暉在《蘇報》案中曾向清吏俞明震告密，因此，多次在《民報》上發表指責吳稚暉的公開信。這些指責，並沒有提出有力的證據，某些地方卻給人以罵大街的印象。其次，《新世紀》當時還是革命隊伍中的一翼，他們公開聲明：「種族革命黨與社會革命黨今日之作用同，而其主義不同，然此不同者，固無礙其同為革命黨也，無礙其協力以圖最近之革命也。」㉚因此，對《新世紀》可以批判，但必須掌握一定的火候，有所節制。在《台灣人與〈新世紀〉記者》一文中，章太炎說：「《新世紀》記者陽托名於無政府而陰羨西方琛麗」，「此曹無恥，復倍蓰於立憲黨人」，「猶檳榔嶼之少女，聚歌沙丘以求新牡，昨者方為甲者所掠，而有今日，復願為乙者、丙者所掠。」㉛這些地方，從內容到語言都顯得過火了。

　　㈤指責章太炎「挑動日人之惡感情」，導致「民報」停刊。《中國日報》說：「《民報》出版以來，日政府絕不干涉，乃章炳麟倡言恢復台灣、朝鮮之議，又鼓吹暗殺，以挑動日人之惡感情，遂致有停止發行之命令。使章當日立論如第12號以前，則《民報》至今猶存也。」㉜《公益報》也說：「所主張中日國民聯合者，足下明知社會黨為當時日本內閣所忌，乃必發揮社會主義

，攖其忌以種封禁之禍因。」③③日本政府禁止《民報》第24號發行的原因很複雜，既和清政府的多次交涉有關，也和日本內閣更遞、政策改變相連。西園寺內閣時代，採取一種「法蘭西寬大政策」，結社、言論、出版都相對自由，社會主義運動發展迅速。1908年７月，西園寺內閣被撤換，更替上台的桂太郎內閣對社會主義運動採取嚴厲鎮壓政策。《民報》雖因鼓吹暗殺的部分言論和日本社會黨人中的無政府主義派別——「直接行動」派相呼應，爲桂太郎內閣所忌，但是，把《民報》出版中斷的原因歸結爲章太炎的過激言論所致，仍然是簡單的、片面的。

章太炎的《民報》編輯工作有功績，也有嚴重的過失。《中國日報》等完全抹煞前者，而將後者誇大，把章太炎說成《民報》罪人，這是極不恰當的。在雙方都感情衝動而充滿敵意的時候，對於彼此的是非功過很難作出實事求是的評價。

此外，革命黨人在評論中還接觸到了章太炎的性格問題。《公益報》說：「足下復驕恣溢盈，竟成跋扈，托有神經病，爲魚肉儕輩，蠻氣一發，動肆用武，致與無賴伍。年來若張繼、黃興二君，皆於談次間，足下無頭無腦即以老拳相向。自余東京同志，無故受足下之野蠻意氣者，大不乏人。」③④以學識淵博長於弄文的書生，卻經常「無頭無腦」對同志「以老拳相向」，《公益報》的指責似乎和人們印象中的章太炎不類，但這是有旁證的。1912年，有人回憶說：「迨後清廷肆虐，委託日本政府停止《民報》出版，於是太炎擱筆，飯碗爲碎。當時克強先生擬運動日廷取消停止出版，卒以經費匱乏，亦罔效。太炎則貧如乞兒，夜不得食，乃日迫克強先生，一言不合，輒以盥器搖擊，克強先生額爲之破，卒含笑謝之。」③⑤一方是盛怒而以臉盆「搖擊」，一方是「額爲之破」而「含笑」道歉，兩人的性格鮮明如見。

章太炎的這種性格特點使他很難與別人共事。《公益報》說：「同志寬洪包容，均付之一笑……然因是而冷同志之心，何止

千百。昔日東京同志，皆節提所費，踴躍資助《民報》者，感情既淡，而《民報》經濟界之情形，亦受其影響。」㊱這裏說章太炎的粗暴舉動冷了「千百」同志之心，固有誇大，但是，它對革命黨人之間的團結不利則是顯然的。

歷史是通過人的活動體現的，創造歷史的是具有各色各樣鮮明性格的人們，因此，對歷史發生作用的就不僅有經濟、政治、思想諸因素，有時，也有個人性格的原因，雖然，它並不起決定作用。

五、同盟會系統各報對《檢舉狀》的辯駁

《偽〈民報〉檢舉狀》大多是不實無根之詞，爲了廓清影響，說明眞相，同盟會系統的各報不得不逐條地進行辯駁。

㈠關於續刊《民報》的眞偽問題。革命黨人指出：《民報》爲革命黨人所創立，並非個人私產；當《民報》肇始時，章太炎還在獄中；要判斷續刊《民報》的眞偽，關鍵要看它的主持者是否革命黨人，宗旨有無改變，而不在於章太炎是否出任社長。《中興報》說：「若謂章爲社長則眞，非章爲社長則偽，是則章爲《民報》之商標矣！」㊲《公益報》表示：章太炎主持編輯的《民報》如果還存在，依舊「發私怨，砌佛言」的話，那末，稱爲「眞佛報」、「偽《民報》」也是可以的；相反，續刊《民報》如能「於民族、民權、民生三大主義奉申宣揚，以餉我同胞」，那末，即使主持者不是汪精衛，也是眞《民報》㊳。黃興則特別說明了章太炎「當眾辭職」的經過，並敍述了汪精衛和《民報》的關係：「自第一期以來，至第十三期，每期皆有汪君之文字，久爲讀者所同知。自第十四期以後，汪君因事不能兼任撰述。今被舉爲總編輯人，當必有以副讀者諸君之望也。」㊴革命黨人的這些言論，比較有力地闡述了續刊《民報》的合法性，駁斥了所謂「偽《民報》」的說法。

　　㈡關於汪精衛、胡漢民「標榜」孫中山問題。由於章太炎在《檢舉狀》中說過：「辛丑、壬寅之間，孫文寄寓橫濱，漂泊無聊，始與握手而加之獎勵者，即鄙人與長沙秦力山耳。」因此，革命黨人便以子之矛攻子之盾。《中興報》反問章太炎道：你這也不是「眼光如豆」，「願與孫君爲腹心」嗎？爲什麼要嘲笑汪、胡二人呢？該報聲明：「中國之革命，孫君爲首發難，歷盡艱險，其才識學問，及辦事資格，同志中未有能出孫君之右者，故爲同志推戴，舉爲盟長，而革命事業之發達，未始非孫君抱持之堅，毅力之長，有以致之也。」⑩這一段話，正確地評價了孫中山在辛亥革命準備時期的作用，說明了革命黨人對孫中山的「推戴」並非出於盲目。

　　㈢關於孫中山不接濟《民報》經費困難問題。革命黨人主要強調軍情緊急，經費同樣困難，首先要滿足軍事上的需要。《公益報》答復章太炎說：「河口、鎮南關、欽廉之役相繼迭興，軍隊中人，匪遑離局，足下乃於此匆遽時間，假《民報》待需之名，爲書乞援，求以三、四千金相濟。自足下視之，或以爲平情，然當夫軍書旁午之間，餉需浩繁之際，撐持未暇，焉能兼顧其他！」⑪《中興報》則表示：近年革命黨人創辦的報館日漸增多，含辛茹苦、任怨任勞，如章太炎所說「朝治文章，暮營經費」的編輯人並不在少數，解決報館的經濟困難，要靠主任的運動，如果大家都向孫中山要求接濟，那末，「吾恐孫君雖有點金之術，亦不能供給各報之要求」⑫。

　　同盟會創立初期，所需要支持的只有一個《民報》，經費上自然不感到十分拮据。1907年孫中山南行，在廣東、廣西、雲南邊境連續發動多次起義，開支突然浩大起來。鎮南關起義期間，孫中山曾向法國一銀行家洽談，由該行在法國代募軍債。欽、廉、上思起義期間，清軍黎天才部曾準備歸順革命軍，但孫中山卻付不出獎賞的花紅。這以後，由於張永福、陳楚楠等幾個富有的

華僑同盟會員瀕臨破產，孫中山更經常爲經費不足所窘。1908年11月20日，他在致鄧澤如等函中說：「時局可爲，惜財力不足赴之於目前，想同人等亦爲扼腕而嘆。」⑷不僅《中興報》經常有停刊危險，孫中山自己也有「絕糧」之憂⑷。因此，革命黨人所作的辯解是事實。但是，他們忽略了雙方思想分歧所起的作用。孫中山曾經稱贊《中興報》「文章議論，頗愜人心」⑷，如果《民報》辦得符合孫中山的理想，顯然，他在解決其經濟困難上是會積極得多的。

㈣關於孫中山乾沒巨款，借革命以營私問題。革命黨人主要採取反質法，要求章太炎交代出情況來源和具體數字、存貯地點。《公益報》說：「足下又言孫氏丁未南行，集資三四十萬。試問某埠得收若干，某人捐助若干，足下能述其故否耶？」「所謂身擁厚資者，此金錢究存貯於何處？足下又能述其故否？」⑷這些問題，章太炎當然答不出。革命黨人就此進一步指出：章太炎並非同盟會「實行部」人員，不了解軍事進行和組織的實際情況。《公益報》說：「足下且未知軍事組織之實情，從何知軍事組織之眞狀，不意足下欲欺飾人心，遂敢妄談軍事也。」⑷革命黨人的這些辯解由於對經費收支缺乏必要的說明，因此說服力並不大。只有當南洋革命黨人具體調查了孫家因革命而破產的狀況後，章太炎的指責才得到了有力的駁斥和澄清。

㈤關於孫中山賣國賣友問題。《公益報》指出：「若云以雲南贈送法人，則尤令人竊笑。無論孫氏無此事，亦無此權。」該報問道：河口起義失敗後，大批義軍戰士被解送出境，不少「破棄身家事業」資助起義的華僑同盟會員被勒令出境，如果孫中山和法國人之間有什麼「私盟」的話，怎麼會出現這種狀況⑷？黃興發表聲明，指責章太炎挑撥他和孫中山之間的關係是「造孽」⑷；《中興報》主編何德如則撰文說明：關仁甫在河口起義後到達新加坡，曾在《中興報》居住數月，在返回香港時，同盟會員

紛紛資助；關仁甫感念同志情誼，曾到何德如寓所辭行。章太炎所說孫中山密告英吏，誣指關仁甫爲大盜一事大謬特謬，完全是「以耳代目」，把流言當作事實的結果㊿。革命黨人指出：立言貴在「有據」，章太炎如果繼任《民報》編輯人，「遇事不察，言出不擇，貿貿然而宣之於報紙」[51]，必然要損害《民報》的信譽。革命黨人的這些批評，接觸到了章太炎性格和思想方法上的弱點。

在逐條辯駁之外，革命黨人也對章太炎不顧全大局、不考慮影響的錯誤做法進行了批評。他們指出：中國革命距成功之日尙遠，「此正吾人臥薪嘗膽、枕戈待旦之時」，「稍知自愛而能爲大局計者，必不出此」[52]。革命黨人的上述辯駁和批評所持的是擺事實、講道理的態度，這就發揮了澄清視聽，維護同盟會和孫中山威信的有益作用。

在續刊《民報》所引起的爭論中，章太炎輕率地散發《僞〈民報〉檢舉狀》，促使矛盾尖銳化，應負主要責任。但是，它也反映了孫中山和同盟會領導工作中的缺點。

如果同盟會能有一種制度，使它的領導人之間能夠經常就重大的問題交流思想，統一看法，那末，分歧也許不至於愈來愈大

如果同盟會的經費收支能在高級領導人之間公開，那末，章太炎顯然不會懷疑孫中山「乾沒」巨款。

如果在《民報》經費困難時，同盟會領導人能給予更多一點的關懷和溫暖，那末，章太炎胸中就必然不會有那樣多的不滿和牢騷。

如果在續刊《民報》時不對章太炎完全封鎖消息，那末，他也許不至於突然爆發出那樣巨大的憤怒。

這些地方，說明了同盟會缺乏正確的組織原則，也缺乏統一思想、克服分歧的正確方針。

（原載《中華文史論叢》，1982年第 2 期）

【註　釋】

① 《同盟會的分裂與光復會的重建》，見本書第 119 頁。

② 《本報謹白》，《民報》第26號。

③ 陳威濤，原名陳依陶，曾任《中興日報》書記，因眼目糊塗，濫支公款，被《中興日報》登報革退。自此，即與陶成章結合，並改名「惡逸」，表示憎惡孫逸仙。有關情況，見德如：《嗚呼跳梁之小醜》，《中興報》，1910 年 1 月 3 日。

④ 《孫文罪狀》，《南洋總匯新報》，1909年11月11日，新加坡大學圖書館藏，下同。

⑤ 《孫文罪狀》，《南洋總匯新報》，1909年11月11日。

⑥ 《南洋總匯新報》刊登的《孫文罪狀》沒有「善後辦法」，此據1912年11月2日上海《神州日報》所登《孫文罪狀》補。

⑦ 庇勝華商同人：《復泗厘歪也再寄匿名謗書者》，《中興報》，1909年12月8日，新加坡大學圖書館藏，下同。

⑧ 《致若愚、桂中》，《陶成章信札》，湖南人民出版社1980年1月版，第 14-15 頁。

⑨ 《黃克強先生書翰墨跡》，台灣，1973年增訂版。

⑩ 《南洋總匯新報》，1909年11月6日。下引《檢舉狀》原文，出處均同此，不一一注明。

⑪ 《國父全書》，台北1963年3版，第 418-419 頁。

⑫ 《南洋總匯新報》，1909年11月6日。

⑬ 《民報》第26號告白。

⑭ 原載《日華新報》，轉引自《墨洲晨報》，1910年1月15日，新加坡大學圖書館藏。

⑮ 意公：《與章炳麟書》，原載香港《公益報》，此據《中興報》，1909年12月2日轉載該文引。

⑯ 《星洲晨報》，1910年1月18日。

⑰ 轉引自《中興報》，1909年11月30日。

⑱ 同前註。

⑲ 參見拙作：《章太炎與端方關係考析》，見本書第181頁。鐵良，章太炎發表於《民報》第21號的告白作錫良。

⑳ 《爲章炳麟叛黨事答復投書諸君》，轉引自《中興報》，1909年11月30日。下引《中國日報》文章，除注明者外，篇名、出處均同此，不一一注明。

㉑ 《太炎先生自定年譜》。

㉒ 《宋教仁日記》，1907年1月11日，湖南人民出版社版，第323頁。

㉓ 意公：《與章炳麟書》，轉引自《中興報》，1909年12月2日。

㉔ 《中國已亡之鐵案說》，《鵑聲》復刊第1號。

㉕ 《囈語》，《東亞月報》第2號。

㉖ 意公：《與章炳麟書》，轉引自《中興報》，1909年12月2日。

㉗ 《爲章炳麟叛黨事答復投書諸君》，轉引自《中興報》，1909年11月30日。

㉘ 同前註。

㉙ 《排滿平議》，《民報》第21號。

㉚ 眞：《與友人論種族革命黨及社會革命黨》，《新世紀》第8號。

㉛ 《民報》第22號。

㉜ 《爲章炳麟叛黨事答復投書諸君》。

㉝ 意公：《與章炳麟書》。

㉞ 同前註。

㉟ 快：《參看17號〈新紀元報〉》，北京《民主報》，1912年9月18日。

㊱ 同註㉝。

㊲ 德如：《責章炳麟與發匿名書者》，《中興報》，1909年12月6日。

㊳ 同註㉝。

㊴ 《本報謹白》，《民報》第26號。

㊵ 德如：《責章炳麟與發匿名書者》。

㊶ 意公：《與章炳麟書》。

㊷ 德如：《責章炳麟與發匿名書者》。

㊸ 《國父全書》，第 412 頁。

㊹ 《爲〈中興報〉集股等事致鄧澤如函》云：「現在本坡百務交迫，各同志皆陷於絕境，多有自顧不暇之勢，故弟處已絕糧矣。」見《國父全書》，第 415 頁。

㊺ 《國父全書》，第 413 頁。

㊻ 同註㉝。

㊼ 同註㉝。

㊽ 同註㉝。

㊾ 《本報告白》：《新世紀》第 116 號。

㊿ 《責章炳麟與發匿名書者》。

(51) 同前註。

(52) 同註㊿。

讀孫中山致紐約銀行家佚札

　　1911年武昌起義之後，上海《天鐸報》連載過一篇譯文，題
爲《眞革命始祖》，稱譽孫中山多年來苦心孤詣，領導中國革命
的功績。①該文原載美國《紐約泰晤士報》，說明係倫敦通訊員
來函。其中引錄了孫中山致紐約財團的兩封信，迄今爲止，各本
孫中山集均失收，現介紹如下，並略加考訂。

　　第一函的受信人是紐約某銀行的一位職員，孫中山在倫敦的
一家著名的俱樂部裏認識了他，企圖通過他向紐約資本家借款50
萬英鎊，作爲在中國發動起義的經費。二人原已約定了在紐約會
面商談的具體日期，因孫中山延遲行程失約。過了一段時候，孫
中山到達紐約，便發函致歉，重申前議。全文爲：

> 前在英京某俱樂部，與閣下訂期，在紐約會面，惜爲事延
> 阻，不克踐約，無任歉仄。所議借款興辦中國政治事業一
> 節，今有盤谷華商銀行一家、米廠三家、星加坡殷商數人
> ，及巫來由礦商三人，均允擔保。計以上各華商之產業，
> 共值美金二十兆，現在只需英金五十萬鎊，便敷接濟。一
> 經起事，即可占據兩富省，便當組織臨時政府，至時當可
> 向外國再借巨款，以竟全功。今請鼎力斡旋，運動資本家
> ，商借債款，以濟軍用。事如可圖，請示知辦法。資本家
> 需如何章程，方肯借款，當不難磋商也。企候復示。孫逸
> 仙上。

據《眞革命始祖》一文介紹，紐約各銀行讀到孫中山的上述信件
後，研究了中國革命的發展狀況，通過紐約某華人商店復函，要
求孫中山將信中所稱「願擔保借款」的南洋華商店號、姓名詳細

開列，以便調查。據稱：「一經查實，如所云不虛，五十萬鎊之款，不難湊集」，云云。當時，孫中山已因事離開紐約。兩個月後重返，讀到紐約財團的復函，便寫了第二封信，說明革命黨人的力量分布，同時附了一份通告世界各國的文件。該函全文爲：

啓復者：承問各件，今請詳復如下。首先請言海陸兩軍。中國近日所組織之新軍，查江南各省新兵，無論將校士卒，均爲吾黨同志。一經起義，揚子一帶，計有新軍四鎮，必投吾黨麾下。武昌、南京兩城，爲吾黨最得力之地，曾已商議停妥，一旦粵東各省起事，彼等必相率同時揭竿響應。至於京師所有之七鎮新軍，俱係袁世凱經手操練，自袁氏革職之後，此種新軍已漸漸消滅其忠愛清廷之心矣。吾黨雖未嘗與此項新兵聯絡，但彼等斷不允爲滿清政府犧牲其生命，此吾敢必也。此外東三省又有新軍一鎮，亦爲吾黨所統帶，一旦起事，彼必率其兵士，合攻北京。綜前而論，中國共有新軍十二鎮，入吾黨掌握者已有五鎮，餘七鎮均守中立。至若海軍，僅有巡洋艦四艘，其中最重者僅重九百噸，或一千噸而已。今與吾黨尚未連合，然而海軍將校水兵，多爲吾黨同志。

次請言各行省之志願。中國南部各省隨時皆願起事。試觀對於澳門劃界事件，南省之輿論可見一斑矣！且吾黨中人，多爲兩粵及湖南兵士，該三省之兵素以強勁稱於中國者也。

茲將吾黨布告天下各國之通告書述錄於下，以供青鑒焉。

以上二函均未注明年月，但據信中所述時事及孫中山的行蹤，可以較爲準確地考訂它的時間。

第二函提到的時事有兩件。一爲袁世凱被清政府革職，其時在1909年1月。一爲「澳門劃界事件」，其時在1909年下半年。澳門一向是我國領土，明朝嘉靖年間被葡萄牙殖民者強租，清朝

光緒年間又被強占。但葡萄牙殖民者仍不滿足，不斷擴張界址，向外蠶食，經常發生糾紛。從1909年7月15日起，至同年11月16日止，中葡雙方代表在香港舉行了九次「勘界」談判，均無結果。葡萄牙殖民者的惡劣態度引起了中國人民的憤怒，輿論嘩然。「在國內則有各種勘界維持會與界務委員會，國外則有華僑公會、商會，函電交馳，請清政府力爭失地，且責政府對於會議情形，秘而不宣，為禍國殃民之舉。」②孫中山從這一事件裏又一次看到了中國人民愛國熱情的高漲，要紐約財團的資本家們注意這一情況，函中稱：「中國南部各省隨時皆願起事。試觀對於澳門劃界事件，南省之輿論可見一斑矣！」可知此函必作於澳門劃界談判期間或失敗以後不久。

　　從1907年起，孫中山先後在中國南方組織了黃岡、七女湖、防城、鎮南關、欽廉上思、河口等六次起義，其經費主要依靠南洋華僑的支援，不時感到拮据。1908年冬光緒帝和西太后相繼死去，孫中山企圖乘機組織起義，更感到財力困難。次年春，他接到歐洲一位「名商」來函，決計西行籌款。4月20日，他致函緬甸僑商、同盟分會會長莊銀安等稱：「弟以刻下人心，機局皆有可圖，而吾人不能乘時而起者，只以財政難題無從解決，故每每坐失時機，殊堪痛惜！此方暫時既無法可設，弟不能不思圖遠舉，欲往運動於歐美之大資本家。」③6月下旬，孫中山抵達巴黎。8月7日，抵達倫敦。10月29日有一函致南洋同盟會員云：

　　　　在英京亦找得一路，惟現尚未有眉目，故未敢詳報。此路之條件甚屬便宜，利息亦照通常算法，並不要求特別之利權，惟須吾黨各埠同志出名擔保一事耳。英路之介紹人現往美國，弟到美時當與他再商，如得實音，當另行詳報。但關於出名擔保一節，弟已思得一法，想當可行，俟得實音，則並奉聞，以請大教。④

本函所述：「在英京找得一路」，「須吾黨各埠同志出名擔保」

，「英路之介紹人現往美國，弟到美時當與他再商」等，均與前引第一函相合。孫中山1909年由倫敦抵達紐約的時間是11月8日，由此可進一步確定，第一函當即作於此後的一段時期內。12月16日，孫中山離開紐約，赴波士頓宣傳革命和募捐，24日返回，第二函當即作於此時。《眞革命始祖》一文稱，此函爲兩月後孫中山返回紐約所復，這一點可能是該文作者搞錯了。

第二函附有一份《民國軍政府告各友邦書》，內稱：「我中華民族之與滿洲政府開戰，欲逃離胡虜毒軛，推翻無道之專制，組織共和政體以代之。今者爲益固各友道〔邦〕交誼，保世界和平，增人群幸福起見，特將宗旨明白宣布。」這顯然就是1906年集體制訂的同盟會的《對外宣言》，只是由於經過轉譯，文字上有所不同。將兩個文本對校，可以發現，原來所提的處理對外關係的七項條件已經有所變動。例如原第一條爲：

所有中國前此與各國締結之條約，皆繼續有效。

現第一條爲：

各國與滿政府今日以前所訂之約仍然有效，至期滿爲止。

除將「中國」改爲「滿政府」外，增加了「至期滿爲止」等幾個字。又如原第三條爲：

所有外人之既得權利，一體保護。

現第三條爲：

滿政府以前租與各國之租界，皆以禮相待。

原條件全部承認侵略者的「既得權利」，現條件則大爲縮小了。近代中國資產階級革命家由於既害怕帝國主義的干涉，又祈求其援助，不可能採取強硬的反帝立場。但是，孫中山畢竟是個偉大的愛國主義者，他力圖挽回失去的權利。兩個文本不同正說明了這一點。

1910年3月，孫中山曾在洛杉磯與美國人荷馬李、布思會談，企圖向紐約財團貸款350萬美元。此事的中介人是容閎。上述

貸款50萬英鎊的中介人是紐約某銀行的職員。看來，孫中山曾通過兩個渠道和紐約財團聯繫。後來，孫中山選擇了荷馬李、布思的渠道，前一個渠道就放棄了。《眞革命始祖》一文說：「該銀行自接孫氏之信後，孫氏未再向該銀行商議借款，或謂孫氏已在中國或美國籌足軍餉，或謂孫氏或有不測之事，蓋清政府懸賞英金一萬鎊捕拿孫氏也。」作者顯然不了解後來事情發展的狀況。

《眞革命始祖》一文還披露過孫中山的其他言論，反映了他振興中華的熱切願望，如：

> 孫氏又常對人自明其宗旨，謂一生目的，不外推翻滿洲篡位之民賊，使中國重發奇光，注重自由、平權、人道主義，擬組織軍政府，以爲先導。其言曰：中國者，中國人之中國也。應改爲共和國，選總統以自治，其人同享人道、幸福、平權、自由，不背社會主義。畜奴僕、吸鴉片等害，一一除去之，則不出三年，中國之氣象自煥然一新矣！

關於對外關係，該文說：

> 孫又言：革軍宗旨，不過欲光復中華，並無仇外之意，凡我友邦，萬勿誤會云。

不籠統地排外，這是正確的，但是，將侵略中國的列強一律視爲「友邦」，這又是他思想中軟弱和模糊的地方。

（原載《近代史研究》，1983年第3期）

【註　釋】

① 見該報1911年11月15日至23日。

② 黃培坤：《澳門界務爭持考》，稿本。

③ 《孫中山全集》第1卷，第411頁。

④ 《孫中山全集》第1卷，第424頁。

一九一一年的拒英、拒法、拒俄運動

　　1911年初，我國邊疆地區警報頻傳：1月3日，英國派兵侵占我國雲南西北邊境要地片馬；2月，英法合辦的隆興公司強索雲南七府礦產開採權，法國藉口保護鐵路而陳兵滇邊；同月，沙俄藉修訂《伊犁條約》及所屬《改訂陸路通商條約》之機，企圖攫取新疆、蒙古、張家口等地的自由貿易權、免稅權、土地所有權和在中國全境的治外法權。這些事件的接連發生，標誌著中國民族危機的進一步加深。於是，由立憲派和革命黨人分頭發動，掀起了一場以拒英、拒法、拒俄為主要內容的反帝國運動。它是轟轟烈烈的保路運動的前奏，在輿論、組織、武裝等方面為辛亥革命作了準備。

　　關於這一運動，日本學者小島淑男以留日學生與國民會為中心進行過多年研究，其成果已結集為專書。①但是國內迄今還沒有專著討論這一問題，有關辛亥革命史的著作對此也很少涉及。本文將從更廣闊的角度審視這一運動，並著重考察同盟會在其中的作用及其鬥爭策略。

一、雲南諮議局的「保界」呼籲與各地立憲派的響應

　　1911年的拒英、拒法、拒俄運動發端於雲南諮議局的呼籲。

　　1月28日，雲南諮議局致電全國報館：「英人派兵據我片馬，勢將北進，扼蜀、藏咽喉，窺長江流域，大局危甚。擬先文明對待，不賣英貨，請轉各商協力進行。」②同時，又上書雲貴總

督李經羲，要求他一面與政府協力爭議，一面在騰越、思茅等地編練重兵，以備不時之用。③2月7日，雲南紳商在諮議局開會，議決成立中國保界會。該會決定：第一，聯合全國各報館、各宣講所，分別著論演說，號召人民起而鬥爭；聯合各省志士仁人，上書外務部，請與英人嚴正交涉，並以此案發交海牙和平會裁判。第二，在買賣貨物、乘載輪船、雇作佣工等方面對英國進行限制，同時獎勵並補助自設工廠和輪船公司。宣言要求全國及海外華人在各自駐地普遍設立保界會，並特別聲明「我國現值積弱，只宜用文明之抵制，不可為野蠻之舉動。」④2月11日，商會集會，決定抵制英貨，以當月23日為「不賣英貨日期」，「過期如有再買賣英貨者，即公同議罰」⑤。

　　雲南諮議局的呼籲迅速得到各省諮議局的響應。貴州諮議局復電稱：「英據片馬，先以不賣英貨抵制，各界協議，表同情，並電政府力拒。」陝西諮議局復電稱：「非人自為兵，無以救亡」，建議以3月9日為期，聯絡各省諮議局，同時致電資政院，奏請就地開辦團練。⑥當時，俄國政府企圖借修訂《伊犁條約》擴大侵略權益的陰謀已經暴露，因此，各諮議局除通電拒英外，又大力呼籲拒俄。江寧諮議局議長張謇致電全國各諮議局，提議聯合各局議長，上書清政府，表示「俄舊約萬不可徇」⑦。3月11日，國會請願同志會發表長篇文章，指責「俄人之陰險狡詐」和清政府的「畏葸無能」⑧，要求各方人士聯電政府力爭。20日，福建諮議局在得到山西、江西等省諮議局的支持後，致電清政府軍機處，要求召開資政院臨時大會，以民氣為外交後盾。

　　在各省立憲派的鼓噪聲中，資政院在京議員聯名上書總裁溥倫，認為「修訂中俄商約一事，實關係西北大局」，要求溥倫根據院章，奏請召開臨時會議，但溥倫置之不答。⑨議員們赴溥倫住宅求見，溥倫又閉門不納。儘管如此，清政府仍然認為溥倫等壓制議員不力，於3月22日下令撤去溥倫、沈家本的資政院正副

總裁職務。其間,議員們不肯死心,再次上書,說明各省諮議局紛紛申請開會,不可置之不理。⑩書上後,清政府的內閣大員們連看也不想看,「溫諭阻拒」⑪。

　　新的民族危機也使海外的立憲派不能安坐,企圖借此發動第五次國會請願運動。2月下旬,在美國的中華帝國憲政會致電國內各團體,聲稱:「敵迫,國會遲必亡,速五請。」⑫但是,國內立憲派由於對清政府鎮壓四次國會請願運動的記憶猶新,不願再行自找沒趣,帝國憲政會的呼籲沒有引起任何反響。

　　當時,立憲派的興趣在於提前召開各省諮議局聯合會。按規定,該會會期應在夏曆六月(7月),現因召開資政院臨時會無望,遂由福建諮議局提前召開聯合會。5月12日,該會在北京開幕,到會的各省諮議局議長、議員及資政院議員共63人,以譚延闓為主席、湯化龍為審查長。會上,代表們普遍提議編練民兵,保衛邊疆,反映出立憲派對清政府的憤懣、絕望,以及憂患意識的加深和自保要求的增強。據該會整理的資料,在全部27個議題中,與編練民兵或救亡相關的議題即達14件。⑬討論中,代表們一致同意,編練民兵,主要用於對外,宗旨在於救亡;在定名上,代表們上書都察院,指出當今世界各國均採「國民皆兵」主義,要求各省、廳、州、縣會同自治團體,選擇土著而有職業者編練「備補兵」,「取民兵之意,而變通練軍之法」,同時,號召各省諮議局議員協同各團體,組織體育社,召選學生學習步兵操法,射擊教範等科目,以「提倡尚武精神,補助軍事教育」。⑭

　　聯合會開會期間,雲南籍資政院議員顧視高、張之霖提出片馬一案,湯化龍認為:「上奏亦無效,不如作為我輩攻擊政府之資料。」⑮此後,片馬問題即成為立憲派射向皇族內閣的有力子彈。6月13日,聯合會致電各省諮議局等稱:「片馬交涉,政府主延宕、退讓兩說,喪權誤國,請逕電內閣,力爭重勘。」⑯6月18日,雲南諮議局議長段宇清及資政院議員李增到京出席聯合

會。段稱：「仍懇諸公念片馬非雲南之片馬，乃全國之片馬，片馬失，則雲南失，雲南失，則中國不保。」⑰24日，聯合會通過由湖北省諮議局副議長張國溶起草的《通告全國人民書》，全面抨擊皇族內閣的內外政策。當時，清政府曾準備同意英國前駐騰越領事烈敦的要求「永遠租借片馬」對此，通告書評論說：「夫永遠租借實割讓土地之變名詞。」⑱26日，聯合會又上書外務部，要求將片馬問題提交內閣，請另派大臣重行勘界，以固國防。

皇族內閣準備租讓片馬的消息激起了雲南各界的強烈憤怒。8月，雲南諮議局再次致電各省諮議局，呼籲採取聯合行動：「片馬案，閣議永租，請協力電爭，力爭重勘。」⑲9月又電內閣稱：「片馬讓租，民情憤激，懇勿退讓，中國幸甚！並請從速解決，再遲恐爲禍愈烈。」⑳當時，保界會一類組織遍布雲南各地，「會員之泣血斷指，誓以死爭者前後相繼。」㉑據時在雲南的清軍第38協統領曲同豐報告，「每接見紳耆，彼無不諄諄以片馬爲詞」，「中心憤懣，詞意遂多不平」㉒。這種種跡象表明，與立憲派的願望相反，一場革命風暴就要來臨了。

二、留日中國國民會的成立
及其與使館的衝突

留日學界一向是近代中國反帝愛國運動的重要策源地。1911年2月25日，豫晉秦隴協會於中國留學生會館集會，籌議行動辦法。次日，東京中國留學生遍發傳單，召開全體大會，到會者1200餘人。會上同盟會員鄒資州、劉揆一、陳策三人提議：「對於中俄條約，俄國殊屬無理，此事萬一政府含糊答應，於吾國北省殊有損害。吾輩當竭力設法警告內地及各省諮議局，拒絕此約，且須運動各省諮議局成立救亡機關，向內地及歐美、南洋華僑發送警告書及電報，同時成立國民軍，請駐日公使汪大燮代電政府，要求拒俄。會後，河南留學生、同盟會員劉基炎提議到使署要

求贊助經費，得到熱烈贊同。於是，他被推爲總隊長，率領全體人員列隊向使館進發。

汪大燮懾於學生的浩大聲勢，表示贊助國民軍，並認捐日幣1000元。當時參加遊行的自費生及官費生紛紛認捐，談安官費生每人認捐10元，由使署預支，以後月扣2元，並由汪大燮簽字爲信。

27日，留學生總會召開臨時各省職員會。會後，以留東全體學生名義向上海《民立報》及21省諮議局發電：「俄侵伊犁，英占片馬，法强索滇礦，若稍退步，全國淪亡。政府無望，已集全力，捐現金兩萬餘，設立救國機關。」電報要求各省諮議局，「開臨時會，組織國民軍，以救滅亡。」㉔同時，又致電爪哇中國會館，要求南洋各埠華僑「協力進行」㉕。

3月5日，留日各省同鄉會約80名代表集會，在熊越山主持下達成了「武力救國」的一致意見。㉖會議決定不用「國民軍」名義，而稱中國國民會，推舉同盟會員李肇甫、傅夢豪、陳策、袁麟閣四人爲章程起草員。8月，國民會全體職員集會，通過《留日中國國民會草綱》，確定該會宗旨爲「以提倡國民軍爲主，並研究政治、敎育、實業。」㉗同時決定各省於12日前推舉代表二人組成演說團，共爲五團，分往21省演說，宣傳救亡。13日，又以留日全體學生名義公布《中國危亡警告書》，陳述俄、英、法侵略中國的嚴重局勢，說明治標之法是「要求政府嚴拒俄人之請」，治本之法是「聯合各省速創國民軍」，本中之本是「革政治、勵敎育、興實業」。㉘

當中國國民會組建之際，留日女學生也建立了專門的愛國組織。3月5日，同盟會員林演存、劉其超、唐群英及朱光風四人發起召開了留日女界全體大會，到會者百餘人。會議選舉唐群英爲會長。

駐日使館雖然答應了學生的愛國要求，但並不準備兌現。3

月13日，留日學生代表赴使館領取官費生捐款，並要求會見汪大燮，但汪大燮拒而不見。會計課長吳某還稱：如欲領款，非各人簽名捺印不可。這實際上是一個無法辦到的條件，因爲留日學生分散在 100 多個學校裏，南到長崎，北至北海道，不可能人人辦理這一手續。學生代表據理力爭也沒有結果。15日，留學生召開評議會，報告13日交涉結果，並決定再次向使館交涉，但汪大燮已先期避走橫濱。參贊吳兆麟稱：原允墊付的經費由公使作主，已不能付給。於是，48名代表即決定模仿北京國會請願團在慶親王門前長立一夜的例子，在公使館靜坐，直至天明。

3 月16日，各校留學生聞訊趕來的已達五六百人，當即在使館內集會，群情激憤，有人主張晝夜死守，「不得款勿歸」，有人主張「自由行動」，但始終沒有擾亂行爲。㉙汪大燮不得已，委托橫濱總領事傳言，要求學生推舉少數代表次日在橫濱相見。學生們對此表示同意，並於晚 8 時撤離使館。

3 月17日下午，國民會理事長李肇甫、幹事熊越山、職員馬伯援（同盟會會員）、顏振茲四人赴橫濱領事館見汪大燮。汪稱：「此次舉動非爾等所應爲。」學生答以「留東全體，同此忠愫，非某等一二人私意。」汪繼稱：「派代表回國一事，須查明所派之人及演說內容，始能決定。」他還建議將國民會改爲愛國會，並再次强調，官費捐必須每人蓋印，要求李肇甫等將國民會辦法詳細錄呈，次日至使館相見。㉚

李肇甫等向汪大燮告退後即得悉，當日下午三點，使館指責熊越山等「挾衆要求，徹夜不散，殊屬無理取鬧」，要求學生們「篤志劬修，確循繩尺」㉛。使館態度的變化根源於清政府的强硬立場。當日，學部致電使館，聲稱「學生干預政治，例禁綦嚴」，「倘有抗拒情事，仍應從嚴究辦」㉜。外務部也致電汪大燮，嚴詞指責其處理不當，聲稱倘再聽任學生等「輕佻跋扈」，將予以革職處分㉝。18日，汪大燮接見李肇甫、熊越山、馬伯援三

人,出示外務部及學部電報,要求解散國民會。同日,留學生監督處發表禁止國民會布告,聲稱「此中情形,必係貪人敗類,借題生事」。㉞

3月19日,中國國民會全體職員開會。有人提議開大會與使館宣戰,熊越山力主以慎重態度處理各事,李肇甫稱:公使既不接受我等要求,強迫亦迴非本會宗旨,今後除依賴各人出資,講究活動方法外,別無他法。㉟最後決議:⑴募集自由捐;⑵根據金額數量,組織演說團赴各省演說;⑶派代表赴東三省、雲南、上海三處;⑷在上海創辦日報,作爲總機關,聯絡各省諮議局及公共團體,力圖救亡。散會時到會諸人重簽姓名,相互勉勵說:「凡我中國男兒,當有決心,無論前途有如何危險障礙,吾輩必須毅然行之。」㊱

4月6日,發布《留日中國國民會臨時哀告內外同胞意見書》,詳述成立經過及與使署交涉情形,批駁對該會的種種謠諑和誤解。《意見書》放棄了組織「國民軍」的提法,聲稱國民會的宗旨在於「興團練,辦體育」,「人以武力來,我不可不以武力應」,要求清政府「許民間以講武之路」。㊲同日,又發布了經過修訂的《中國國民會章程》,宣稱「以提倡尙武精神,養成軍國民資格爲主,並研究政治、教育、實業諸大端」㊳。18日,歸國代表、同盟會員黃嘉梁(雲南)、蕭德明(四川)、蔣洗凡(山東)、金樹汾(東三省)、王葆眞(直隷)、傅夢豪(浙江)等六人由東京啓程,分赴雲南、東三省及上海,國內外運動開始合流。

第一批代表歸國之後,留日學界只平靜了幾天,一個新的高潮又出現了。

4月上旬,上海《時報》、《民立報》陸續刊載了一項驚人的消息,列強派大員在巴黎集會,商議瓜分中國。這則消息來源不明,很可能是革命黨人爲鼓舞民氣而有意編造的。果然,留日

學界憂心如焚，寢食不安，由拒英、拒法、拒俄發展爲全國反對瓜分的愛國運動。23日，留日學生總會、留日學生國民會再次召開大會。在會上，雲南留學生趙某指責清政府爲「外人之走狗」。直隸學生王某說：「有一言告滿族兄弟，今日中國處此瓜分時代，滿人也要亡了，漢人也要亡了，滿漢皆亡，爭持什麼呀！」他表示，「今日要救國，第一是泯除滿漢。」㊩會議作出11項決議，其主要者爲：⑴清政府禁止國民會，當以不納稅相抗；⑵發動中國勞動者反抗政府；⑶不言滿漢二字，以免侵犯滿漢一致之權利；⑷再次派遣代表歸國，聯絡各省諮議局，協力工作；⑸向世界各國華商團體募集國民會之基本金。㊵顯然，與會者正確地認識到，在瓜分危機面前，滿漢民族有著一致的利益，因而能將「滿族兄弟」和清政府加以區分，對「滿族兄弟」，強調「一致之權利」；對清政府，強調發動中國勞動者「反抗」。這是正確的決策。

　　會議前後，各省同鄉會陸續選出歸國代表約57人。他們歸國後有力地推動了國內運動。

　　除留日學生外，留德、留美學生也表現了強烈的愛國熱忱。2月21日，留德學會致電京滬各報，聲稱：「俄以兵要約，掠地、侵權，時勢危急，各國亦不直俄，望速籌救亡，並迫求政府力抗。」㊶3月3日，再電上海《神州日報》等，指責「當局昏庸誤國」㊷。與此同時，歐美留學生也擺脫了國會請願運動的影響，於4月初致電上海《民立報》及各省諮議局稱：「俄約敗，瓜分著，速鼓民氣，倡民捐，練民兵，爲國效死。」㊸從而表明他們和留日學界以及國內運動發展相一致了。5月，由依利諾斯大學中國學生會發起，成立軍國民期成會，提倡尚武。29日，十所大學的中國留學生在芝加哥召開會議，議決改名爲愛國會，以「保全主權，聯絡友國」爲主旨。㊹

　　清末時，雲南有一批學生在越南求學，當他們得悉法軍陳兵

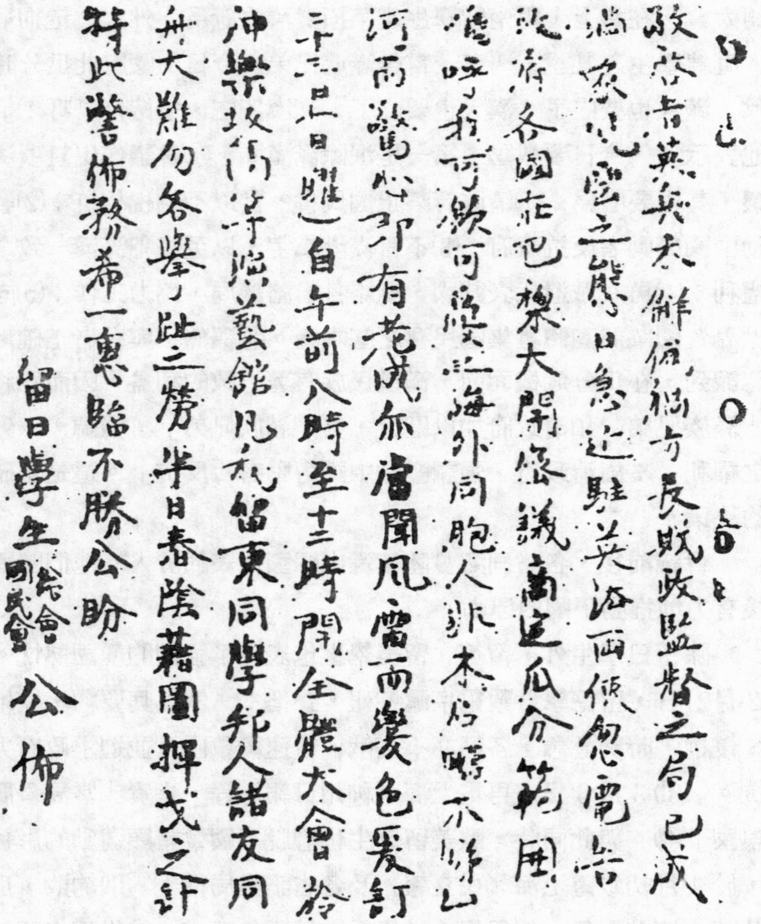

政變告英美未解俄復方長賊政監督之局已成

澄察心忽之一態日急迫駐英法兩使愿電告

政府各國莊吧槺大開密議商定瓜分範圍

嗚呼我河澈可嘆海外同胞人胝木於隥不忍山

河兩驚心卲有花俄當開風當而變色發訂

二十七日曜）自午前八時至十二時開全體大會於

神樂坂何等興藝館凡我留東同學邦人諸友同

無大難勿各舉，趾三聲半日春陰藉圖揮戈之計

特此警佈敔希一惠臨不勝公盼

留日學生總會國民會　公佈

圖十八　留日學生召開救亡大會公啓
（採自日本外交史料館）

滇邊的消息後，立即致電清政府，要求迅速調撥北洋新軍迎敵。
其後，又刊發小冊子，報告法國處心積慮地準備侵略雲南的情況
，作者沉痛地問道：「行將被人宰殺，被人淫辱，被人芟夷，被
人掠奪」，「我父老思此，其能忍乎？」建議就地征兵，編練新
軍，以便保衛鄉邦。㊺

　　三大洲的中國留學生同聲相應，同氣相求，這是以前的反帝
愛國運動中很少見過的事例。

三、民族資產階級的奮起
與國民總會的成立

　　繼留日學生之後，上海各界奮起響應。其中，新生的民族資
產階級尤為活躍。

　　2月26日留日學生全體大會召開後，雲南留學生、同盟會雲
南分會會長楊大鑄及會員王九齡即束裝歸國。3月5日，到達上
海，至《民立報》社會晤宋教仁。旋即發布《通告書》，力陳保
衛片馬的重要性，指出「我國人不欲為亡國民，則必預備死戰」
，「我國人欲死戰，則必先練民兵」㊻。9日，馬良、王河屏等
人響應雲南諮議局的號召，發起組織中國保界會上海分會，並稱
此舉欲「聯四百兆有用之身」，「以為政府後盾」㊼。11日，分
會在張園集會，到會者約千人，會議公推豆米業資本家、滬南商
會委員、同盟會員葉惠鈞為臨時議長，同盟會員朱少屏、王九齡
、沈縵雲和女醫生張竹君等相繼發表演說。銀行家、工業資本家
沈縵雲稱：「前保礦會、保路會等都無實力，以致未能收效。此
次應準備實力，庶幾收穫巨效。」㊽會後，馬良再次發表公告，
宣布改名為國界調查會。

　　3月12日，上海民族資產階級頭面人物沈縵雲、王一亭（銀
行家、工業家、同盟會員）、虞洽卿（輪船公司創辦人、銀行家
、工業家）、胡寄梅（錢商）、周豹元、葉惠鈞、顧馨一（銀行

、麵粉業投資者）、袁恒之（布商）等聯合發表致南北商團啓事，聲言「西北風雲迫在眉睫，同人等現擬組織義勇隊，以籌對付之策」㊾。當日召開大會，到會者千數百人。沈縵雲提議，組織全國商團聯合會，俟各處商團成立，再行組織義勇隊，以達「人自爲兵」之目的。宋教仁在會上闡述了片馬事件及《伊犁條約》修約諸問題的由來，認爲「小至關乎一地，大之關乎全國，亡滅瓜分之禍，悉係此焉。」㊿會後，即以南市毛家弄商團公會爲全國商團事務所，一面分函各省商團，一面接受工商各界報名。至3月19日，工商、學、紳各界報名者達二百餘人。

商餘學會是上海商界最早響應的團體。3月17日，它通告招收16歲以上青年進行兵學、徒手、器械、槍操等各種訓練。培養「商戰人材」，「建立商團基礎」。(51)

與組織商團同時，上海同濟大學學生朱家驊等發起組織敢死團，並於3月3日發表公啓，宣稱：「外患日迫，强鄰脅我以兵，處此危急之秋，非有死士起而捐軀，毁家紓難，斷難救祖國危亡。」(52)至4月20日前後，報名男女共150人。該團以朱家驊爲團長，團址設於張靜江的通義銀行內。它得到了同盟會員陳其美、戴季陶、于右任、宋教仁、范光啓等人的積極支持。

爲資助商團，夏月珊、潘月樵等藝人在新舞台演出《國民愛國》新劇，將所得戲資均作爲全國商團聯合會經費。演出中，觀衆感泣，爭先向台上擲捐。沈縵雲即席發表演說稱：「今日並不願來觀新舞台之《國民愛國》，實願來觀諸君之愛國。」(53)4月9日，全國商團聯合會在新舞台開會歡迎新會友，選舉李平書爲會長，沈縵雲、葉惠鈞爲副會長，虞洽卿爲名譽會長，名譽正會長暫缺。張瑞蘭在會上發表演說：「四民之中，士農工三者均無團，惟吾商團發起聯合會，可知商在民中，最爲熱心有志者。」(54)會後公布簡章，規定商團須由各省商會發起，全國凡人煙稠密、商業薈萃之區均應組織商團；上海設總事務所，各省設事務所

，各府廳州縣等設分事務所。⑤

商團最初只是商民維護地方治安的組織。全國商團聯合會的成立標誌著中國資本家階級政治覺悟和階級覺悟的提高，表明這個階級已經不滿足於從事一般的政治活動，正在準備以武裝力量保衛階級利益和民族利益。

受全國商團聯合會成立的影響，4月23日，朱伯爲等在西園開會，組織中國學界聯合會。到會者七百餘人。沈縵雲代表全國商團聯合會致詞，他說：「當今時代，當固結團體，一手保守自己，一手抵禦外侮，則列强不能侵入。」剛剛歸國的留東國民會代表傅夢豪、黃嘉梁也在會上力陳外患日亟，建議各省普遍成立民團，加速準備武裝。⑤

傅夢豪等到滬後，立即展開活動。4月26日他們舉行招待會，上海知識界及商界頭面人物沈敦和、王一亭、沈縵雲、楊千里、陳其美、包天笑、朱少屏等二十餘人出席。傅夢豪在答詞中表示：「願聯合各界組成一大團體，作總機關，以激發全國。」⑤

5月7日，由上海日報公會、嘉定旅滬同鄉會、全國商團聯合會、福建學生會、全國學界聯合會、湖北旅滬同鄉會、中國精武體操會、雲貴旅滬同鄉會、江西旅滬學會、四川旅滬同鄉會等十團體發起召開歡迎國民會代表的大會。會上，傅夢豪再次提出：「全國團體總機關之設，爲我人不可刻緩之任務。」⑤11日，傅夢豪及山東歸國代表蔣洗凡邀請上海各團體及報館記者集會，討論成立事務所。6月11日，上海各界4千人在張園召開大會，宣布中國國民總會成立，以沈縵雲爲正會長，馬相伯爲副會長，葉惠鈞爲坐辦。15日發布宣言，聲稱：「以提倡尚武精神，興辦團練，實行國民應盡義務爲宗旨。」⑤次日，又布告全國，要求各地迅速設立分會。爲了支持國民總會，留日中國國民會並派同盟會員章梓到上海工作。

自全國商團聯合會成立，上海商團發展迅速。書業、蔘藥業

、豆米業、珠玉業、水果業及閘北、滬南、回敎等商團紛紛成立並開操。根據7月26日葉惠鈞在滬南商團體育研究社開幕典禮上的講話，當時上海商團已發展到2000人之多，是一支可觀的武裝力量了。⑥

全國商團聯合會成立後，福建、南昌、營口等地陸續建立商團，通州商團還派人到上海聯絡。《時報》有一篇文章說：「上海爲通商之大埠，上海商學界之舉動，國人恒取爲模範。今滬商既有義勇隊之組織，全國商學界必竟相效法，將來我國民兵之基礎，或因是以立，未可知也。」⑥作者也許過於樂觀了，但是，如果引導得法，商團在全國範圍內得到更大發展並非沒有可能。

四、清政府的禁阻與運動向各省的擴展

運動首先引起了帝國主義的不安。

俄國駐華公使廓索維慈照會外務部，聲稱京外各報，登載中俄交涉事，「肆意詆毀，搖惑人心，請設法抑止」⑥。同時，日本駐華代理公使也照會外務部，反對中國人民普練民團。照會說：「近來奉吉各處商民，嘯聚日多，日夜操練，名爲防匪，實係排外，若不即時查禁，恐又肇拳匪之禍，務請設法解散，以遏亂萌。」⑥

清政府秉承帝國主義的意旨。3月1日，外務部致電各省督撫，指責外間報紙關於片馬、伊犁的交涉「言多失實」，又指責留日學生的舉動「搖惑人心，牽動全局」，要求各省督撫「解釋謠言，嚴密防範，勿任釀成事端」。⑥同時，汪大燮也密電外務部，聲稱東京留學生「其勢洶洶，不可復遏，誠恐激成暴動，關係大局，請轉致學部、陸軍部設法預防。」⑥其後，清政府學部、陸軍部、政務處紛紛致電各省督撫，要求「切實查禁」，「嚴加防範」，甚至聲色俱厲地表示：「嗣後倘有前項情事，惟各該主管是問。」⑥在清政府的嚴詞督責下，各省督撫及有關官吏紛

紛照辦。

首先是控制輿論。早在2月下旬，兩廣總督張鳴岐就根據清政府新近公布的報律，出示禁止各報登載中英、中俄、蒙藏交涉各事，違者罰款，或將記者監禁六個月。[67] 3月初，漢口某報登載留日學生來電，湖廣總督瑞澂立命巡警道傳諭各報館，不準刊登有關函件，違者按律究罰。[68]

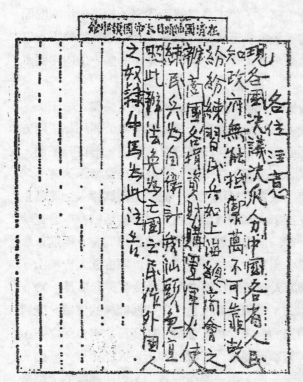

圖十九　汕頭各界號召練習民兵、舉辦商團的傳單(1911年)
（採自日本外交史料館）

其次是禁止開會集議。瑞澂稱：「邊務交涉，朝廷自有主持，豈容無知學生開會干預。」[69]陸軍部要求各省陸軍學堂嚴禁學生預聞。保定陸軍學堂有幾個學生試圖開會，竟被誣以「將據火藥庫作亂」[70]而遭逮捕。

清政府尤爲恐懼的是結社。當時，清政府雖已頒布結社律，但那不過是一種裝飾。保界會向清政府申請立案時，清政府即以「國家政事不准干預」爲理由，通電各省禁止。[71]對於敢死團，清政府更爲惶恐，密電江督，「嚴查團內主名，速行驅散」[72]。4月27日黃花崗起義後，駐日使館向清政府報告，「廣東革命黨

起事，確係國民會主謀」，要求拿辦歸國代表，於是，皇族內閣立即電令各省嚴防國民會員至內地「煽惑」，並查禁國民軍。⑦但是，這些禁令並未起多大作用，運動還是在一些省份內得到了發展。

東北 留日中國國民會派赴東三省的代表王葆真（卓山）、金樹芬（鼎勛）於4月下旬抵達奉天後，即從事公開和秘密兩方面的活動。公開活動有：會見東三省總督趙爾巽，聯絡諮議局、教育會、商會、農會各團體，組織體育會及國民會奉天總會，同時又注意團結滿族、蒙古族愛國人士。他們還在旗籍人士廣鐵生、關天生的積極支持下，創辦《國民報》。秘密活動有：會見陳幹、商震、劉藝舟等同盟會骨幹，決定分頭聯絡同志，促進革命運動。⑦ 9月14日，國民會吉林分會成立，以蒙古族人士慶山、楊夢齡為會長，滿族人士松毓為副會長，金樹芬為幹事長。⑦

福建 3月中旬，福州城鄉大量出現速辦團練的傳單，陳述英、法、俄侵略中國的危急形勢，聲稱「在今日欲求自保之道，莫如籌辦鄉團」。傳單還要求「鄉鄉有團，人人能兵」，「由一鄉而一縣，由一縣而一府，由一府而一省」，形成鄉團的大聯合。22日，福建商務總會召開特別大會，議決仿照上海辦法，籌辦福州商團公會，規定每一商號至少須出一人入會操練⑦。26日，閩縣城鎮自治聯合會提議市區組織商團，近郊組織體操會，鄉村組織農團⑦。4月7日，上海福建學生會急電福州《建言報》，聲稱各國在巴黎密議瓜分中國，要求故鄉父老「速辦民團，圖死抗」。此後，《建言報》連續發表《嗚呼福建》、《再告我福建同胞》等文章，號召福建人民行動起來，拯救福建⑦。5月上旬，留日國民會代表孫容居等30人及福建旅滬同鄉會、學生會代表等結伴歸閩，訪問諮議局議長及常駐議員。22日，諮議局、教育局、教育總會、商會、實業協會等團體集會，議決用個人名義簽稟呈遞閩督，請求速辦民團。

　　在各方倡議下，廈門體育會、建寧府體育會、福州商團、霞浦團練籌備會、福建團練期成會等先後成立。

　　浙江　6月上旬，留日學生代表俞景朗、詹麟來、吳玉、李砥、李復眞及旅滬同鄉代表許開甫等回浙，訪問諮議局長沈鈞儒。15日，在法學協會集會，決定組織全浙國民尚武分會，推沈鈞儒起草章程。該會發起人除沈鈞儒外，還有同盟會員陳訓正（布雷）、許炳堃、褚輔成及地方知名人士經亨頤等⑲。30日，該會召開成立大會，以徐班侯爲會長，褚輔成爲副會長；上海國民總會代表章梓、陳其美自滬蒞會，以示支持。

　　全浙國民尚武分會要求各府州縣普遍設立學團、商團、工團、農團。成立會後，俞景朗、李砥、吳玉、陳訓正等分赴紹興、台州、湖州、衢州、寧波、嘉興、嚴州、金華、嘉善、石門等地活動，陸續建起了一部分國民尚武分會和民團。

　　運動發展得較爲順利的還有山東、江蘇等省。留日山東國民分會所派代表丁惟汾、顏仲文於6月1日抵達濟南，遍訪紳學各界，先後在諮議局、教育總會等處召開談話會，決定成立山東國民分會。江蘇由於工商業、教育業較爲發達，因此，無錫、南通、蘇州、宜興、江都、丹徒、丹陽等地普遍建立了國民分會、商業體操會、體育會、商團體育會一類組織。此外，運動在雲南、廣西、廣東、湖北、直隸等省也有不同程度的反應。

　　海外華僑積極支持國內反帝運動的發展。3月份，秘魯僑商何賀民等致電粵商自治會稱，秘報盛傳瓜分中國，僑民震悼，迄速電復，並分呈各界。⑳同月，橫濱華僑致電北京資政院及各省諮議局，聲稱「列強無理要求，南北進兵擾擾」，要求「籌策對待救亡」㉑。5月28日，橫濱富商張澤廣、繆菊辰、鄧浩輝等人發起召開在日華僑大會，邀請李肇甫、馬伯援、夏重民等參加，呼籲創設國民軍，並募集經費。僑商們表示：「能救中國者，吾輩願生死供養之。」㉒同月下旬，泗水華僑散發傳單，主張「有

力者出力，有財者出財，聯合各省民團，傾覆惡劣政府」⑧。6月初，泗水書報社發起籌集救亡捐，以之作爲國民軍的後盾⑧。不少華僑表示：「區區軍費，當竭力相助。」

上述事實說明，只要帝國主義的侵略存在，只要清政府堅持媚外賣國政策，那麼，中國人民的反帝愛國運動就必然是不可阻遏的。在拒英、拒法、拒俄運動之後不久，保路運動又以更大的規模爆發，並且迅速演變爲推翻清王朝的全國性武裝起義。

五、同盟會在運動中的作用及其鬥爭策略

同盟會領導層在1907年春夏之後，即處於嚴重的分裂狀態。孫中山長期對東京同盟會本部灰心失望，並一度產生過拋棄同盟會，另建新黨的打算⑧。這種情況到1910年多才有所改變。當年6月，孫中山經檀香山到日本後，陸續會見了同盟會骨幹。11月，又命劉揆一復興同盟會本部。自劉揆一被推爲庶務，一批新人進入本部後，同盟會本部的工作出現了轉機。

中國同盟會成立後，專注於發動武裝起義，就其主要方面來說是正確的。但是，忽視合法鬥爭，忽視群眾運動，也是一個重要的缺點。當1911年拒英、拒法、拒俄運動發生、發展時，孫中山正在美國，一心一意爲籌備中的武裝起義募集經費。他既對國內情形隔膜，又懷疑群眾熱情的持久性。曾經有人向他彙報上海敢死團的情況，但他卻絲毫不感興趣，聲稱：「上海之發生團體向無能堅持長久者，料此團亦不能免蹈此弊。」⑧當然，不能認爲孫中山的批評完全沒有道理，但也必須指出，孫中山不懂得將群眾的熱情鼓舞起來，使之堅持下去，正是革命政黨的任務；軍事起義必須與群眾運動相結合，才能波起浪湧，相互促進。和孫中山一樣，黃興也未能對運動給予應有的關注。如曾經有人建議，革命黨應利用人們反對英軍占領片馬的愛國情緒，在雲南發動起義，但黃興由於顧慮引起國際糾紛，決意將起義改在廣州發動

。⑧起義失敗後，他爲復仇主義情緒所支配，力主以個人之力進行暗殺，仍然忽視對運動的領導或指導。

　　儘管如此，熊越山、李肇甫、劉揆一、宋敎仁、陳其美、沈縵雲、葉惠鈞、劉基炎、陳策、夏重民、孫竹丹、傅夢豪、黃嘉梁、楊大鑄、蔣洗凡、蕭德明、王葆眞、袁麟閣、陳訓正、褚輔成等一批同盟會員仍然積極參與並領導了運動。他們不僅在各類組織、各類活動中發揮了骨幹作用，而且善於利用合法鬥爭，團結盟友，表現出一定的鬥爭藝術。

　　辛亥革命前夕，清政府雖然衰朽不堪，但鎮壓革命黨人和革命活動仍然十分堅決。2月26日的留學生大會，決議成立國民軍，其後改名國民會，廢棄組織國民軍的提法，這是一項正確的決策，因爲既名之爲「軍」，則不僅在日本無法活動，在清政府統治下也無法活動。運動中，同盟會沒有公開出面，而是通過國民會這一群眾性組織進行活動。部分激進分子曾經主張拋棄國民會，「以破竹之勢與滿洲政府肉搏」⑧。但是，這一主張沒有得到採納。參加國民會領導的同盟會員們力爭不提出激烈的口號，不超出合法鬥爭所許可的範圍，一切都在愛國主義的旗號下進行。以「留日全體學生公啓」名義發出的《中國危亡警告書》特意加上「聖上御極」、「兩朝聖后，憂國愛民」一類的保護性字眼，參加國民會領導的同盟會員們還力圖說明：「國民會唯一之目的在救國，國爲大家共有，則救之之道須大家努力。」⑧此外，《哀告同胞書》聲明國民會不提倡革命，歸國代表的活動也規定爲不得鼓吹革命。所有這些，都便於爭取廣大的同情者，並使清政府的鎮壓失去有力的藉口。歸國代表們之所以能在國內開展某些活動，這是原因之一。

　　同盟會的本部設於海外，其活動方式一般爲在海外策劃，在邊疆或沿海地區發動起義。這種「輸入式」的革命便於從海外獲得武器和軍餉，其缺點是難於和國內群眾發生緊密的聯繫，缺少

立足生根之地。留日國民會決定將中國國民總會設於上海,在各地設立分會,這就將革命工作的重心從國外轉入國內,從邊疆轉入腹地,從而有利於國內革命運動和群眾運動的發展。後來,同盟會中部總會將本部設於上海,在各地設分會,顯然也出於同一考慮。

同盟會所領導的武裝起義,前期著重利用會黨。會黨雖和社會下層聯繫密切,但散漫、落後,易於見利忘義,所以同盟會後期轉而依靠新軍。新軍掌握現代武器,組織性、紀律性強,但因其處在清政府的嚴密控制下,發動不易。在拒英、拒法、拒俄運動中,同盟會員們號召發展商團、民團以至體育會一類組織,這就開闢了新的武裝力量的源泉。商團、民團是一種早已存在的地方自保性的武裝組織,既為清政府所允許,也易於為各界所接受。在籌建過程中,同盟會員們又特別說明,其目的在於「為政府之後援」,「為國家宣力」,努力以合法的外衣包裹不合法的內容,這就便於為起義積蓄力量。事實證明,在武昌起義後的各地光復中,上海、福建等地的商團、民團都發揮了重要作用。

諮議局的議員們一般主張君主立憲,維護清王朝,在政治路線上和革命派對立。但是,立憲派又因反對帝國主義侵略,要求挽救民族危機,和革命派有一致之處。運動中,同盟會員們沒有把立憲派和諮議局看成敵對勢力,而是以之為盟友,利用諮議局進行工作。2月26日的留學生全體大會的三個發起人中間,夏重民是同盟會員,胡源匯則是立憲派。會議決定發動各省諮議局參加抗爭。3月3日,雲南諮議局即復電贊同,聲稱雙方的救亡辦法「名異實同」⑩。其後,留日國民會和各省諮議局之間函電往來,互通聲氣,互相支持。歸國代表們一般也都和諮議局聯繫,在諮議局的贊同下,或以諮議局的名義組織各項活動。諮議局和紳、商、學各界聯繫密切,又是清政府承認的機構,這就為同盟會員們的活動提供了方便條件。

　　運動中，同盟會員們還注意爭取地方督撫如趙爾巽、增韞等人的支持，從而取得了公開活動的條件。

　　上海民族資產階級在全國有較大的影響。辛亥革命前，這一階級在各項政治活動中日益活躍。留日國民會注意聯絡上海民族資產階級的頭面人物和各地商界人士，這是正確的。但是中國民族資產階級發展不足，力量微弱，僅僅依靠這一階級決不足以成事。4月23日留學生全體大會上，同盟會員夏重民提議發動勞動者反抗清政府，會議並就此作出了相應決議，這就找到了推翻舊制度的真正強大動力。遺憾的是，革命黨人始終未能貫徹這一決議，在辛亥革命的全過程中，他們始終找不到動員和組織勞動者的有效辦法。

　　在運動中，某些同盟會員還提出了一些很好的主張。例如劉揆一於3月上旬發表的《漢、滿、蒙、回、藏民黨會意見書》，主張「融和漢、滿、蒙、回、藏之民黨。」意見書克服了革命黨人中長期存在的狹隘種族主義思想，強調各民族人民在反對瓜分問題上的一致性。意見書說：「使滿人而知斷送滿洲桑梓地者為滿洲皇族也，知漢族不強，滿族亦隨而亡也，知非建立共和政府滿漢種族之意見終不能融洽也，吾恐漢人雖不革命，滿人猶當首先排去其皇族而傾倒其政府矣。」意見書提出了在各族人民之間「通氣誼」、「通業學」等計劃，認為這樣「內可傾倒政府，而建設共和國家，外可鞏固邊疆而抵抗東西強權。」⑨這是革命黨人在認識上的一個大飛躍。

　　《民立報》是革命黨人在上海的重要宣傳機關。宋教仁、于右任、范光啓等人在該報上發表了大量文字，宣揚愛國主義，為運動推波助瀾，其中，以宋教仁的作品為最突出。他先後發表《滇西之禍源篇》、《二百年來之俄患》、《承化寺說》、《現今中國外交形勢論》、《俄人何足畏哉》、《討俄橫議》等文，從世界大勢、邊疆地理、對外交涉等方面立論，說明「對英劃界」

、「對俄改約」，是「近日存亡攸關」的大問題。他指責清政府「聾瞶成性」、「冥頑不靈」，不知「國際政局推移變化之理」，號召國民「急起直追，以自爲計」⑨。他和陳其美等一起，在聯絡上海資產階級、推動商團建設上發揮了重要作用。

　　同盟會成立後，在鼓吹和實行革命方面取得了巨大成績，但自1907年以後，它的弱點、缺點也已充分暴露，到了不能不變的地步。拒英、拒法、拒俄運動中，參加國民會領導的同盟會員的上述做法就體現了這種轉變；稍後，宋敎仁等建立同盟會中部總會也是爲了進行這種轉變。但是，形勢不等人，在同盟會尚未完成這種轉變的時候，武昌起義的炮聲就響起來了。

（原載《中國社會科學院研究生院學報》，1991年第5期）

【註　釋】

①　《留日學生の辛亥革命》，日本東京青木書店1989年版。

②　《民立報》，1911年2月4日。

③　《申報》，1911年3月2日。

④　《雲南保界會之宣言書》，《帝國日報》，1911年3月7日、8日。

⑤　《千鈞一髮之雲南》，《帝國日報》，1911年3月13日。

⑥　以上引文均見1911年3月13日《帝國日報》。

⑦　《議長之救亡電》，《民立報》，1911年3月2日。

⑧　《神州日報》，1911年11月12日。

⑨　《資政臨時會小產》，《民立報》，1911年3月21日。

⑩　《還說什麼臨時會》，《神州日報》，1911年3月27日。

⑪　《民立報》，1911年5月17日。

⑫　《申報》，1911年2月24日。

⑬　《直省諮議局議員聯合會第二屆報告書》，第6-7頁。

⑭　《直省諮議局議員聯合會第二屆報告書》，第71、95頁。

⑮　《直省諮議局議員聯合會第二屆報告書》，第50頁。

⑯　《片馬事往來電》，《民立報》，1911年7月15日。

⑰　《直省諮議局議員聯合會報告書》，第58頁。

⑱　《直省諮議局議員聯合會第二屆報告書》，第 101-102 頁。

⑲　《片馬之爭》，《民立報》，1911年8月15日。

⑳　《民立報》，1911年9月29日。

㉑　《直省諮議局議員聯合會第二屆報告書》，第84頁。

㉒　中國社會科學院近代史研究所藏：《曲同豐上陸軍部呈》，秘字第 258 號。

㉓　《東京留學生大會》，《時報》，1911年3月11日。

㉔　《民立報》，1911年3月1日。

㉕　日本外務省檔案：《清國留學生各省代表者會合ノ件》，明治44年 (1911) 3月5日。

㉖　《留學生愛國大會補記》，《民立報》，1911年3月12日。

㉗　日本外務省檔案：《清國留學生關係雜篡》。

㉘　日本外務省檔案，MT 16141。

㉙　《留日中國國民會臨時哀告內外同胞意見書》，《神州日報》見1911年4月6日 -14 日。

㉚　《留東國民會始末記》，《民立報》，1911年3月30日。

㉛　《留日中國國民會近況》，《神州日報》，1911年3月30日。

㉜　日本外務省檔案：《清國留學生ノ行動》，明治44年(1911) 3月21日。

㉝　日本外務省檔案：《中國國民會總會ノ件》，明治44年(1911) 3月23日。

㉞　《留日中國國民會近況》，《神州日報》，1911年3月31日。

㉟　《中國國民會總會ノ件》。

㊱　《留東國民會始末記》，《民立報》，1911年3月30日。

㊲　《神州日報》見1911年4月6日 -14 日。

㊳　《民立報》，1911年4月24日。

㊴　《民立報》，1911年5月4日。

㊵　日本外務省檔案：《清國留學生大會》，明治44年(1911) 4月23日。

㊶　《柏林華學生公電》，《時報》，1911年2月22日。

㊷ 《留德學會電》，《神州日報》，1911年4月2日。

㊸ 《留美學生公電》，《民立報》，1911年4月4日。

㊹ 《美洲通信》，《民立報》，1911年8月23日、9月2日。

㊺ 中國社會科學院近代史研究所藏：《雲南警告》。

㊻ 《滇代表通告書》，《帝國日報》，1911年3月14日、15日。

㊼ 《時報》，1911年3月10日。

㊽ 《中國保界大會記事》，《時報》，1911年3月12日。

㊾ 《上海南北商團均鑒》，《神州日報》，1911年3月12日。

㊿ 《記全國商團聯合會》，《神州日報》，1911年3月13日。

(51) 《神州日報》，1911年3月17日。

(52) 《全國同胞公鑒》，《神州日報》，1911年3月13日。

(53) 《麗麗所觀劇記》，《民立報》，1911年3月21-22日。

(54) 《商團之風雲大會》，《民立報》，1911年4月10日。

(55) 《全國商團聯合會緣起》，《民立報》，1911年4月12-17日。

(56) 《全國學界聯合會事》，《民立報》，1911年4月24日。

(57) 《國民會代表記事》，《民立報》，1911年4月27日。

(58) 《歡迎國民會代表》，《民立報》，1911年5月9日。

(59) 《民立報》，1911年6月15日。

(60) 《商團體育開幕記》，《光華日報》，1911年8月19日。

(61) 宣（林白水）：《論上海華商組織義勇隊事》，《時報》，1911年3月10日。

(62) 《嗚呼中國人之言論自由權》，《帝國日報》，1911年3月16日。

(63) 《國民軍乎拳匪乎》，《神州日報》，1911年3月18日。

(64) 《外務部致各督撫英人進兵片馬事報傳失實請解釋電》，《清宣統朝外交史料》卷一九。

(65) 《汪大燮電告外務部》，《時報》，1911年3月13日。

(66) 《電報中之國民軍》，《民立報》，1911年4月13日。

(67) 《時報》，1911年2月23日。

(68) 《瑞督飭禁組織國民軍》，《時報》，1911年3月10日。

⑥⑨ 《瑞督飭禁組織國民軍》，《時報》，1911年3月10日。

⑦⓪ 《保定消息》，《神州日報》，1911年3月22日。

⑦① 《保界會又將查禁》，《民立報》，1911年3月22日。

⑦② 《敢死團消息》，《神州日報》，1911年3月26日。

⑦③ 《民立報》，1911年5月12日；《光華日報》1911年7月4日。

⑦④ 王葆眞：《灤州起義及北方革命運動簡述》，見《辛亥革命回憶錄》㈤，第398-401頁。

⑦⑤ 《吉林通訊》，《民立報》，1911年9月18日、29日。

⑦⑥ 以上引文見日本外務省檔案：《時局ニ關スル福州民間運動模樣報告ノ件》，明治44年(1911)3月31日。

⑦⑦ 《閩人報告之風雲》，《民立報》，1911年3月31日。

⑦⑧ 《建言報》剪報，見日本外務省檔案，MT 16141, 677-688。

⑦⑨ 《浙江國民會又盛》，《民立報》，1911年6月11日。

⑧⓪ 《秘魯華僑來電》，《時報》，1911年3月6日。

⑧① 《橫濱公電》，《時報》，1911年3月5日。

⑧② 《華僑創設國民軍》，《光華日報》1911年6月27日。

⑧③ 《民族思想之發達》，《光華日報》1911年5月26日。

⑧④ 《光華日報》1911年6月7日、7月8日。

⑧⑤ 參閱拙作《同盟會的分裂與光復的重建》，見本書第119頁。

⑧⑥ 《孫中山全集》第1卷，中華書局1981年版，第521頁。

⑧⑦ 《黃毓英傳》，《南社》第10集。

⑧⑧ 日本外務省檔案：《清國留學生各省代表者會合ノ件》。

⑧⑨ 《國民會代表記事》，《民立報》，1911年4月27日。

⑨⓪ 《雲南公電》，《時報》，1911年3月5日。

⑨① 日本外務省檔案，MT 16141, 512-513。

⑨② 《現今中國外交形勢論》，《民立報》，1911年3月16日。按，《宋教仁集》對此文及《俄人何足畏哉》均失收。

湯化龍密電辨訛

一

　　湯化龍是清末資產階級立憲派的頭面人物，曾任湖北諮議局長，各省諮議局聯合會主席。武昌起義後，出任湖北軍政府總參議、秘書、政事部長等職。多年來，不少史學著作都把他定為兩面派，是一項重大反革命密謀的參與者①。其根據是：他一面參加湖北軍政府，表示擁護革命，另一面又串連多人，秘密打電報給清政府，表示盡忠，陰謀推翻革命政權。由於這一事件不僅關係到湯化龍這個歷史人物的評價，關係到對清末立憲派的認識，也關係到如何正確地分析湖北軍政府的內部鬥爭，因而，不得不作一番認真的考察。

　　湯化龍等密電清廷一事在武昌起義後不久即開始流傳，但見之於文字記載則較晚，胡祖舜《六十談往》一書說：

> 據其文案之同鄉人林某，於民國二十八年，在四川北碚東
> 陽鎮語余及李翊東曰：「當日逢時、連甲，曾密集諮議局
> 議長湯化龍、武昌謙記土莊經理李國鏞（號玉珊，沔陽人
> ，人咸呼為李老板者），並自稱黎元洪代表之蔡登高（自
> 稱南洋某中學投效者）、張振標（張彪弁目）等（時此數
> 人已附革命軍，出入於軍政府），開會數次，意圖剿滅革
> 命軍，曾聯電清廷請兵，謂元洪係脅迫而出，其電文即由
> 化龍起草。」此其密謀，世人鮮有知者。②

這一段記載很具體，涉及者除湯化龍外，有清八省膏捐大臣柯逢時、湖北布政使連甲、鴉片商李國鏞、黎元洪代表蔡登高、清軍第八鎮統制張彪的弁目張振標等，共六人。情況的提供者則是柯

逢時文案的同鄉林某，是他親自對胡祖舜和李翊東講的。胡祖舜並說：蔡登高、張振標利用在黎元洪身邊伺候的機會，暗中勾結原工程第八營後隊排長、軍政府衛隊司令方定國，陰謀叛亂。10月14日傍晚，有大漢持燈來，以紙條匆匆交給方定國，方閱後立即撕碎咽下。事為當時任軍政府敍賞長的李翊東發覺，即時逮捕方定國。經審問，供出與蔡登高、張振標同謀。結果，三人被槍決。連甲因事敗，央求林某帶領，於10月16日夜自武昌漢陽門縋城逃出。③

　　李翊東是和胡祖舜同時聽林某談話的人。他回憶說：

　　柯逢時（膏捐局督辦大臣）與黎元洪暗通消息，陰謀反動，如果事情成功，由柯代黎向清政府講情；如果事情失敗，由黎庇護柯逢時。當時湯化龍（諮議局議長）、連甲（藩台）、馬吉樟（臬台）幾個人在柯家聚會，由湯代連甲擬電稿，大意是：「鄂軍變，總督不知去向，請速派大軍南下，並另委總督。」此電由林敬之（此人現尚在重慶行醫）發出，又由連甲乘夜越城到河南請兵。④

這一段回憶與胡祖舜的記述大體相同，不少地方進一步具體化了。如：有了聚議地點——柯逢時家；參與密謀的又多了一個人——提法使馬吉樟；湯化龍起草的電報有了具體內容；文案的同鄉林某名叫敬之，電報就是他發出的。李翊東還有另一段回憶，又進一步補充了若干細節：電報是打給清政府軍機處的，「化龍主稿，逢時領銜」，電文為：「鄂軍變，督撫、統制不知下落，黎元洪暫帶鄂軍，請速派大軍南下，以平此變。」除電報外，還有一個條陳，要求清政府大赦黨人，以漢人為總督，請以陳夔龍復任，總督湖廣，黎元洪升統制等。李翊東並指出，連甲躲在柯逢時家，是半夜改裝易服，由林靜〔敬〕之引導，自平湖縋城而出的。⑤

　　在胡祖舜、李翊東之外，章裕昆也談及此事。他說：

湖北省諮局議長湯化龍，當起義之夕，匿不敢出；至二十
日知瑞澂、張彪已逃，革命軍搶占武昌並擁出黎元洪，遂
乘機而與革命黨周旋。又慮其不穩，乃於軍事未定之際潛
往六省煙膏督辦署，向督辦柯逢時借用密電碼，電告清廷
，謂湖北全軍兵變，化龍決不從逆云云。首鼠兩端，可恥
孰甚！⑥

章裕昆的這段記載較爲簡略，只補充了一個細節，密電碼是向柯
逢時借用的。

上述記載，雖有相互齟齬之處，有些情節也有明顯的破綻，
例如：李國鏞，作爲一個鴉片商人，有什麼必要邀請他到會？張
振標，只是張彪的弁目，又有什麼資格能和「大人物」們並列？
但有關人士言之鑿鑿，因此，不少研究辛亥革命的史家均深信不
疑，視爲可靠的史料。但是，筆者經過考察，覺得有關說法純係
訛傳，並不可信。

二

胡祖舜、李翊東的回憶都涉及連甲。在傳說中，他是柯宅反
革命密謀的核心人物，密電的聯名者，又是越城請兵的使者。他
在武昌起義之後的活動日程是怎樣的呢？

連甲10月21日《致內閣總、協理大臣電》云：

竊連甲自八月初一日到湖北藩司任，至十九日（10月10日
——筆者）即遭兵變，守庫護勇，僅念八名，督率竭力守
禦。匪用大炮轟毀頭二門，幸大堂先備有土袋堆積，得以
隱身抵禦，槍斃悍匪多人。奈子彈告罄，電話又斷，相持
至曉，藩署攻破，不得已避至署後土膏大臣柯逢時宅，探
得瑞督院（指湖廣總督瑞澂——筆者）已登兵輪，當恐印
信有失，交與柯逢時敬謹收存，追出城外，奔赴兵輪，協
圖恢復。蒙瑞督院飭委，督辦糧台。⑦

這封電報告訴我們，10月10日夜革命黨人起義之後，連甲曾督率士兵守護布政使衙門和倉庫，一直打到11日早晨，衙門被攻破，隨即躲到近旁的柯逢時家。在那裏，打聽到總督瑞澂已經逃到長江兵輪上，連甲即將布政使的大印交給柯逢時保存，然後追出城外，奔赴瑞澂乘坐的兵輪，被委任爲「糧台」，督辦糧草軍需。電報沒有說清逃離武昌的具體時間，但這是可以查考的。《歐陽萼致袁世凱書》云：

> 方伯困在危城，二十日之夕，始由柯紳逢時令其喬裝，遣人護送潛出。⑧

方伯，明、清時代對布政使的美稱，這裏即指連甲。二十日，即陽曆10月11日。信中說，連甲是聽了柯逢時的話，「喬裝」打扮，被人護送偷偷地出城的。這與胡祖舜、李翊東所說，連甲半夜改裝易服，由林敬之帶領，縋城而出是一致的。

又，《瑞澂等報告武昌失守請派援兵電》云：

> 湖北布政使連甲、提學司王壽彭、交涉使施炳燮、巡警道王履康，均已微服出城。⑨

微服，也就是「喬裝」的意思。本電發於10月12日。兩相印照，可證連甲在10月11日夜已經逃離武昌。胡祖舜定爲10月16日是錯誤的。如果湯化龍、柯逢時、連甲、李國鏞、馬吉樟、蔡登高、張振標等確有一次聚會，那末，只能在11日晨至當夜連甲縋城而出之前。這一天上午，湯化龍先是在家中接待來邀的革命黨人代表，後是應邀至諮議局討論推舉都督，成立湖北軍政府的問題，下午，仍在諮議局討論各項進行策略，⑩根本沒有時間到柯逢時家參與密謀。如果是在當夜，湯化龍是有時間了，但一下子串連六、七個人也很不容易。武昌起義的槍聲剛剛停息，柯逢時們要摸清彼此的政治態度需要時間，當天晚上就召集這樣的反革命黑會，怎麼可能呢？而且，軍政府剛剛成立半天，黎元洪就能與柯逢時「暗通消息」，並有一「代表」蔡登高參加會議，這也是很

難想像的。

在10月11日至12日之間，連甲確有一封電報打給清朝政府，全文云：

> 內閣王爺中堂鈞鑒：鄂垣內外兵士倒戈，甲隻身困守，命懸須臾。盼救。火速。連甲。⑪

文內說：「隻身困守，命懸須臾」，既不是在布政使衙門督率士兵拒守時的口氣，也不可能是逃離武昌之後的產物。連甲在布政使衙門被攻破後就逃到了柯逢時家，顯然，這是在柯宅惶急無措時草擬的。本電未署發報日期，清政府的收報日期是10月12日。護送連甲出城的林敬之曾自述發過一封密電，那末，本電的發出者應該就是他。值得注意的是，這封電報的署名人只有一個連甲，足證所謂六、七人密謀並聯電，「化龍主稿，逢時領銜」之說，完全不可靠。而且，這樣小小的一份電報，連甲又有什麼必要借手於他人呢？

上引《瑞澂等報告武昌失守請派援兵電》又云：

> 刻由匪黨與湖北諮議局公推原派混成協統領黎元洪為首，並由議員為之主謀，安民告示即用鄂省大都督稱，並懸白旗，上書興漢滅滿，懸賞拿官字樣。⑫

此電特別說明，黎元洪系「匪黨與湖北諮議局公推」，「並由議員為之主謀」。瑞澂發這封電報時，連甲已經「微服出城」；並且顯然已經到了瑞澂身邊，他當然會向瑞澂報告自己在武昌的活動情況。如果作為諮議局議長，又參加了「公推」黎元洪的軍政府成立會的湯化龍確曾和連甲之間有過密謀，並聯名發電，那末，瑞澂這裏怎麼會狠咬「諮議局」及其「議員」們一口？

連甲後來還有一份呈文遞給受清廷之命、主持湖北軍務的袁世凱，內容、文字與前引《致內閣總、協理大臣電》大體相同，自述在柯宅的一段則較為詳細，中云：

> 相持至黎明，藩署始被攻破。復擬赴督署，為亂兵所阻。

繞至統捐大臣柯逢時宅，正在懸賞募人通信。適探瑞督已
登兵輪，柯大臣即囑趕赴舟次，同謀恢復。又恐印信有失
，交由柯大臣敬謹收存。連甲間道出城，奔赴兵輪，稟商
一切。⑬

這份材料說明了，在連甲逃到柯宅之後，柯逢時先是「懸賞募人
通信」，後又探得「瑞督已登兵輪」，再又囑連甲「趕赴舟次，
同謀恢復」，二人之間確有密謀。但是，這份呈文連同前引《致
內閣總、協理大臣電》都絕口未提召集湯化龍、李國鏞、馬吉樟
、蔡登高、張振標密謀並聯名發電事，這當然不會是疏忽。第一
，有湯化龍這樣身份的人物打入湖北軍政府，這是最重要的軍事
情報；第二，連甲是管理湖北財政、民政的大吏，「庫儲失陷，
究屬罪有應得」。⑭如果確有其事，他當然會向清政府和袁世凱
報告，借以邀功抵罪。試看他在電文中如何自述「竭力守禦」，
「槍斃悍匪多人」即可以明白其心理。但是，在柯宅的經歷，卻
只提了柯逢時一人。這就說明，在10月11日上午至當夜，根本不
曾有過傳說中的那樣一次反革命密謀會。至於所謂「開會數次」
，更加不可能。以後，連甲即受瑞澂委託，「督辦糧台」，也不
曾潛入武昌，和柯逢時，湯化龍等有過什麼串連。

三

至此，連甲、湯化龍之間不曾有過什麼密謀，這一點已經很
清楚了。但是，還存在著一種可能：會不會是湯化龍、柯逢時、
李國鏞等人之間有過密謀，而誤傳為連甲在內呢？這就必須進一
步考察湯化龍等人在革命前後的情況和政治態度了。

作為君主立憲派，湯化龍不贊成革命。但是，人是會變化的
。湯化龍原是立憲運動中的激進派，在維護川、粵、漢路權上和
清政府存在著尖銳的矛盾。1909年11月，他在漢口聯絡紳、商、
軍、學各界組織商辦鐵路協會，和清政府出賣路權的行為進行鬥

爭。當時人回憶說：在湖北鐵路協會成立大會上，湯化龍曾歷數時政的腐敗，特別嚴厲抨擊郵傳部大臣盛宣懷，認為郵傳部把張之洞費了很大力氣收回來的川、粵、漢鐵路建築權重又送給外人，無非是想在借款時攫取巨額回扣，是媚外肥私，喪權賣國。他號召湖北全體同胞踴躍籌集築路款項，抵制外債，爭回路權，以救亡圖存。⑮1910年11月，立憲派所發動的第三次國會請願運動失敗，清政府發布上諭稱：「所有各省代表人等，著民政部及各省督撫剴切曉諭，令其即日散歸，各安職業。」⑯這樣，國會請願代表團便被迫解散，立憲派分子對清政府的憤懣增加了。湯化龍與四川立憲派頭子蒲殿俊等在北京密議：「若日後遇有可以發難之問題，則各省同志應即竭力響應，援助起義獨立。」⑰此後，湯化龍開始向革命派靠攏。1911年春，文學社革命黨人劉堯澂通過李廉方介紹，曾經和湯化龍有過一次晤談。其間，劉、李二人談起，有人去武勝關「察看」，缺乏路費。湯化龍聽說，立即資助二十元。⑱劉堯澂的身份，湯化龍不會不清楚；去軍事要地武勝關「察看」什麼，湯化龍也不會不明白。他拿出的錢數雖不多，但卻表現了思想上的一個重大變化。

　　同年5月，清政府成立皇族內閣。6月，各省諮議局聯合會在北京召開第二次會議。湯化龍於入京前，在漢口車站發表了慷慨激烈的演說。此後，聯合會曾兩次上書清政府，反對皇族內閣，都遭到清政府呵斥。這樣，湯化龍等和清朝貴族分享政權的幻夢最後破滅。在此同時，保路運動發生，蒲殿俊一度表示：「國內政治已無可為，政府已彰明較著不要人民了。吾人欲救中國，舍革命無他法。」他派出代表與湖南、湖北、廣東各省諮議局聯繫，聲言：「四川準備已甚充足，以袍哥、棒客為基礎，人數眾多，遍布全川。將來舉事時，尚求各省協助，以祈早日成功。」⑲9月7日，蒲殿俊等被四川總督趙爾豐誘捕，湯化龍等對清政府的憤懣就更為強烈。有人回憶說：

川漢鐵路問題發生……革命有一觸即發之勢，因與其平日
最親信的胡瑞霖、阮毓崧等在時象晉家商議（都是諮議局
議員）數次，時受其子功玖（留學日本，參加同盟會）的
影響，思想較為進步，主張革命爆發，我們應該參加，不
應該避開。湯計乃決。⑳

這裏所反映的情況完全符合湯化龍的思想發展邏輯，說明在武昌
起義前，湯化龍已經有了附和或參加革命的準備。10月11日，他
在湖北軍政府成立會上說：「對於革命，鄙人素表贊成。」㉑這
裏固然有對自己的美化，但也不完全是違心之言。

武昌起義之後，湯化龍主要做了下述工作：

1.參與創立和支持湖北軍政府。10月11日上午，革命黨人邀
湯化龍到諮議局開會，建議他出任都督。湯化龍考慮到時局未定
，猶豫過，也心動過，「未有絕對拒絕意」㉒，但他考慮到清政
府必定迅速派兵來鄂，進攻起義軍，因而建議首先通電各省，請
一致響應，同時表示：「此時正是軍事時代，兄弟非軍人，不知
用兵，關於軍事，請諸位籌畫，兄弟無不盡力幫忙。」㉓這些意
見，應該說是認真的、積極的。下午會議結束前，胡瑞霖發言對
起義軍的嚴明紀律表示欽佩，自動聲言：「諸同志如需用款項，
諮議局可先墊借五萬元。」㉔當晚，胡瑞霖即送來大銀寶一百四
十九個，小銀錠十五個。㉕胡瑞霖與湯化龍是兒女親家，多年來
政治活動的老搭檔。他的這一舉動自然是徵得湯化龍同意的結果
。此外，湯化龍還控制著漢口各團體聯合會，該會擁有一支商團
性質的武裝，配備著兩千條毛瑟槍。在光復和保衛漢口的戰鬥中
，漢口各團體聯合會出錢、出糧、出人，發揮了很大作用。㉖這
顯然也與湯化龍的態度有關。

2.以諮議局名義通電全國。電文說：「清廷無道，自召滅亡
，化龍知禍至之無日，曾連合諸公奔赴京都，籲請立憲。乃偽為
九年之約，實無改革之誠。溥儀豎子黃口，攝政愚謬昏庸。兵財

大權，存亡所繫，而竟摒棄漢人，悉授親貴」。又說：「維新絕望，大陸將沉。吾皇皇神明之裔，豈能與之偕亡？楚雖三戶，勢必亡秦；非曰復仇，實求自救。武漢義旗一舉，軍民振臂一呼，滿酋瑞澂，倉皇宵遁。長江重鎮，日月重光。立乾坤締造之丕基，待舉國同心之響應。特此通電告慰，望即不俟劍履，奮起揮戈，還我神州，可不血刃」。㉗該電主要譴責清政府的假立憲和皇族內閣，確係請願運動失敗之後立憲派心理的表現。應該承認，這份電報在動員各省諮議局人士附和革命上是起了作用的。

　　3.演說鼓動。除10月11日下午軍政府成立會外，湯化龍還在諮議局台階上發表過一次演說，略云：「本局為國民代表，原有興復責任。既經諸君推舉，事已成局，自當盡死報命，成則共圖勛名，敗則生靈塗炭。我漢人從此揚眉吐氣，在此一舉；我漢人萬劫不復，亦在此一舉。」㉘當時，有一個在武昌的清朝官僚記載說：「湯化龍等到處演說，以『某省已陷，某軍同黨，第六鎮（指吳祿貞所率隊伍——筆者）來，已備歡迎』等語，借維眾人。」㉙可見，湯化龍發表演說還不止一兩次，他對鼓舞和安定人心是重視的。

　　4.對外宣布政策。10月13日，美國領事訪問湖北軍政府，湯化龍隨同黎元洪接見。美國領事問及擬採何種政體，湯化龍明確答復：「共和。」㉚

　　5.動員海軍起義。10月12日，清海軍提督薩鎮冰率艦隊抵鄂。薩是黎元洪的老師，湯化龍曾建議以黎的名義致書薩鎮冰，動員海軍起義。㉛11月，薩鎮冰率艦隊東下，湯化龍的弟弟、海軍高級參謀湯薌銘等在九江起義。九江軍政府向武昌請示，湖北軍政府即派革命黨人李作棟帶著湯化龍的私函前去聯繫。㉜不久，湯薌銘即率艦隊航返武昌，參加對清軍的作戰。

　　6.反對譚延闓任湖南都督。10月31日，湖南諮議局議長譚延闓出任都督。11月1日，湖北軍政府接得湖南另舉都督的來電，

當時，還不知道焦、陳已經被殺，黃興、宋教仁都反對捨焦達峰而另舉他人。湯化龍雖和譚延闓是國會請願運動中的老伙伴，但他也不以譚出任都督爲然。他說：「軍事緊急之秋，一省都督，不宜文士，當用武人。」當黎元洪表示「吾輩但賀新都督，不問舊都督」時，湯化龍和黃興、宋教仁一起離開了會場。㉝

　　7.參與制訂《鄂州約法》。《鄂州約法》是按照共和國理想制訂的第一個地方法律。它的執筆者是宋教仁，但湯化龍曾參加討論，「相與贊賞」。㉞

　　湯化龍在湖北軍政府任職期間也有嚴重錯誤。其一爲排斥革命黨人。參加軍政府工作的革命黨人大多爲新軍士兵和青年學生，政治上不成熟，缺乏經驗。因此，軍政府一度出現過較嚴重的忙亂現象。湯化龍借機對軍政府進行改組，大量任用原立憲派，遭到革命黨人的反擊。其二，在和袁世凱議和過程中態度有某種動搖。漢口被清軍馮國璋部攻陷後，袁世凱派蔡廷幹、劉承恩二人到武昌議和。湯化龍曾爲黎元洪起草過一份給袁世凱的復函，中稱：「嗣又奉讀條件，諄諄以立憲爲言，時至二十世紀，無論君主國、民主國、君民共主國，皆莫不有憲法，特其性質稍有差異，然均謂之立憲。將來各省派員會議，視其程度如何，當採取何等政府，其結果自不外立憲二字。特揆諸輿情，滿清恐難參與其間耳。」㉟這裏，在是否必須實行共和政體上語意模稜，但在反對清政府這一點上，態度仍是堅決明確的。

　　綜上所述，在武昌起義前夕，湯化龍已經對清政府絕望，有了參加或附和革命的思想準備；起義之後，他有過猶豫，但從總的方面看，對這場革命的到來是歡迎的、支持的。這樣的人，當然不會密電清廷，參與反革命的串連。

　　「密電」案還牽涉到李國鏞。在有些史學家的著作中，他也是個壞人。但事實是，他雖屬立憲派，但卻早與吳祿貞等革命黨人有來往，曾受到地方紳士控告，稱他「借辦學之名，內部宗旨

恐不純正」。㊱湖北地區的革命團體科學補習所、日知會開辦時
，他都曾捐款支持。關於這一方面的情況，1965年章裕昆發函向
張難先調查，其子張徹生答復說：

> 四月二十一日信已唸給家父聽了，說所詢李國鏞之捐財資
> 援革命事，因渠個性慷慨，出財資助日知會與科學補習所
> 是事實。在我出獄時，他還送我一點錢的。㊲

1907年初，清政府封禁日知會，張難先是和劉靜庵等一起被捕的
九個革命黨人之一，後被保釋出獄。李國鏞對科學補習所和日知
會的內情不一定很了解，但他在張難先出獄後，仍然肯於資助，
這說明他是一個有進步傾向的人，而不是一個維護清朝政府統治
的狂熱分子。李國鏞曾經寫過一本《起義日記》，敘述他在湖北
軍政府成立以後贊成革命的情況，雖不無自我誇耀之處，但和其
他史料對勘，不少事情還是可信的。這樣的人，當然也不會參與
推翻湖北軍政府的串連。

有些回憶還提到馬吉樟。他是清朝官吏，但其人昏庸愚怯。
武昌起義後，他先是穿好服裝頂戴，坐在提法使大堂上，說是等
革命黨人來殺，「庶得殉節。」㊳隨即又派人打聽向民軍的「投
降手續」㊴。顯然，也不會參與密謀。

至於蔡登高和張振標，根據現有資料看，他們確實和清方有
勾結，也有陰謀，但既與湯化龍、黎元洪無關，也與柯逢時、連
甲沒有牽連，他們是清軍第八鎮統制張彪派來的。關於此，李翊
東回憶說：

> 廿一晚（10月12日），有一大漢手持燈籠，倉皇奔至方定
> 國前處，遞一紙條。方閱後即撕，咽口內，該大漢轉身欲
> 逃……翊東乃令將該漢抓住，訊知其為旗兵，並供出同謀
> 者有江〔張〕振標、蔡登高等十餘人……翊東以方定國通
> 敵證實，遂將方之徽章、軍刀及手槍摘下，押入邢伯謙同
> 志軍裝處辦公室。當場又下令將江〔張〕振標、蔡登高及

某（姓名忘之）等三人拿獲。比即訊知，江〔張〕係張彪
馬弁，蔡登高皆張派來之偵探。⑩

李翊東是破案人和主審人，此文寫於1930年，是他關於這件事的
最早回憶，還沒有受到「密電」說的影響，應該是可信的。

　　前引材料已經證明，柯逢時是反對革命的。但他原來是個連
辦洋務也反對的頑固分子。⑪後來出任江西、廣西巡撫、八省膏
捐局督辦大臣等職。「性刻薄，善聚斂」，名聲不好。⑫他和湯
化龍政治上並不是一派，平時交往也不多。武昌起義後不久，他
們就能推心置腹，冒險作反革命的串連，這是與情理不合的。⑬
附帶指出，隨著形勢的發展，柯逢時的態度也有了某些變化。10
月21日，他出任「守中立」的武昌保安社社長，只求「保安」身
家了。

　　綜合上述各點考察，筆者認為，所傳湯化龍「密電」一案不
足憑信。

四

　　現在，須要進一步考察「密電」說的由來。

　　俗話說，無風不起浪，完全荒誕的謠言是不會有市場的。某
些訛傳之所以能擴散，常常是因為它有某些真實或似乎合理的成
分，有特定的背景，結果，以訛傳訛，加進去的想像、猜測愈來
愈多，距離事實真相也就愈來愈遠了。

　　筆者認為，湯化龍「密電」案就是這樣一種訛傳。

　　如前所述，連甲在11日躲到柯逢時家中，二人之間確有密謀
，連甲給清政府發有密電，是在改裝之後由柯逢時派林敬之送出
武昌的。這是事實。

　　武昌起義之後，柯逢時也給清政府發過電報。《時報》記載
說：「聞柯逢時有電至京，糾參鄂督瑞澂辜恩溺職，非明正典刑
，不足以折服人心。」⑭

　　湯化龍也確實起草過給清政府的電報。湖北軍政府首任交通
部部長李作棟回憶說：「（湯化龍）爲了表示心無別意，說柯逢
時家中有與清廷軍機處通電的『辰密』電碼，建議我們利用這個
密碼，借瑞澂名義向各省打電求援，在電文中誇大革命軍聲勢，
以造成清方的混亂。我們贊成這個意見，就由我與陳雨蒼兩人到
柯家取出密碼，由湯化龍擬電稿，由夏維崧送往漢口俄領事館發
出，對俄領事只說這是民軍方面的密電。」⑤當時任交通部副部
長的李欽則說：「當獲武昌電局送皖撫朱家寶詢鄂中革命情形致
瑞澂密電一通，欽率人向柯逢時索取密碼，當即據來電以瑞澂名
義復去，力述革命黨勢焰甚盛，請即派兵助剿。」⑥李欽的這段
敍述比較簡略，但他補充了一個細節，即是由安徽巡撫朱家寶詢
問鄂中情形的來電引起的。除李作棟、李欽外，李廉方也從湯化
龍、胡瑞霖處聽說過這件事。他又補充了幾個細節：電文內容大
意爲，瑞澂聲言「退駐兵艦，死守待援」；夏維崧向俄領事商洽
發報，是冒充瑞澂委托等。⑦

　　武昌起義初期，各省還處在清方控制下，要擴散武昌起義的
影響，對清朝統治者和各省官吏進行攻心戰，湯化龍所提建議不
失爲一個有效的辦法；於此亦可見湯化龍傾向革命的苦心。據當
時在清軍諮府任副使的哈漢章說：清廷從俄國公使館接得轉來的
電報後，大爲驚慌，立即召開御前會議，竟商量如何退往熱河的
問題。⑧

　　李作棟、李欽、李廉方都是當事的革命黨人，所述自亦可信
。此外，現存文獻材料也可以提供一點證明。在中國第一歷史檔
案館所存未刊檔案中，有河南巡撫寶棻10月14日的一封電報，中
云：

　　　　內閣、軍諮府、陸軍部、度支部、郵傳部、各省制台、撫
　　　　台鑒：辰。武昌失陷，督署密碼電本恐已爲賊所得，昨晚
　　　　敞處接漢車站發來辰密電一件，既未標明辰密字樣，下署

　　瑞澂又無印字，種種均與京外通行電式不合，且有借款購

　　糧，運送劉家廟，備大軍之用等語，詞意支離，尤爲可疑

　　。此事關係甚巨，格外留意爲幸。菜。漾。

寶菜接得的漢口瑞澂來電爲「辰密」，李作棟從柯逢時處借得，
由湯化龍擬稿發出的也是「辰密」，二者相合。「種種均與京外
通行電式不合」，「詞意支離，尤爲可疑」，這些地方，說明寶
菜接得的可能就是湯化龍所作的贗品。

　　筆者認爲，所傳湯化龍「密電」案即係上述幾件事的訛傳。
它有某些「眞實」的成分，又有若干猜測和想像。

　　湯化龍原來是立憲派。武昌起義之後，他雖然得到一部分革
命黨人的信任，但也受到一部分革命黨人的猜忌。湖北軍政府成
立不久，軍政府中就發生了衛隊司令方定國等人的謀叛案，湖南
發生了譚延闓謀殺焦達峰、陳作新案，湯化龍本人又確有向革命
黨人奪權的舉動。這些地方，都會加強革命黨人對湯化龍的警惕
。10月下旬，在清陸軍部任代司長的革命黨人蔣作賓南下武昌，
由湯化龍單獨迎接。一部份革命黨人不了解蔣作賓的身份，懷疑
他的來意，也懷疑湯、蔣之間的關係。[49]在上述種種情況下，由
某些片斷事實和蛛絲馬跡而敷演出「密電」說，是很自然的；而
護送連甲出城的林敬之，由於他了解某些事實，而又不了解全部
事實，則很容易參加「密電」說的創作並成爲它的證明者。

五

　　筆者無意於全面爲湯化龍辯護。在武昌起義前後，湯化龍的
活動有功也有過，這是需要另作分析的，本文只想指出，所傳「
密電」案不足憑信，湯化龍並未與柯逢時、連甲、黎元洪等串連
，陰謀推翻湖北軍政府，據此判定他爲兩面派是不符合事實的。

【附記】本文收集材料過程中，得到中國第一歷史檔案館和《歷史檔案》編

　　　輯部方裕謹先生等的熱情支持，謹致謝意。

（原載《復旦學報》，1981年第3期：《紀念辛亥革命
70周年學術討論會論文集》，中華書局1983年6月版）

【註　釋】

① 見李時岳：《辛亥革命時期兩湖地區的革命運動》，三聯書店1957年版
，第18頁；郭沫若主編：《中國史稿》第4冊，人民出版社1962年版，
第 188 頁；章開沅：《武昌起義》，中華書局1964年版，第78頁；王來
棣：《辛亥革命時期湖北軍政府剖析》，《近代史研究》，1980年第 1
期，第 143 頁。

② 《六十談往》，1944年版，第29頁。

③ 同前註。

④ 《座談辛亥首義》，《辛亥首義回憶錄》㈠，1957年版，第 10-11 頁。

⑤ 《武昌首義紀事》，《辛亥首義回憶錄》㈣，第39頁。

⑥ 《文學社武昌首義紀實》，1955年4月第二次印刷本，第45頁。該書
1952年第1次印刷本沒有這一段記載。1964年，章裕昆在《有關孫中山
先生民主革命史料片段》（全國政協文史資料未刊稿）中放棄了這一簡
略的記載，改用胡祖舜說。但他故弄玄虛，聲稱是根據湖北革命實錄館
所藏材料寫的。筆者查閱過現藏於湖北省博物館的全部實錄材料，發現
章裕昆實際上是根據居正《梅川日記》寫的，而居正又是聽胡祖舜說的。

⑦ 中國第一歷史檔案館藏。

⑧ 《近代史資料》，1954年第1期，第78頁。

⑨ 中國第二歷史檔案館編：《中華民國史檔案資料彙編》第1輯，第170
頁。

⑩ 向訏謨：《治國日記》云：「（10月11日）午後，偕同學等在諮議局內
齊集休息，謨同傅、李二人至局，與湯議長濟武（即湯化龍——筆者）
、胡議員子笏、李君玉山、蔡同學國禎會議我軍進行策略。」稿本，近
代史研究所藏。

⑪ 中國第一歷史檔案館藏。

⑫ 《中華民國史檔案資料彙編》第1輯，第 169 頁。部分文字據中國第一

歷史檔案館所藏原件校正。

⑬　轉引自《袁世凱致內閣請代奏電》，《近代史資料》，1954年第 1 期。

⑭　連甲：《致內閣總、協理大臣電》。

⑮　李建侯：《武昌首義前後憶事八則》，《辛亥革命回憶錄》㈡，第80頁。

⑯　《宣統政紀》，卷四五，第 4-5 頁。

⑰　參見《徐佛蘇記梁任公先生逸事》，《梁任公先生年譜長編初稿》，上
　　冊，台北版，第 314-315 頁；伍憲子：《中國民主憲政黨黨史》，香港
　　版，第16頁。

⑱　參見李廉方：《辛亥武昌首義紀》，第15頁；《前文學社同人公啓》，
　　《辛亥革命》㈤，第 4 頁。

⑲　粟勘時：《湘路案》，《辛亥革命》㈣，第 551-552 頁。

⑳　彭伯勛：《我所知道的湯化龍》，全國政協文史資料未刊稿。

㉑　曹亞伯：《武昌革命眞史》正編，第36頁。

㉒　李廉方：《辛亥武昌首義紀》，第 103 頁。

㉓　同註㉑。

㉔　李春萱（作棟）：《辛亥首義紀事本末》，《辛亥首義回憶錄》㈡，第
　　169頁。

㉕　向訏謨：《治國日記》稿本，近代史研究所藏。

㉖　朱正齋、李猿公：《清末漢口各團體聯合會的組織、發展及其在武昌起
　　義中的作用》，全國政協文史資料未刊稿。

㉗　張國淦：《辛亥革命資料》，第101頁；參見《李國鏞起義日記》， 第
　　3 頁。

㉘　《時報》，辛亥年八月二十八日；部分文字據《各省獨立史別裁》（
　　1912年 4 月版）校正。

㉙　王孝繩：《辛亥武昌兵變旅行記》，《辛亥前後》（盛宣懷檔案選編）
　　，第 204 頁。

㉚　黃中愷：《辛壬聞見錄》，近代史研究所藏抄件。

㉛　《李欽事略》：「請黎都督以師生之誼勸其投誠，都督然之，請化龍議

書一件，欽持書偕胡鄂公往投。」見湖北省博物館藏原湖北革命實錄館
檔案，㈢ 110 號；朱峙三：《歷變記》稿本同此說。胡鄂公：《武昌起
義三十五日記》則云：《化龍請黎公致函薩鎮冰及各艦艦長，黎公允之
，予遂推荐秘書草擬信稿。」見《辛亥武昌首義史編》，台北版，第
996頁。

㉜ 李春萱（作棟）：《辛亥首義紀事本末》，《辛亥首義回憶錄》㈡，第
206頁。

㉝ 《武昌革命眞史》正編，第 225-226 頁。

㉞ 黃中愷：《辛壬聞見錄》，近代史研究所藏抄件。

㉟ 《黎元洪等致袁世凱書》，《近代史資料》，1954年第 1 期，第73頁。
所據原件，據字跡判斷，認爲是湯化龍所寫。

㊱ 《李國鏞起義日記》，第 2 頁。

㊲ 湖北省博物館藏，㈢ 555 號。

㊳ 黃中愷：《辛壬回憶錄》，近代史研究所藏抄件。

㊴ 同前註。

㊵ 《書吳醒漢武昌三日記後》，手稿，上海圖書館藏。

㊶ 1899年，西太后召見柯逢時，問他：「洋務該如何辦？」柯逢時答道：
「洋務可不必辦。近來辦洋務之人未必有心國家，總要取心術純正者辦
理爲是。」見《柯逢時日記》，湖北省博物館藏稿本。

㊷ 胡祖舜：《六十談往》，第28頁。

㊸ 居正：《梅川日記》提到的「密電」案參與者還有陳夔龍，其實，陳於
1909年已自湖廣調任直隸總督，一直未離任。

㊹ 《時報》，辛亥年九月四日。

㊺ 《座談辛亥首義》，《辛亥首義回憶錄》㈠，第14頁。

㊻ 《李欽事略》，湖北革命實錄館檔案，湖北省博物館藏，㈢ 110 號。

㊼ 《辛亥武昌首義紀》，第 105-106 頁。

㊽ 《座談辛亥首義》，《辛亥首義回憶錄》㈠，第 14-15 頁。

㊾ 胡祖舜：《六十談往》，第35頁。

蔣介石爲何刺殺陶成章

　　1912年1月14日，光復會領袖陶成章在上海廣慈醫院被刺。關於此案，當時人已經普遍懷疑是陳其美指使蔣介石所爲；後來，毛思誠在編著《民國十五年以前之蔣介石先生》一書時，也承認不諱。近讀中國第二歷史檔案館所藏《中正自述事略》殘稿一冊，發現它的記載較毛思誠所著詳盡，且係蔣介石「自白」，因此，史料價值更高，有助於回答蔣介石刺陶這一疑案。《事略》以毛筆恭楷寫成，文字略有蝕損。現將有關段落照錄如下，凡蝕損處均以□□表示，可以意補的地方則以括號標明。

　　《事略》述1908年的經歷時說：

　　　　是時之知交，以竺紹康爲第一人……余無形中亦漸染其風尚。彼□（言）錫麟之死，實爲陶成章之逼成，不然，以□□（徐之）學行，其成就必不止此。又談，陶之爲人，不易共事。余聞此乃知陶、龔日常詆毀徐伯□□（生有）帝王思想者，實有其他意圖。余當時聞陶、龔毀徐，僅以爲伯生已死，即有過誤，我同志不應再加猜測，詆毀先烈而已，而孰知伯生之死，爲陶所逼□（乎）！自此，即甚鄙陶之爲人，以其無光明正大態度，無革命人格。

竺紹康，浙江會黨首領，曾與秋瑾、徐錫麟共同在紹興創辦大通學堂，策劃起義。1908年與蔣介石相識。1910年去世。錫麟，即徐錫麟，字伯蓀，蔣介石寫作伯生，章太炎寫作伯孫。龔，指龔寶銓，光復會的重要成員。按：徐錫麟和陶成章本是志同道合的戰友，後來，因在革命途徑及大通學堂應否續辦等問題上意見分歧，二人發生衝突。1907年，徐錫麟依靠表伯、山西巡撫俞廉三

的關係，以道員分發安徽，被任命爲巡警學堂會辦，深得信任。
7月，刺殺巡撫恩銘，被捕犧牲。關於此事，章太炎曾說：「其
後伯蓀入官頗得意，煥卿等不見其動靜，疑其變志，與爭甚烈，
及伯蓀殺恩銘，始信之。」①竺紹康所言，「錫麟之死，實爲陶
成章之逼成」，指此。這一事實表現出陶成章性格的一個突出弱
點——多疑，但據此即將徐錫麟之死的責任歸在陶成章身上，並
由此認爲其「無革命人格」，顯然不妥。

《事略》又說：

> 及陶由南洋歸日，又對孫中山詆毀□□（不遺）餘情。英
> 士告余曰：陶爲少數經費關係，不顧大體，掀起黨內風潮
> ，是誠可憾，囑余置之不理，不爲其所動，免致糾紛。余
> 乃知陶實爲自私自利之小人，向之每月接濟其經費者即停
> 止，不與其往來也。

1907年春，同盟會內部發生反對孫中山的風潮，陶成章是參預者
之一。1909年9月，陶成章因在南洋募捐未獲滿意結果，聯絡李
燮和、柳聘農、陳方度、胡國梁等七、八人以東京南渡分駐英、
荷各屬辦事的川、廣、湘、鄂、江、浙、閩七省同志的名義起草
《孫文罪狀》，指責孫中山有「殘賊同志」、「蒙蔽同志」、「
敗壞全體名譽」等罪狀十二條，要求開除其總理一職，通告海內
外。《罪狀》並誣稱孫中山貪污公款，在香港、上海存款二十萬
云云。陶成章並帶著《罪狀》，趕赴東京，要求同盟會本部開會
討論。《事略》所稱「爲少數經費關係，不顧大體，掀起黨內風
潮」，指此。這一事實同樣表現出陶成章思想性格中的弱點，陳
其美批評其「不顧大體」是有道理的，但由此判定其爲「自私自
利之小人」，也顯然不妥。

《事略》又云：

> 當革命之初，陶成章亦□（踵）回國，即與英士相爭，不
> 但反對英士爲滬軍都督而顛覆之，且欲將同盟會之組織根

本破壞，而以浙江之光復＜會＞代之爲革命之正統，欲將同盟會領袖□□（孫、黃）之歷史抹煞無遺，並謀推戴章炳麟以代孫先□（生），□（嗚）呼革命未成，自起紛爭。而陶之忌刻成性，竺紹康未死前，嘗爲余曰：「陶之私心自用，逼陷徐伯生者，實此人也。爾當留意之！」惜竺於此時已逝世，而其言則余初未□（忘）。及陶親來運動余反對同盟會，推章炳麟爲領袖，並欲置英士於死地，余聞之甚駭，且怨陶之喪心病狂，已無救藥，若不除之，無以保革命之精神，而全當時之大局也。蓋陶已派定刺客，以謀英士，如其計得行，則滬軍無主，長江下游必擾亂不知所之；而當時軍官又皆爲滿清所遺，反復無常，其象甚危，長江下游，人心未定，甚易爲滿清與袁賊所收復，如此則辛亥革命功敗垂成，故再三思索，公私相權，不能不除陶而全革命之局。

本段中，蔣介石坦率地承認，他是刺陶案的主凶，並列舉了許多理由，證明他的行動是有功於革命的正義之舉。其實，不管是出於哪種理由，刺陶都是錯誤的。在這些理由中，有些還有可疑之處。例如所謂陶成章準備刺殺陳其美的問題。蔣介石是陳其美的親信，這一點陶成章不可能不知道，他怎麼會糊塗到向蔣介石透露刺陳方案，甚至動員蔣下手呢？倒是蔣介石所說的其他理由，對於說明陶成章的死因，有一定意義。如蔣介石稱，陶成章「回國即與英士相爭，反對英士爲滬軍都督而顛覆之」，以及「反對同盟會」等，應該說，這才是陶成章的眞正死因所在。

　　1909年秋陶成章再次掀起反對孫中山的風潮後，因受到黃興等人的抵制，於次年2月在東京重建光復會，以章太炎爲會長，正式與同盟會分家。1911年籌備廣州起義期間，兩會關係有所緩和。不久，趙聲在香港患盲腸炎逝世，陶成章懷疑爲胡漢民所毒，再次對同盟會產生疑忌。同年7月，陶成章應尹銳志、尹維峻

姊妹之邀,回到上海,組織銳進學社,作爲秘密聯絡機關。當時,陳其美、譚人鳳、宋教仁等正在上海籌備成立同盟會中部總會,以便在長江中下游發動起義。同月26日,陳其美、陶成章在沈緞雲宅開會,討論合作問題,二人發生爭執,陳其美一怒之下,竟掏出了手槍。幾天後,陶成章匆匆離滬,再赴南洋,上海一地存在著兩個革命組織的狀況也就因之未能改變。所幸的是,面對共同的敵人,雙方大體仍能配合。11月3日,上海起義發動,陳其美率隊奪取製造局,他隻身入內勸降,被扣押。起義群衆奮勇進攻,光復會的李燮和也調來軍警助戰,救出了陳其美。11月6日,滬軍都督府成立,陳其美被推爲都督,李燮和任參謀。對此,李燮和與光復會的人都很不高興。有人主張逮捕陳其美,治以「違令起事,簒竊名義」之罪②。李燮和不同意,於11月9日率部去吳淞成立軍政分府及光復軍總司令部,自任總司令,宣布只承認蘇州軍政府爲全省的軍政府,「所有上海地方民政、外交等事,均歸蘇州軍政府辦理」③。這樣,同盟、光復兩會矛盾再度公開化。

　　上海光復之際,陶成章自南洋歸國。他未能因應形勢,和同盟會棄嫌修好,相反,卻繼續鼓吹和同盟會分家,進一步惡化和孫中山的關係。南京攻克後,各省都督府代表聯合會在上海開會,推舉大元帥,一部分人主張推黃興擔任,以朱瑞爲首的浙軍將領則主張推黎元洪,强烈反對黃興。時任浙軍參謀的葛敬恩後來回憶說:「祖黃(亦即祖孫)祖黎一時鬧得不可開交。光復會分子反對同盟會日益露骨,陶煥卿、李燮和一派鼓吹與同盟會分家,我們就成了此等人的對象。」④會議本已於12月4日選舉黃興爲大元帥,黎元洪爲副,但於12月17日又改推黎元洪爲大元帥,黃興爲副,代行大元帥職權。這一變化,原因複雜,但同盟會方面認爲和陶成章「嗾動軍隊」有關。⑤12月20日,馬君武鑒於孫中山即將回國,在上海《民立報》著文,盛贊孫中山的革命品格

和經驗，斷言財政及外交等問題，「通計中國人才非孫君莫能解決」。該文稱：

> 孫君之真價值如此，日人官崎至謂其為亞洲第一人傑，而尚有挾小嫌宿怨以肆誣謗者，其人必腦筋有異狀，可入瘋人院也。吾平生從不阿諛人，又以為吾國素知孫君，故默默然不贊論。今見反對孫君之人大肆旗鼓，扇惑軍隊，此事與革命前途關係至大，又孫君於數日內將歸國，故不能已於言。⑥

馬君武此文所稱「挾小嫌宿怨以肆誣謗」，「大肆旗鼓，扇惑軍隊」的人，顯指陶成章。辛亥前，馬君武長期生活在德國，和同盟、光復兩會之間的矛盾素無關係。他感到「不能已於言」而出面著文，可見陶成章的活動已經引起了嚴重的關切。當時，《民立報》和南洋同盟會員曾經為孫中山做過部分輿論鼓吹工作，陶成章等人認為意在為孫中山「騙取總統」。1912年1月，孫中山就任臨時大總統後，陶成章曾致書孫中山，重提「南洋籌款」舊事。孫中山憤而復書，責問陶在南洋發布《孫文罪狀》的理由，並稱：「予非以大總統資地與汝交涉，乃以個人資地與汝交涉。」⑦這樣，兩人間沉澱已久的猜嫌再度攪起。

這一時期，陶成章與陳其美的矛盾也進一步尖銳化，突出地表現在幾個問題上：

1.陶成章拒絕陳其美的「協餉」要求。據章天覺回憶，陳其美為在上海籌辦中華銀行，曾向浙江都督湯壽潛要求「協餉」25萬元，作為發行紙幣的準備金。當時，陶成章在浙江軍政府任總參議，湯壽潛向陶徵求意見，陶表示容「緩商」，湯壽潛即復電拒絕。後來，陳其美當面質問湯壽潛，湯答以陶成章「不允」⑧。其他記載也說，陳其美曾因軍需，向陶成章要求分用南洋華僑捐款，陶回答說：「你好嫖妓，上海儘有夠你用的錢，我的錢要給浙江革命同志用，不能供你嫖妓之用。」⑨

2.陶成章對陳其美在滬軍都督任內的作爲不滿。樊光回憶說：「時陳其美在滬督任上，聲名惡劣，（陶成章）當然是大不滿意，間有譏評」⑩。

3.陶成章在上海練兵並號召舊部。據《民立報》記載，1911年11月下旬，爲了進攻爲清軍盤據的南京，陶成章曾電飭浙江溫、台、處三府，添練義勇三營，又電告南洋各機關，速匯巨款；同時又在上海成立「駐滬浙江光復義勇軍練兵籌餉辦公處」，準備在閔行鎮一帶練兵⑪。這一舉動，自然更易引起陳其美的警惕，認爲其鋒芒是指向自己的。1912年初，章太炎曾勸告陶成章：「江南軍事已罷，招募爲無名。丈夫當有遠志，不宜與人爭權於蝸角間。」⑫所謂「與人爭權」，自然是指陳其美等。

南京臨時政府成立後，湯壽潛出任交通總長，所遺浙江都督一職建議在陳其美、章太炎、陶成章三人中擇一以代。從當時輿論看，幾乎是一片擁陶聲。有的說：「成章早一日涖任，即全浙早一日之福。」⑬有的說：「非陶公代理，全局將解體矣！」⑭有的甚至說：「繼其任者，惟有陶煥卿，斯人不出，如蒼生何！」⑮章太炎也積極爲陶成章活動，認爲「浙中會黨潛勢，尤非煥卿不能拊助」⑯。陳其美不會樂意丟掉上海去當浙江都督，但由陶成章出任，陳其美也不會安枕。

當時，上海已經謠傳陳其美準備刺殺陶成章，王文慶在南京也得到「確實消息」，陶成章在滬「大不利」。⑰於是，陶成章先後避居於客利旅館、江西路光復會機關、匯中旅館、廣慈醫院等處。1月7日，他在《民立報》發表通告，內稱：

> 當南京未破前，舊同事招僕者，多以練兵、籌餉就商於僕，僕未嘗敢有所推諉。迨南京破後，僕以東南大局粗定，爰函知各同事，請將一切事宜商之各軍政分府及杭州軍政府，以便事權統一，請勿以僕一人名義號召四方，是所至禱！恐函告未周，用再登報聲明。

這一通告表明，陶成章已經十分清晰地感到了自身處境的危險，正在力圖使對手相信，他不會組織軍事力量，「號召四方」，構成什麼威脅。1月11日，他又通電聲明，不能勝任浙江都督一職，電文云：

> 公電以浙督見推，僕自維輇才，恐負重任。如湯公難留，則繼之者非蔣軍統莫屬，請合力勸駕，以維大局。[18]

蔣軍統，指蔣尊簋，同盟會會員，陶成章此舉仍然是爲遠禍保身，但是，他的「舊同事」們卻不能理解他的苦衷，沈榮卿等以「全體黨員」名義致電各報館及陶成章，電稱：

> 頃閱先生通告各界電，駭甚。先生十餘年苦心，才得今日之收果。吾浙倚先生如長城，經理浙事，非先生其誰任？況和議決裂，戰事方殷，榮等已號召舊部，聽先生指揮。先生爲大局計，萬祈早日回浙籌備一切，若不諒榮等之苦衷，一再退讓，將來糜爛之局不可逆料。敢布區區，敬達聰聽。[19]

這份電報不啻是陶成章的催命符。

1911年12月，還在浙軍反對黃興出任大元帥的時候，陳其美就曾請浙軍參謀呂公望轉告陶成章「勿再多事，多事即以陶駿保爲例」[20]。陶駿保原爲鎮軍軍官，1911年12月13日爲陳其美槍斃，可見，當時陳其美已萌發了除陶的念頭。這時，沈榮卿等又堅持要陶成章出任浙督，並且「號召舊部」，聽陶指揮，這樣，自然使陳其美感到事不宜遲。

《事略》又說：

> 余因此自承其罪，不願牽累英士，乃辭職東游，以減少反對黨之攻擊本黨與英士也。

這裏，實際上是在承認，「除陶」是陳其美指使的了。

在《事略》中，蔣介石自詡他的「除陶」是「辛亥革命成敗最大之一關鍵」，實際上，他的行爲極大地損害了革命隊伍的團

結，削弱了革命力量。此後，光復會即煙消雲散，原成員和同盟會更加離心離德了。

陶案發生後，輿論嘩然，蔣介石不得不避走日本；刺陶的另一凶手王祝卿逃到浙江嘉興，被當地光復會員雇人殺死。1912年9月，黃興、陳其美入京，共和黨設宴歡迎，邀請章太炎「同食」，但章太炎拒絕參加，他發表公開函件說：

> 陶成章之獄，罪人已得，供辭已明，諸君子亦當聞其崖略。自陶之死，黃興即電致陳其美，囑保護章太炎，僕見斯電，知二豎之朋比為奸，已髮上衝冠矣。㉑

黃興要求保護章太炎，但章太炎卻將黃興視為「朋比為奸」者，表現出對同盟會的深刻的猜忌和隔閡。

（原題《蔣介石刺殺陶成章的自白》，
載《近代史研究》，1987年第4期，增補重寫）

【註 釋】

① 章太炎：《答陶冶公代劉霖生問光復會及煥卿事書》，《浙江辛亥革命回憶錄》，浙江人民出版社版，第253頁。

② 楊鎮毅：《光復軍攻克上海江南製造局及陳其美篡取滬軍都督之真相》，《辛亥革命回憶錄》第1集，文史資料出版社1981年版，第33頁。

③ 《中華民國駐吳淞軍政分府李宣言》，《民立報》，1911年11月17日。

④ 葛敬思：《辛亥革命在浙江》，《辛亥革命回憶錄》第4集，第123-124頁。

⑤ 太炎口授，寂照筆述：《光復繼起之領袖陶煥卿君事略》，《陶成章集》，中華書局1986年版，第439頁。

⑥ 馬君武：《記孫文之最近運動及其人之價值》，《民立報》，1911年12月20日。

⑦ 魏蘭：《陶煥卿先生行達》，《陶成章集》附錄，北京中華書局1986年版，第436頁；參見前引太炎口授，寂照筆述：《光復繼起之領袖陶煥

卿君事略》。

⑧　《回憶辛亥》，《辛亥革命史叢刊》㈡，第 163 頁。

⑨　《辛亥革命回憶錄》㈥，第 286 頁。

⑩　《陶成章集》，中華書局版，第 444 頁。

⑪　《光復義勇軍紀聞》，《民立報》，1911年11月28日；參閱許仲和《章炳麟撰龔未生傳略注》，《浙江辛亥革命回憶錄》，第98頁。

⑫　《太炎先生自定年譜》，1912年。

⑬　《杭州電報》，《民立報》，1912年 1 月10日。

⑭　《杭州電報》，《民立報》，1912年 1 月11日。

⑮　同前註。

⑯　《越鋒日報》，1912年 1 月12日。

⑰　《陶成章集》，第 436 頁。

⑱　《民立報》，1912年 1 月12日。

⑲　《民立報》，1912年 1 月14日。

⑳　《光復繼起之領袖陶煥卿君事略》，《陶成章集》，第 438-439 頁。

㉑　《卻與黃、陳同宴書》，《大共和日報》，1912年 9 月19日。

孫中山與「租讓滿洲」問題

　　不少日文資料都提到，辛亥革命時期，孫中山曾同意將滿洲租借給日本。對於此事的真偽，日本學者山本四郎、久保田文次、藤井昇三等人已作過很深入的研究，特別是藤井昇三，多年來孜孜兀兀，發現了不少重要資料①。本文將在他們研究的基礎上，結合作者本人發現的材料，對這一問題進行考察和分析。

1912年森恪與孫中山的會談

　　日本國會圖書館所藏森恪1912年2月3日下午6時致益田孝特急電云：

> 中國財政窮乏，在年底（當係指舊曆年關而言——筆者）
> 以前如無一千五百萬元，即難以作戰，而革命政府亦將陷
> 於混亂。現因漢冶萍公司之五百萬元借款業已成立，故又
> 以招商局為擔保，向我國郵船會社及英、德、美國等進行
> 交涉，擬再借款一千萬元。此項借款，如在五日之內仍無
> 實現之希望，則萬事休矣；孫、黃即可能與袁世凱締結和
> 議，將政權轉讓與袁。關於租借滿洲，孫文已表應允。日
> 本為防止革命軍瓦解，如能在漢冶萍公司五百萬元借款之
> 外再借與一千萬元，則孫等與袁世凱之和議即可中止，而
> 孫文或黃興即可赴日訂立關於滿洲之密約。如借款不能到
> 手，則軍隊大有解散之虞。南京動搖，孫文必遭變故。故
> 我國如有決心斷然實行滿洲之事，即請在四日之內以電報
> 示知，續借一千萬元。如是，即可使其中止與袁世凱之和
> 議。②

森恪（1882－1932），日本大阪人。1901年被三井物產公司派到上海支店，任實習生，不久升職員，先後在上海、長沙、漢口、天津、北京等地活動，成為三井財閥的中國事務專家。益田孝（1848-1938），日本新潟人，三井財閥的總頭目。明治維新時期在橫濱經商。1872年由井上馨推荐，進入大藏省任職。1872年以後任三井物產公司理事長，對三井財閥的發展起了重要作用。武昌起義後，由於帝國主義把持中國海關等原因，中國革命黨人處於嚴重的財政危機之中。南京臨時政府成立，更急需一筆巨款以支持浩大的軍費開支，並籌劃北伐。1912年1月上旬，黃興致電日本政界元老井上馨，要求日方提供援助③。另一元老山縣有朋從井上處得知消息後，立即指示益田孝，乘此機會，與革命黨人訂立密約，使東三省為日本所有④。益田孝將這一任務交給了森恪，森恪即開始為此奔走。1月下旬，簽訂漢冶萍中日合辦草約，規定集股三千萬元，中日各半，由公司轉借五百萬元給臨時政府，作為購買武器與軍火之用。2月2日，森恪又親赴南京，與孫中山談判。此前，黃興正在和日本郵船株式會社上海支店長伊東米次郎及美國人司戴德、德國捷成洋行等磋商，擬以招商局為抵押，借款一千萬元⑤，尚未成功。森恪獲悉後，即在3日和孫中山會談時，以提供一千萬元借款為餌，誘使孫中山同意租借滿洲。本電即發於會談之後。據森恪記述，本電初稿由他用中文起草，曾經孫中山及胡漢民修改⑥。根據本電，可見南京臨時政府財政困窘和需款北伐的情況，它說明孫中山、黃興等人並不是一個心眼地想和袁世凱議和，只要財政上有辦法，議和即可中止。

　　森恪2月3日的電報比較簡略。2月8日，他有一封致益田孝的長函，詳細彙報了和孫中山會談的情況。據該函，當時在場的有南京臨時政府秘書長胡漢民、日人宮崎滔天、山田純三郎等人。會談中，森恪轉達了元老桂太郎的意見：

　　　　如閣下所知，如今世界為黃種人與白種人之戰場，為制止

白人勢力先鋒俄國之南下，確保日本存在之安全與東洋和
平，日本認爲有以日本之力量保全滿洲之必要。爲此，日
本已不惜以國運爲賭注，犧牲多數人之生命與財產。當俄
國仍圖南下、德人占據青島之際，滿洲終必假日本之手予
以保全。以今日之大勢論，僅賴中國政府單獨之力保全滿
洲，雖閣下恐亦難以確信；而以日本之立場觀之，更不能
不深感一任中國政府獨自維持之危險至極。事實已很明白
，滿洲僅賴中國政府之力已不能保全，此已爲貴我雙方之
所共認，故可斷言：滿洲之命運業已定矣。可以預料，革
命政府之前途必有諸多困難，基於地理上、歷史上之特殊
立場，如無日本之特殊援助，則其成功之可能實甚渺茫。
倘閣下決心捨棄命運已定之滿洲，一任日本勢力發展，以
此換取日本之特殊援助，完成革命大業，則日本必將立即
採取必要手段以滿足其要求。爲保全滿洲，日本已不惜進
行第二次戰爭。當今之際，閣下如能默默合作，則（日本
）國家懸繫已久之大問題可得解決，避免第二次戰爭，以
小努力取得大利益。不知閣下決心如何？若閣下所思與鄙
人一致，望速裁斷。⑦

森恪表示，這是桂太郎透露給益田孝的秘密意旨。倘孫中山有意
實行，則可由孫中山或黃興中的一人秘密赴日，日本將派軍艦迎
接，然後轉去京都，和從東京來的桂太郎會談，締結關於滿洲的
密約。

聽了森恪的陳述後，孫中山表示：

何曾料到，桂公已有此決心？長久以來，自身爲中國苦慮
，爲黃種人心憂。爲東洋和平計，滿洲無論何如亦須保留
於東洋人手中。因此，當此次舉事之初，余等即擬將滿洲
委之於日本，以此希求日本援助中國革命。但日本疏遠余
等，不相接近。當余發難之時，曾申請在日本立足，而日

本官憲不允余入境。在此情形下，余以日本政治家並無包容余等之度量，因而離日轉依美國。然由於地理上、人種上之關係，中國如無日本之同情與支援，即將一事無成，此乃運命攸關，故余為如何取得日本之同情而煞費苦心。其結果，日本有志人士為革命政府盡力者日漸增多，而日本政府迄今仍無轉變表示，是以余等為日本政府之態度如何而日夜心憂。

孫中山又表示：

上述桂公之意，若在余自歐洲歸國途中，甚或在到達香港時獲悉，則余當即繞道日本，決定此一問題。然今日時機已失，事已遲矣。蓋當時凡革命軍之事，俱可依本人與黃興之方針而定，今則不然。如今各省贊同余等主張者，自動舉起革命之旗，加入余等行列，余等既缺兵權，又缺財權，故在貫徹主張時不能無所顧慮，凡大事必須由眾議決定。其尤要者，最近革命政府之財政匱乏已達極點，缺少財源，無以供應軍隊，幾陷於完全破產之境地。倘近數日內，無足夠之資金以解燃眉之急，則軍隊恐將解散，而革命政府亦將面臨瓦解之命運。在此嚴重時刻，倘余等數日間不能露面，恐將產生余等窮極逃走之流言。基於以上實情，在舊年年末以前，不論採取何種手段，亦須籌得足以維持軍隊之資金。之所以斷然實行漢冶萍日中合辦，以取得五百萬元資金者為此；此次又苦心焦慮，欲以招商局為擔保，籌措一千萬元借款者，亦為此。然而，雖經種種籌劃，而時光荏苒，交涉迄無結果。一面，軍費之困窮日益嚴重，於軍隊解散、革命政府崩潰之前，作為最後之手段，唯有與袁世凱締訂和議，以防天下大亂；而後徐謀軍費供應，策劃再舉，以武力掃除北京勢力，擬定革新天下之方案。近來已頻頻與北方就和議進行交涉，談判已漸趨成

熟，雙方條件大體一致，只要南方決心一下，南北休戰言
和，合爲一體，隨時均可實現。然余等對於獲得財源，仍
懷一線希望。倘或有幸，此刻能獲得防止軍隊解散之足夠
經費，余等即可延緩與袁議和，俟年關過後再進一步籌借
資金，而後繼續排袁，仍按原計劃，堅決以武力消除南北
之異端，斬斷他日內亂禍根，樹立完全之共和政體，此即
余等之設想。但據迄今爲止之經過看來，獲得財源，仍無
希望。倘或不幸，在五天之內，即至九日，舊曆年關之前
，意欲籌得之一千五百萬元經費，如仍無成功之希望，則
萬事休矣。只好在革命政府未倒之前，掌握機先，達成南
北和議，將政權一時讓與袁世凱，除此別無他策。而政權
一旦轉入袁氏手中，其後事態如何演變，實難逆料，而與
日本簽訂密約之類，恐將無望。

談話最後，孫中山雖然再一次聲稱「時機已失」，但又表示，日
本政府如確能「火速提供資金援助」，「余或黃興中之一人可赴
日本會見桂公，就滿洲問題與革命政府之前途，共商大計。⑧

　　這次談話具體地透露了孫中山的困窘處境。當時，南京附近
集中了數萬軍隊，龐大的軍費和軍隊嘩變的擔憂已經壓得孫中山
等喘不過氣來。正如他在致章太炎信中所說：「（南京軍隊）每
日到陸軍部取餉者數十起」，「年內無巨宗之收入，將且立踣」
。「無論和戰如何，軍人無術使之枵腹。前敵之將士，猶時有嘩
潰之勢」⑨。二者所述，完全吻合。這段談話也告訴我們，孫中
山與袁世凱的和談實非得已，租讓滿洲主要是爲了獲得「排袁」
必需的經費，孫中山的理想還是「以武力掃除北京勢力」，「消
除南北之異端，斬斷他日內亂禍根，樹立完全之共和政體」。

　　2月3日會談之後，森恪因與安徽銅官山礦業代表會見，離
開南京，前往上海。5日，孫中山致電森恪，希望迅速得到日方
關於一千萬元貸款的回答。同日下午3時，森恪致電益田孝：「

滿洲。焦急等待對我等 3 日南京特急電之回答。」⑩ 2 月 6 日，
森恪得益田孝復電稱：「絕密。滿洲使彼等極爲滿意。正經由正
確之渠道解決財政問題。彼等將於今日會晤總理大臣。」⑪森恪
接電後，於當夜致電孫中山：「滿洲事，尊意當可滿足。東京來
電云，款事正在極力籌措中。與袁世凱之和議，在東京表明某種
意向之前，望延期。尊意如何，盼急電復。」⑫在森恪的電報還
沒有到達南京的時候，孫中山又於 6 日下午 5 時致電森恪：「與
袁世凱之和議延期至 9 日，望在此前給予確切答復。」⑬ 8 日，
益田孝再次復電森恪：「與袁世凱議和事，不容他人置喙；但可
明告孫、黃：予等懷有深切同情。予等祈願孫、黃能在有利地位
上進行妥協。」⑭電報聲稱：關於漢冶萍借款，當爭取於明日匯
款二百五十萬元；銅官山（借款）亦可在明日給予確答；招商局
借款如能成立，亦當努力敦促儘快匯款。關於滿洲問題，電報指
示森恪勸告孫、黃，來一人到日本簽訂密約。並說，果能實現，
「將進一步獲得更大的同情」⑮。 2 月11日凌晨 1 時55分，森恪
再次致電益田孝：

> 頃據孫、黃所見，招商局借款之前途，難關尚多，頗費時
> 日，故已不能依靠，目前軍隊大有解散之虞。在舊曆年關
> 以前，除漢陽鐵廠之五百萬元借款外，尚須另行籌借一千
> 萬元，是乃絕不可少之需要。如此項款額不能到手，彼等
> 即不可能離開南京。彼等業已答應租借滿洲，要求在十天
> 以內提供一千萬元。如能承諾，則黃興可即日前往日本，
> 以簽訂秘密合同。究應如何辦理，希火速給予明確回答。
> 茲事干係甚大，萬望全力以赴。⑯

招商局借款，即 2 月 3 日森恪電所述郵船會社借款，這一借款，
本已於 6 日簽訂草約，但由於英國的介入，突生障礙⑰，以租讓
滿洲獲取借款便成了孫中山和黃興的希望所在。

　　此電發出後，沒有任何回音。其原因，據南京會談的參加者

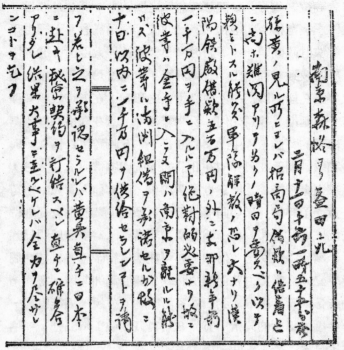

圖二十　森恪致益田孝電
（採自日本國會圖書館）

山田純三郎回憶，在於陸軍大臣石本新六的反對。

　　按照日本軍部的擴張主義分子的觀點，在中日、日俄兩次戰爭中，滿洲是日本人為之拋灑珍貴的鮮血的地方，理應享有一切權益，而無須以金錢收買⑱。同日，隆裕認可清帝退位優待條件，決定清帝下詔退位。

　　還在孫中山歸國前，南北和議即已開始。孫中山於1911年12月25日歸國後，和議繼續進行，但同時也在積極準備北伐。1912年1月上旬，孫中山組織了六路軍隊北伐，但是，各路均無很大進展，其原因之一就在於缺乏經費。黃興曾在《復張謇書》中表示：「援灤兵可即日出發，惟苦於無餉無械，不能多派。」又稱：「派軍艦去煙台與援灤同一事，以海軍以煙台為根據地也。派

人去天津之說，亦是要事，惟刻苦無款耳。」⑲由此可見，北伐
計劃受制於經費的狀況。北伐既無從進行，於是孫中山、黃興等
人又寄希望於和談，但是和談也並不順利。 1 月19日，袁世凱提
出，由清廷授與他組織臨時政府的全權，臨時政府設在天津。20
日，孫中山致電伍廷芳，表示：「清帝退位，政權同時消滅，不
得私授其臣民。」對此，袁拒不接受。孫中山再次傾向於以戰爭
解決問題。29日，南京臨時政府所轄各軍在清江浦召開軍事會議
，部署北伐。與森恪的談判正是在這一情況下舉行的，它表現了
孫中山為取得北伐經費而作出的巨大犧牲和努力。

　　由於談判未成，孫中山只能接受他不願意並力圖避免的現實
。山田純三郎回憶說：「孫先生方面，既無打倒袁世凱的武器，
又無資金」，「不得不含淚同意南北妥協，最終讓位於袁世凱」
⑳。山田的有關回憶，由於事隔多年，情節上有不準確的地方，
但這一段敘述是符合事實的。

孫中山在不同年代發表過的有關言論

　　將滿洲租讓給日本並不是孫中山一時的考慮，根據有關資料
，他曾在不同年代、不同場合多次發表過類似的見解。

　　據內田良平回憶，早在1898年，孫中山就曾對他說：「即使
俄國乘革命之機奪取中國之領土，亦不足深憂。革命政府一旦成
立，清朝政府必將奔逃滿洲，以俄國為後援，以維持其國命。為
此，新政府不得不與日本結成同盟，攘擊俄國，與俄國之衝突終
不可免。由此可以認為，革命愈早發生愈為有利。本來，吾人之
目的在於滅滿興漢，革命成功之時，即使以諸如滿、蒙、西伯利
亞之地悉與日本，當亦無不可。」㉑內田的這段回憶寫於1932年
，和他在1923年完成的《硬石五拾年譜》有明顯不同。據《年譜
》，孫中山當時只是表示：「中國革命倘成功，恢復俄國侵地乃
容易之事，不足憂慮，何況日中提攜耶！」㉒完全沒有涉及滿洲

問題。因此有些學者懷疑它的真實性。但該書又記載：1906年，孫中山曾遊說日本朝野人士，聲稱：「滿蒙可任日本取之，中國革命目的在於滅滿興漢，中國建國在長城以內，故日本亟應援助革命黨。」㉓1907年，慶親王奕劻致書伊藤博文，要求日本政府將孫中山驅逐出境。伊藤徵詢內田的意見，內田表示：「自前年以來，孫文屢向我朝野人士表示，日本如能援助中國革命，將以滿蒙讓渡與日本」。他向伊藤建議說：「縱令日本驅逐孫文出境，中國革命亦不能避免。日本為長遠著想，壓迫革命黨殊不明智，故不如勸孫自動離境。」㉔內田的這一段記載和《硬石五拾年譜》的相應記載是一致的㉕。此外，小川平吉也有一段回憶，可與內田的記載相印證。在《孫逸仙之革命與滿洲獨立》一文中，小川說：

> 孫逸仙與黃興俱長期流亡日本，接受有志人士之援助，與我輩亦有長期交往，我輩亦曾給予相當援助。彼屢屢向我輩陳述：日本需要滿洲，滿洲與日本有不可隔離之關係。其地原為滿洲人之土地，對我中國漢人來說並非絕對必要。我輩革命如能成功，如滿洲之地，即使滿足日本之希望，當亦無妨。上述主張，孫逸仙在座談中一再重複，此在有志人士之間殆為眾所周知之事實。㉖

小川並埋怨，辛亥革命後，革命黨人實行漢、滿、蒙、回、藏統一，創制五色旗，完全忘記了當年說過的話。不僅如此，《東亞先覺志士記傳》還說：1900年惠州起義之前，孫中山曾通過清藤幸七郎之姐，訪問日本婦女界著名人物下田歌子，請她協助儘力籌措軍費。下田稱：「革命成功之日，須將滿洲讓與日本。」孫答「可以。」㉗綜合這幾條材料，可以確認，辛亥革命前，孫中山流亡日本時已經有了以讓與滿洲換取日本援助的想法。

辛亥革命後，孫中山仍然如此。除上述1912年與森恪的會談外，日本資料中還有下列記載：

　　1.宮崎滔天之子宮崎龍介寫過一篇文章，題為《桂公與孫文的密約——滿洲贈與日本》，其中談到1913年春，孫中山訪問日本時，曾對桂太郎說：「日本真正理解中國，能協力建設新中國，即使將滿洲等地提供給日本也沒有關係。」㉘山田純三郎也回憶，當時，桂太郎曾向孫中山說起日本人口增加的趨勢，表示將來日本人除向滿洲發展外別無他法，詢問孫中山能否以共同的力量使滿洲成為樂土。孫中山表示同意。㉙

　　2.1915年末或1916年初，孫中山和日本陸軍參謀總長上原勇作密談，再次表示：「為了立即打倒專制橫暴的袁世凱，確立全體國民所支持的革命新政府，收到中日結合的實際效果，希望日本至少以預備役將兵和武器編成三個師團，支援中國革命軍」，在這一條件下，「中國新政府可以東北三省滿洲的特殊權益全部讓予日本」㉚。據記載，孫中山當時說：

> 日本人口年年增多，東北三省的遼闊原野適於開拓。日本本土資源貧乏，而滿洲，則毋庸諱言，富有重要的資源，日本矚目斯土，乃當然之國策。對此，我等中華革命黨員能予充分諒解，故可以滿洲作為日本的特殊地區，承認日本移民和開拓的優先權。㉛

孫中山並說、不僅滿洲，「中國本土的開發亦唯日本的工業、技術、金融力量是賴」㉜，和以往不同的是，孫中山明確聲明：「東北三省是中國的領土，吾等堅決維護固有的主權，雖寸土亦不容侵略」。㉝

　　3.1917年9月15日，日本社會運動家河上清訪問廣東軍政府，孫中山又曾表示，希望日本方面給予「武器、軍火和大量貸款」。他說：「這樣，我們就能推進到揚子江流域，將我們的政府遷移到華中的某一戰略要點，然後，向北京進軍。」他聲稱，一旦完成任務，為了中國和她的鄰國的完全解放，將與日本結盟，並且宣布「亞洲是亞洲人的」這一原則。孫中山特別說明，一旦

他掌握了權力，將愉快地將滿洲交給日本管理。對此，孫中山解釋道：

> 當然，我們樂意將滿洲保持在自己手中，但是，我們不像你們那樣需要它，我們認識到你們巨大的正在增長的人口迫切需要活動場地，中國在南方有豐富的發展餘地，千萬中國人民已經或正在去蘇門答臘、爪哇、西里伯斯島、婆羅洲、海峽殖民地、法屬印度支那、暹羅、緬甸等地，成爲富裕者，並且每年寄回家鄉幾百萬美元。這樣廣闊的區域合法地屬於亞洲，它們是中國的希望所在，比滿洲更能給人以指望。㉞

在這次談話中，孫中山從「大亞洲主義」的立場出發，說明樂於將滿洲交給日本管理的原因。其中所談日本人口問題可以和1913年與桂太郎的談話互爲印證。

孫中山的這一思想一直延續到1923年左右。據日本陸軍參謀佐佐木到一的記載，當年，孫中山還曾對訪問廣東的日本人說，「將來國民黨實現對中國的統治的時候，必定將滿洲委託給日本」㉟。只是在國共合作並實行聯俄政策之後，孫中山才不再發表類似的言論。

上述資料，除個別屬於記者採訪外，大多數是當事人的回憶。由於並非一人，也並非出於一時，自然排除了無中生有的可能。當然，正像我們已經指出的，回憶錄不可能像文獻一樣準確，它們既可能包含作者記憶的訛誤，甚至還可能包含作者由於種種原因而對歷史作出的增飾、隱諱或歪曲。上述資料的價值自然比不上森恪遺留下來的函電，但將二者結合起來考察，它們所反映出來的基本史實應該是毋庸置疑的。

怎樣認識這一現象

一切歷史現象的發生都有它的根據。要理解孫中山上述關於

「滿洲」問題的主張，就必須從他的思想和當時的歷史環境中去加以分析。

第一，辛亥革命是一場反封建的資產階級民主革命，但它又是一場披著民族鬥爭外衣的革命。狹隘的民族主義情緒曾經蒙蔽了當時大多數革命家的眼睛，並使他們在滿族、滿洲地區問題上作出了錯誤的判斷。如所周知，滿族是我國多民族大家庭中的一個民族，滿洲地區是我國神聖領土中的一部分。但是，辛亥革命時期，不少革命家卻錯誤地稱滿族為「異族」或「異種」，從而將滿洲地區視為「化外之地」。創建興中會時，孫中山即以「驅除韃虜，恢復中國」為目標。1906年制訂的《中國同盟會革命方略》稱：「今之滿洲，本塞外東胡，昔在明朝，屢為邊患。後乘中國多事，長驅入關，滅我中國，據我政府，迫我漢人為其奴隸，有不從者，殺戮億萬，我漢人為亡國之民者二百六十年於斯」。㊱這裏，顯然將滿族和滿洲地區都排斥於「中國」之外。不久，這一問題即成為《民報》與《新民叢報》論戰的重要內容，《民報》作者們反復說明，「滿洲人非中國之人民」，「滿洲建國以前為中國之羈縻州，建國以後為中國之敵國」㊲。孫中山在「滿洲」問題上的主張，顯然與這一錯誤認識有關。

第二，辛亥革命又是一場反帝鬥爭，目的是振興中華，挽救國家危亡。但是，這一鬥爭又披著黃色人種與白色人種，亞洲人與歐洲人鬥爭的外衣。日本與中國同為黃色人種，在歷史上和中國文化淵源較深，素有「同文同種」之稱。明治維新以前，日本和中國一樣受著西方列強的侵略，因此，在當時中國不少革命家中，有著強烈的親日本的傾向。他們認為日本和中國「利害相關」，幻想和日本團結起來，抵禦西方侵略，振興亞洲。孫中山長期有著「大亞洲主義」思想。十九世紀末，日本廢除了外國訂立的不平等條約，孫中山認為是「我們全亞洲民族復興的一天」。1904年的日俄戰爭，孫中山認為是「亞洲民族在最近的幾年中頭

一次戰勝歐洲人」，把它看作是亞洲民族獨立運動中的大喜事㊳。1911年，孫中山主張亞洲各國聯合起來，成立亞洲各國同盟㊴。1913年2月，孫中山在東京演說，認爲「中日兩國協力進行，則勢力膨脹，不難造成一大亞洲，恢復以前之光榮歷史」㊵。3月，在大阪演說又稱：「惟冀自今而後，益提攜共同防禦歐西列強之侵略，令我東洋爲東洋人之東洋」。㊶爲了振興亞洲，孫中山甚至有過撤廢中日兩國國界的念頭。1915年底或1916年初，他在和上原勇作密談時說：「倘日本眞能以互相的精神，誠心實意地援助中國的革命統一，相互提攜，爲亞洲的獨立與復興通力協作，則中日兩國的國界難道不也可以廢除嗎？」㊷從前引孫中山與森恪、河上清的談話可以看出，孫中山在「滿洲」問題上的主張，顯然與他的「大亞洲主義」思想有關。

第三，孫中山長期處於孤立無助狀態，有其特殊的軟弱性。孫中山開始革命活動後不久，就把希望寄托在列強，特別是日本的援助上。1897年，他在與宮崎滔天筆談時就曾表示，要「暗結日、英兩國爲後勁」㊸。1900年，他托日人菅原傳向日本政府要求，「暗助一臂之力，借我以士官，供我以兵械」㊹。當年10月，他並曾計劃由台灣引日本兵在廈門南方的雲霄縣銅山港登陸㊺。1903年，他又致函平山周，詢以在日俄發生戰爭時，「能否運動政府兼圖南局，一助吾人之事」㊻。在孫中山留下的全部文獻中，這種要求日本和列強援助的資料很多。爲了爭取這種援助，孫中山曾特別宣布，「共和國承認滿洲政府給予外國人的一切特權和租讓權」㊼。同意租讓滿洲，也正是爲了爭取這種援助。孫中山不了解，如果眞這樣做了，將不僅不能換取他所期望的中國革命的勝利，而且將給中華民族帶來巨大的災難。本世紀30年代，日本帝國主義在我國東北製造「滿洲國」，內田良平、小川平吉等人積極爲之鼓吹，其「理論」根據之一就是孫中山關於「滿洲」問題的言論。

　　誠然，爲了中國的獨立和富强，孫中山鞠躬盡瘁地奮鬥了一生，這是一個無可爭辯的事實；但是，也正是爲了這一目的，他又在相當長的時期內，準備將滿洲租讓給日本，這應該也是事實。問題的全部複雜性就在這裏。我們當然不應該因此而否定孫中山在近代中國史上的崇高地位，當然同樣也不應該爲了維護這種地位而諱言有關事實。歷史家所追求的只有眞實和眞理。對孫中山如此，對其他歷史偉人也應該如此。

【附記】本文寫作過程中，承藤井昇三、狹間直樹、石田米子教授惠寄資料
　　　　多種，又承鄒念之先生熱心細致地校訂譯文，謹此致謝。

（原載《近代史研究》，1988 年第 6 期）

　　【校後記】高崇民《上半生簡述》云：「1915年袁世凱陰謀要作皇帝，與日本訂立賣國條約21條。孫中山爲換取推翻袁世凱，一度主張把東三省讓給日本。我在日本留學東京時，親耳聽到中山這種錯誤主張，表示堅決反對，黃興當時也反對。」（《高崇民詩文集》，瀋陽出版社1991年版第 374 頁）黃興於1914年 6 月離日赴美，1916年5月自美抵日，高崇民的回憶在時間上有誤，但它卻爲本文提供了中文方面的佐證。據高崇民夫人稱，當時曾有人建議高將此段回憶刪去，但高堅持是歷史事實，不肯刪去。

【註　釋】

①　參見山本四郎：《辛亥革命と日本の動向》，《史林》，1966年第 1 期；久保田文次：《孫文の「滿蒙讓與論」について》，《中島敏先生古稀紀念論集》（1981年）；藤井昇三：《孫文の對日態度》，《石川忠雄敎授還歷紀念論文集》，（1982年）。

②　井上馨文書，日本國會圖書館憲政資料室藏；三井文庫亦藏有此件，文字稍有不同。

③　《原敬日記》第 5 卷，明治45年（1912年）1 月 9 日，昭和26年版，第17-18頁。

④　同前註。

⑤　伊東米次郎：《關於招商局借款的電報》，1912年2月1日、2日，井上馨文書，日本國會圖書館藏。

⑥　《森恪致益田孝函》，1912年2月8日，三井文庫藏。此函由藤井昇三首次發現。

⑦　《森恪致益田孝函》，1912年2月8日。

⑧　同前註。

⑨　《孫中山全集》第2卷，第85-86頁。

⑩　《森恪致益田孝函》，1912年2月8日。

⑪　同前註。

⑫　同註⑩。

⑬　同註⑩。

⑭　《益田孝致上海森恪電》井上馨文書，日本國會圖書館憲政資料室藏。

⑮　同前註。

⑯　井上馨文書。

⑰　參見《內田外務大臣致伊集院駐華公使電》，鄒念之：《日本外交文書選譯》，中國社會科學出版社版，第260-261、366-367頁。

⑱　山田純三郎：《シナ革命と孫文の中日聯盟》，見嘉治隆一編：《第人者の言葉》，亞東俱樂部1961年版，第268頁。

⑲　《黃興集》，中華書局版，第99-100頁。

⑳　《シナ革命と孫文の中日聯盟》，見嘉治隆一編：《第人者の言葉》，第268頁。

㉑　《日本の亞細亞》，黑龍會出版部，昭和7年12月，第321頁。

㉒　《孫逸仙之支那革命與余之日露開戰論》，《硬石五拾年譜》（內田良平自傳），昭和53年版，第52頁。

㉓　《日本の亞細亞》，第340頁。

㉔　同前註。

㉕　參見《硬石五拾年譜》，第151頁。

㉖　見《滿洲はどうなるか》，1931年版。

㉗　昭和11年版，第 573 頁。

㉘　《宮崎滔天全集》第 5 卷，第 548 頁。

㉙　山浦貫一：《森恪》，高山書店，1943年版，第 408 頁。

㉚　山中峰太郎：《アジアの曙》，1963年，第 235 頁。

㉛　山中峰太郎：《アジアの曙》，第 234 頁。

㉜　山中峰太郎：《アジアの曙》，第 236 頁。

㉝　同註㉛。

㉞　K. K. Kawakami（河上清）：Sun Yat-Sen's Great Asian Doctirne，見日本辛亥革命研究會《辛亥革命研究》第 5 號，1985年10月。

㉟　《ある軍人の自傳》，勁草書房1967年增補版，第 92-93 頁。

㊱　《孫中山全集》第 1 卷，第 296-297 頁。

㊲　《斥爲滿洲辯護者之無恥》，《民報》第12號；參見韋裔：《辨滿人非中國之臣民》，《民報》第 14-15 號。

㊳　《孫中山全集》第11卷，第 402 頁。

㊴　《孫中山年譜》，中華書局1980年版，第 115 頁。

㊵　《孫中山全集》第 8 卷，第27頁。

㊶　《孫中山全集》第 8 卷，第42頁。

㊷　同註㉛。

㊸　《孫中山全集》第 1 卷，第 187 頁。

㊹　《孫中山全集》第 1 卷，第 201 頁。

㊺　《駐福州領事豐島舍松致外務大臣青木周藏電》，《歷史檔案》1986年第 3 期。

㊻　同前註。

㊼　《孫中山年譜》，第 124 頁。

華俄道勝銀行
借款案與南京臨時政府危機

　　南京臨時政府成立後，由於帝國主義控制了海關和鹽稅，經濟始終處於極度困窘中。爲了渡過難關，臨時政府曾先後向美、日、俄等國借款，均告失敗。其中，華俄道勝銀行借款是比較重要的一椿，它使本已波瀾翻覆的政局更加動盪。陳其美曾在《致黃興書》中說：「俄國借款，經臨時參議院之極端反對，海內士大夫更借口喪失利權，引爲詬病」，「終受經濟影響，致妨政府行動。中山先生既束手無策，國家更瀕於阽危。固執偏見，貽誤大局，有負於中山先生者此其一」①。但是，對於這樣一件大事，國內外學術著作迄今尚少論及，因此，有必要作一番較詳細的考察。

　　華俄道勝銀行成立於1895年12月，總行設於彼得堡，上海、天津等地設有分行，實際上是「略加僞裝的俄國財政部分支機構」②。1912年 2 月，它利用南京臨時政府的財政危機，誘使其簽訂了 150 萬英鎊的借款合同草約。草約提出，自正式合同簽字之日起，以一年爲期，年利五厘，華俄道勝銀行按九七扣付款。其第五條規定：「此款爲民國之直接負欠，當以道勝銀行一直謀求充當中國的國家銀行，爲清政府「辦理租稅、賦課的繳納」等項事務。草約雖然沒有像當時的其他借款一樣，指明以某項路權或礦權作爲擔保，但本條卻爲沙俄控制中國的賦稅提供了口實和條件。其第七條規定：「民國以後如第一次擬借大批外債，若該銀行所約條款與他銀行彷彿者，該銀行有首先應借之權」。清朝末年，列強爭相對華輸出資本，競爭劇烈，本條使沙俄輕易地取得

了優先權。這是一項貪婪而陰險的包藏禍心的草約，但南京臨時政府正處於饑不擇食的境地，居然接受了。草約於當月21日在上海簽字，南京臨時政府代表爲財政總長陳錦濤，華俄道勝銀行代表爲經理人凱里約。

根據草約，合同應在3月1日以前經南京臨時參議院投票公決。因此，孫中山於2月25日向參議院提出咨文，要求召開臨時會，「提前決議」④。26日上午，由南京臨時政府秘書長胡漢民到院，宣稱根據陳錦濤電報，不用抵押，借到華俄道勝銀行巨款。這當然是皆大歡喜的事。討論結果，議長林森用起立表決法，多數通過政府交議案諸要點⑤。27日，參議院繼續開會，討論草約，谷鐘秀提議，先付特別審查。經林森指定，由劉彥、錢樹芬、張耀曾、谷鐘秀、湯漪等五人爲特別審查員。結果，只提出了細節性的修改意見⑥。在討論時，湖北參議員張伯烈、奉天參議員吳景濂激烈反對第五條，發言後即離座他去。在此情況下，林森提議省去三讀，交付表決。結果，到場14人，8票贊成。林森宣布通過。但湖北參議員劉成禺等當即提出：「此案係違法少數之表決，不得作爲有效」⑦。

28日上午的會議上，劉成禺、張伯烈、時功玖等根據參議院議事細則：「須有半數以上之議員到會方可開議」及「關於法律、財政及重大議案，必須三讀始得議決」的規定，指責林森「違背細則，變更院規」⑧。四川參議員熊成章批評劉成禺等：「諸君於此前並不提議，今政府已將借債之事辦成，乃起而反對，是何居心！」⑨時功玖則答以：「某等居心愛中國，不祖政府；願爲國民之公僕，不爲政府之走狗」⑩。雙方愈益感情用事，林森「拍案大呵」，指責劉成禺等「阻撓他人言論」。在這一情況下，劉成禺等三人宣布辭職。他們致電黎元洪及湖北省臨時議會，指責借款案「既啓監督財政之漸，復挑撥列強猜忌之心」，聲言：「自問能力薄弱，難膺巨任，深恐隕越，有負鄉人之托，謹此

電辭」⑪。其後，吳景濂及陝西參議員康寶忠也相率辭職。

　　南京臨時參議院於 1 月 28 日開院，17 省共到參議員 31 人。此後即由於種種原因，一部分參議員請假或無故缺席，到院人數日益減少。不久，又因漢冶萍借款、發行軍用鈔票、議決臨時政府地點等問題，部分參議員與臨時政府之間發生對立。2 月 25 日，江蘇參議員陳陶遺、楊廷棟致函參議院，指責臨時政府「對於參議院，蹂躪侮蔑，亦云至矣」，是「民國開創史上一大污點」，宣布辭去參議員職務⑫。至此，由於劉成禺等再次辭職，參議院就出現了危機。當日下午，出席參議員僅 12 人，不過半數，林森宣布散會。29 日，也因人數不足，未能開會。3 月 1 日，不得不作出決議，如議員一月以內缺席七天，即應除名。同時宣布不承認劉成禺等人的辭職，決定致函江蘇、湖北參議員，請於一星期以內函復，過期當即除名。但是，會議也承認 27 日的討論「手續尚未完備」，決定重新討論借款草約，補行二讀、三讀手續⑬。討論結果，議決將第五條後半改爲「當以民國政府所徵賦稅之收入內備爲付息及償本之用」⑭，第七條改爲「民國以後如第一次擬借大批外債，若該銀行所約條款與他銀行較輕時，該銀行有首先應借之權」，這些修改較原條約嚴密，對沙俄的借款優先權加了限制，投票時，以 22 票可決全文⑮。

　　南京參議院的爭論迅速激起了政海風波。2 月 29 日，民社上海機關報《民聲日報》報導了有關消息，並發表社論，指責南京臨時政府：「倒行逆施，竟以全國所得賦稅抵押外人。吾不知政府諸公以何理由而爲此毫無心肝之舉動？」又稱：「以滿清政府所不敢爲者，而君等悍然爲之，恐吾國民將謂君等之不滿清若矣！」社論號召上海各團體、各政黨共同行動，抗議並取消借款⑯。3 月 1 日，又利用劉成禺等辭職一事發表社論，批評南京臨時政府「用威嚇手段，喉使少數議員，秘密開會，擅自通過，此種野蠻專制之行爲，前清時代所不敢出。」甚至說：「議會爲行政

機關之奴隸，供總統及各部大臣之頤指，所謂代表輿論者安在？所謂徵取民意者安在？民意不足徵，輿論不足重，所謂共和之精神安在？」它鼓動湖北、江蘇兩省的參議員重返參議院，「張我舌劍，斬彼蟊賊」[17]！

在《民聲日報》大張撻伐的同時，民社等則發起電報攻勢。29日，民社致電袁世凱、孫中山、黎元洪及各省都督，批評草約「詞旨籠統，既種禍根，必致釀成外侮」，要求袁、孫等「竭力挽回，免滋後禍」[18]。隨後，由張嘉璈領銜發起的國民協會也致電孫中山，要求「顧全輿論」，「設法挽回」[19]。3月5日，共和憲政會李倬雲、鄭允恭、徐企文等發布傳單，繼續指責參議院「滅絕公論，違法獨斷，亡清覆轍，甘蹈不顧」，訂於6日在江蘇教育總會召開特別大會，推派代表赴寧，向政府要求取消借款[20]。會後，共和建設會、公民急進黨、工商勇進黨、社會黨、工黨、華僑聯合會、民社、民國統一黨、民生國計會、大同民黨、公濟總會、宣導會、共和憲政會等13個政團聯合致電袁世凱和黎元洪，陳述華俄道勝銀行借款案一事「實為違法，國民死不承認」[21]。

上海的抗議風潮迅速向各地擴散。黎元洪致電劉成禺、時功玖等人，表示對參議院「擅以國稅作抵」的行為「殊深駭異」，聲稱除已將詳情交鄂省臨時議會公議外，並望劉成禺等人「剋日返寧，隱忍維持，毋庸辭職，並極力阻止，以挽大局」[22]。又於9日致電袁世凱及參議院，把自己打扮為一個愛國者，說什麼「前清借債之失，我輩呼籲力爭，言猶在耳」，「元洪絕不敢私訂借債抵稅，以誤國民」[23]。揚州軍政分府徐寶山也於6日通電，指責借款一案「失人心，喪主權，與清政府之幹路國有、四國借款，殆過之無不及」，他並由此進一步攻擊「同盟會人」，「在內之把持政柄，在外之聲勢煊赫，雖滿洲之親貴，無此多也」。

華俄道勝銀行借款是一樁損害國家主權的事件，受到批評是

應該的。借款的反對者中，大部分基於愛國義憤，但是，也有人
意氣用事，甚至別有用心。

武昌起義後，迅速形成了湖北、江蘇兩大實力集團。前者以
黎元洪、孫武爲代表，其政治組織爲民社，後者以程德全、張謇
、章太炎爲代表，其政治組織爲中華民國聯合會。它們的主要成
員大部分是舊官僚、立憲派和失意的革命黨人。兩派形成後，即
反對同盟會，反對南京臨時政府，擁護袁世凱。華俄道勝銀行借
款案發生後，它們迅速行動起來，以之作爲砸向對手的一塊石頭

湖北省臨時議會早在2月21日就通電各省臨時議會與諮議局
，提議在漢口另組臨時中央議會。這種作法，旨在否認南京臨時
參議院的合法性，取而代之。這時，借款案更成了反對臨時參議
院的强有力的藉口。3月1日，共和建設會致電孫中山，指責臨
時參議院「阿諛政府，少數擅決」，「請將參議院立時解散㉔。
3日，湖北省臨時會以萬急電報，將參議院「違法情狀」遍告各
省議會和諮議局，要求在3月底之前在漢口召集中央議會。5日
，高元藩、張祥麟等與章太炎及江蘇省議會議員會商，宣布不承
認臨時參議院2月28日以後所議各案。他們提議由蘇鄂兩省政府
聯名通告各省議會，組織國民議會，再由國民議會組織參議院。
江蘇省臨時議會隨即致函都督莊蘊寬，要求聯合各省宣布，在南
北未統一之前，各種賦稅俱歸各省逕收，不得由現政府「隨意指
抵」㉕。6日，共和建設會、公民急進會等政團又致電孫中山等
人，聲稱「今參議院議員寥若晨星，已失議事資格」，要求袁世
凱出面「執行」，「以收統一」㉖。10日，袁世凱在北京宣誓就
任臨時大總統。他們立即馳電表示「群情歡忭」。南京臨時參議
院的《受職辦法》規定，袁世凱任命國務總理及國務員時，必須
取得臨時參議院同意，這本是限制袁世凱權力的一條重要措施，
但是，他們卻向袁世凱獻媚說：自從借款案發生，參議院議員人
數不及原有人數之半，「按之法律，決難發生效力」，要求袁大

總統「獨力主持」，賦予這個野心家以組織政府的全權㉗。不僅如此，他們還企圖推翻臨時參議院通過的根本大法《臨時約法》，說是「此種約法，人民絕不承認」㉘。這就說明，他們所反對的不只是借款案，而是反對南京臨時政府的革命性一面。

在各方強力反對下，孫中山於 2 月底致電陳錦濤，告以參議院「手續未清」，「借款案暫緩簽字」㉙。華俄道勝銀行方面也因未能取得在同等條件下對華借款的優先權，表示「不能照辦」，草約作廢㉚。3 月 3 日，孫中山復電民社成員胡培德宣稱：「日前商借華俄款，成立即救濟鄂省百萬，乃因參議員誤認擔保性質為抵押，又削草約中同等借債優先權，此議不成，遂令束手為難，今日已電商黎副總統矣。」㉛他自感已無力解決面臨的各種困難，準備將臨時大總統一職交由黎元洪代理。5 日，他在和胡培德談話時表示：「臨時政府地點未定，袁公不能南來，鄙人又不克久任，急欲離開金陵，已電武昌，請黎公來寧，以副總統名義代行大總統之職。」又稱：「近日為借款問題，國民不能信任政府，不能信任鄙人，鄙人擬卸職後即從事實業，已與外人籌商借款，以辦鐵路為前提，將使鐵路貫通全國，此則為真文明事業。」㉜從袁世凱被選為臨時大總統起，孫中山的卸任本已指日可待，但是，連有限的日子他也不能等待，希望卸任愈早愈好。

華俄道勝銀行借款草約是一杯毒酒，這一點，孫中山和南京臨時政府的成員未嘗不清楚，這種情況，反映出南京臨時政府已經陷入難以擺脫的困境之中。其結果是不僅未能對現狀有任何一點改善，卻引來了更多的攻擊和反對，陷入更大的困境中。這一切表明，即使沒有以袁世凱為代表的反動力量的進攻，南京臨時政府也已經維持不下去了。

（原題《論民初的華俄通勝銀行借款案》，

載《浙江學刊》，1988 年第 4 期）

【註　釋】

① 《陳英士先生文集》，台北1977年版，第41頁。

② R. Rosen: Forty Years of Diplomacy, Vol. 1, London, 1922, p. 193.

③ 《民聲日報》，1912年2月29日。

④ 《孫中山全集》第2卷，中華書局版，第149頁。

⑤ 《參議院議事錄》，1912年2月26日。

⑥ 《參議院議事錄》，1912年2月27日。

⑦ 《鄂省參議員劉成禺、時功玖、張伯烈辭職之公布》，《民聲日報》，1912年3月2日。

⑧ 同前註。

⑨ 《時君功玖之正論》，《民聲日報》，1912年3月1日。

⑩ 同前註。

⑪ 《南京電報》，同上，1912年3月1日。

⑫ 《來函》，同上，1912年2月29日。

⑬ 《參議院議事錄》，1912年3月1日。

⑭ 「內」字為三讀後討論所加，與上下文連讀時欠通順，此處保持原貌，未作改動。

⑮ 《民聲日報》，1912年3月1日。

⑯ 慰儂：《外債憤言》，《民聲日報》，1912年2月29日。

⑰ 《對參議院議員辭職之感言》，《民聲日報》，1912年3月1日。

⑱ 《民聲日報》，1912年3月1日。

⑲ 《民立報》，1912年3月4日。

⑳ 《拒款會之傳單》，《民聲日報》，1912年3月5日。

㉑ 《上海去電》，《民聲日報》，1912年3月7日。

㉒ 《湖北來電》，《民聲日報》，1912年3月3日。

㉓ 《武昌電報》，《民聲日報》，1912年3月10日。

㉔ 《共和建設會電》，《民聲日報》，1912年3月2日。

㉕ 《蘇都督指陳借債事件電》，《民立報》，1912年3月9日。

㉖　《民聲日報》，1912年 3 月 7 日。

㉗　《武昌電報》，《民聲日報》，1912年 3 月15日。

㉘　《通告不承認參議院臨時約法電》，《申報》，1912年 3 月21日。

㉙　《南京特電》，《民聲日報》，1912年 3 月 1 日。

㉚　《大總統復電》，《黎副總統政書》卷 8 。

㉛　《孫文電》，《民聲日報》，1912年3月 4 日。按，此爲孫中山佚文，各本孫中山集均失收。

㉜　《孫大總統之談片》，《民聲日報》，1912年 3 月 7 日。

論辛亥革命前的國粹主義思潮

　　五十多年前，我國發生了辛亥革命。這次革命在意識形態領域內取得了什麼成果？革命派提出過什麼樣的文化改革的要求呢？我們如果在這兩個問題上進行一些考察，就可以發現，辛亥革命時的中國資產階級在這方面雖然也做出了一些成績，但建樹比之政治方面卻還要貧弱。近代中國資產階級的一些人在思想、文化領域內確曾一度表現出革命的銳氣和蓬勃的進取精神。他們批判尊古賤今的退化史觀，批判封建文化、封建道德，要求革新和創造。這種情況，在1905年前表現得特別顯著；但愈接近革命前夜，卻反而漸趨沉寂。例如，近代中國資產階級中的一些人，包括改良派在內，曾經提出過道德革命、風俗革命、經學革命、史學革命、文界革命、詩界革命、曲界革命、小說界革命、音樂界革命、文字革命等一系列口號，他們在其中的一些方面，確也做過一些改革的探索，一時風起雲湧，頗為熱鬧；但是，曾幾何時，這種現象就消失了，代之而起的是甚囂塵上的復古思潮。「革命」的口號不喊了，要喊「光復」，喊「保存」了。

　　這一切情況是怎樣發生的？它對於我們可以提供什麼歷史教訓呢？這是本文試圖探索的問題。

一

　　在辛亥革命前，有三種人都宣傳過一種名為國粹主義的思想：一是清王朝統治集團，突出的代表人物是張之洞；一是日益退步的資產階級改良派；一是革命派陣線中的某些分子，如章炳麟和《國粹學報》、南社中的部分成員。

　　中國的封建統治者是一向自視爲「詩書上國」和「禮義之邦」的，爲了維護其統治，他們總是千方百計地宣傳封建文化，堅持「天不變，道亦不變」。鴉片戰爭後，清王朝統治集團中的頑固派仍然拒絕作任何改革，拒絕向資本主義的西方學習任何一點進步的東西；這一集團中的另一部分人則認爲可以學習西方的船堅炮利和聲光化電之學，藉以加強鎮壓人民起義的手段，但同時認爲必須保持封建意識形態體系的完整性和神聖性，於是便提出了「中學爲體，西學爲用」的口號。這就是封建統治集團中的洋務派。隨著近代中國資產階級的興起和資產階級改良運動的逐漸開展，封建統治階級的這種宣傳封建文化的努力也會愈爲加強。19世紀末年，以康有爲、梁啓超爲代表的資產階級改良派介紹了西方資產階級的進化論和民主、民權思想，提出了君主立憲的要求，近代中國出現了第一次思想解放的潮流，於是洋務派的代表人物張之洞便刊刻了《勸學篇》，標榜「敎忠」、「明綱」、「宗經」、「正權」、「講西學必先通中學，乃不忘其祖也」，企圖鞏固封建文化對人民的思想統治。義和團運動後，資產階級革命派興起，革命派大力介紹法國資產階級革命時期的自由、平等、博愛等革命理想，對封建制度、封建文化進行了勇敢的抨擊，並在論戰中擊敗了改良派。近代中國出現了第二次思想解放的潮流。革命派不僅從事理論宣傳活動，也在加速政治組織工作和武裝起義，清王朝的統治已經風雨飄搖，岌岌可危。因而，它也就比過去更加狂熱地宣傳封建文化和復古思想。1906年，清王朝規定以「忠君、尊孔、尚公、尚武、尚實」五大綱爲教育宗旨，同年，從刑部主事姚大榮請，以孔子爲萬世師表，詔升大祀。這一時期，它宣傳封建文化，更提出了一個漂亮的名目，這就是保存國粹。在1903年清王朝頒布的《學務綱要》中即規定各級學堂必須「重國文（指文言文及古代典籍——引者）以存國粹」。1907年，張之洞在湖北武昌成立存古學堂，並給清王朝上了一個奏疏

，大意是，當時正是「道微文敝，世變愈危」之際，他經過經年的籌計，殫心竭慮，商榷數十次，發現只有「存國粹」才是「息亂源」的最好辦法。什麼是「國粹」呢？這就是「本國最為精美擅長之學術技能、禮教風尙」、「文字經史」、「歷古相傳之書籍」。對於這些，均應「專以保存為主」。他說：

> 若中國之經史廢，則中國之道德廢；中國之文理詞章廢，則中國之經史廢……近來學堂新進之士，蔑先正而喜新奇，急功利而忘道誼，種種怪風惡俗，令人不能睹聞，至有議請罷四書五經者，有中、小學堂並無讀經、講經功課者，甚至有師範學堂改訂章程，聲明不列讀經專課者。……此如籍談自忘其祖，司城自賤其宗。正學既衰，人倫亦廢。爲國家計，則必有亂臣賊子之禍；爲世道計，則不啻有洪水猛獸之憂。①

可以看出，所謂保存國粹，其目的是抵禦當時洶湧澎湃的資產階級新思潮、新文化，抵禦資產階級對封建文化所作的批判，從而挽救清王朝的垂死命運。張之洞的這個建議得到了統治者的贊賞。「上諭嘉勉」，於是全國各地遍設存古學堂，尊孔復古之風大盛，保存國粹的調子高唱入雲。

　　革命運動進一步發展後，資產階級改良派也逐漸加入到清王朝保存國粹的合唱隊裏。原先，改良派曾經對封建文化作過一點批判，但那是極其有限的。他們都無例外地美化中國古代文明，主張採西學而不否定中學，孔孟之道、六經之學仍須發揚。這時，由於他們的立場已從批判封建制度轉爲維護封建制度，因而，也就轉而從封建文化中找尋救命靈丹。1902年，梁啓超曾籌創《國學報》，認爲「養成國民，當以保國粹爲主義，當取舊學磨洗而光大之」②。1910年，在辦《國風報》期間，更對「舉國不悅學」，「動棄吾之所固有以爲不足齒錄，而數千年來所賴以立國之道遂不復能維繫人心」的情況表示憂心忡忡，而致力於中國美

好的「國性」和「國民性」的宣揚。康有爲「八年於外，周遊列國」，考察了西方的許多國家後，突然發現中國的歷史簡直好到無以復加：「吾國經三代之政，孔子之敎，文明美備，萬法精深，升平久期，自由已極」，所以他認爲應大呼「孔子萬歲」③。在他看來，當時中國比西方所差的只是「工藝兵炮」。辛亥革命後，更發表了所謂《中國顛危在全法歐美而盡棄國粹論》。嚴復於1906年在環球中國學生會上發表演說，斥責西學少年「群然懷鄙薄先祖之思，變本加厲，遂並其必不可畔者亦取而廢之」。他提倡中國的天理人倫和敎化風俗，認爲應「一切守其舊者」，「五倫之中，無一可背」。④

　　在行將被人民革命浪潮淹沒之前，封建統治階級以及和它有密切聯繫的資產階級改良派力圖抓住封建文化這根救命草，來挽救自己，這就是他們高喊保存「國粹」的實質。

二

　　1902年初，廣東順德人鄧實在上海創辦《政藝通報》，朔望出版，月出二冊。鄧實主張會通古今中外，探求國家治亂強弱的根由。《通報》表現了一定的向西方學習的要求，但同時也宣傳國粹主義。1904年冬，鄧實組織國學保存會，發展會員，發表宣言，致力於號召保存國學。在他所網羅的會員中，有許多都是當時革命派思想學術界中的活躍人物，後來也大都成了南社的社員。1905年，國學保存會的機關刊物《國粹學報》創刊，至辛亥革命後改名《古學匯刊》止，共發行82期。

　　《國粹學報》是當時革命派刊物中專門談學術的一種，對近代中國的思想、學術界產生過相當大的影響。《學報》編者們表示要師法《莊子・天下》篇和《荀子・非十二子》的精神，探討學術源流，歷敍諸家得失，來爲現實政治服務。他們批判乾嘉學派末流的煩瑣考據和陸王心學的禪寂清談，號召人們研究祖國的

歷史和文化，繼承和發揚民族傳統。在當時，尤爲突出地宣傳了「夷夏大防」的民族主義思想，猛烈地抨擊了以清王朝爲代表的封建主義專制制度。但是《學報》所宣傳的國粹主義思想卻包含著一系列的根本錯誤，對近代中國資產階級的文化事業、革命事業起了消極的影響。

在編輯《學報》以外，國學保存會還曾大規模地從事古籍的校勘整理工作，先後編輯出版過《國粹叢書》、《國粹叢編》、《神州國光集》、《國學教科書》、《國學講義》等著作，又在上海設藏書樓一所，並曾擬設國粹學堂。

1906年，章炳麟自上海出獄赴日本，在中國留學生歡迎大會上對革命黨人提出了兩大任務，其一即爲用國粹激勵種性，增進愛國熱腸。其後，東京留學生中成立了國學講習會，由章炳麟任主講。不久，又成立了國學振起社，以「振起國學，發揚國光」，章炳麟任社長。這以後，在章炳麟主編的《民報》上出現了許多宣傳保存國粹的文字。不少革命黨人鑽在東京或其他的圖書館裏，專意整理宋、明遺民的作品以及其他一些國學著作。《民報》自第20期起，也改變了編輯方針，似乎覺得過去宣傳的革命理論太「空漠」了，自此以後，要「專以歷史事實爲根據」，同時，又徵集「宋季、明季雜史下及詩歌、小說之屬」，幾乎要把《民報》辦成《國粹學報》的樣子。風氣所開，不少革命派刊物莫不以「抒懷舊之蓄念，發思古之幽情，光祖宗之玄靈，振大漢之天聲」一類詞句作爲發刊目的。它們大量介紹古代思想和人物，校刻古代典籍，於是，保存國學在革命派內部也成了一個時髦的口號。

《國粹學報》諸人在當時宣揚了一些什麼思想呢？

一、他們認爲，中國古代文化曾經有過許多光輝燦爛的時期。首先，周公之學，上承百王，集黃帝、堯、舜、文、武之大成。至戰國，更出現了一個空前絕後的黃金時期，在諸子的著作裏

，「其所含之義理於西人心理、倫理、名學、社會、歷史、政法
，一切聲光化電之學無所不包」⑤。西方之所以強盛，那還是學
習了我們，「偶得先王遺意」的結果。西方政術，雖然盡善盡美
，但「證之《周禮》一書，無不相合」。西方科學之所以發達，
乃是「秦人滅學，疇人子弟，抱器西奔」的結果。一句話，凡是
西方現在所有的，都是我們古已有之的。中國的精神文明發達最
早，「三墳五典，爲宇宙開化之先；金版六弢，作五洲文明之祖
」⑥，是西洋所遠不能比擬的。自有世界以來，「以文學立國於
大地之上者以中華爲第一」，「此吾國國文之當尊，又足魁之以
自雄者也」⑦。

　　二、他們認爲，中國文化的代表是儒家學派，儒家學派的代
表是孔子。它們構成了神州二千年學術的基幹。儒家學派最適合
於中國國情。周末，賴有孔子刪《詩》，序《書》，贊《易》，
定禮樂，作《春秋》，因而不亡者二百年。此後，據說，東漢、
唐之所以興，都是崇儒學的結果，而秦焚詩書，宋禁道學，明崇
心學，就都國勢不振，導致社稷傾覆。所以，「由孔子之教，罔
不興，違孔子之教，罔不亡」⑧。

　　三、他們認爲，鴉片戰爭後，海內沸騰，人們探求救亡圖存
之道，以爲中國之弱，弱於中國之學，因而《論語》當薪，《三
傳》束閣，以《六經》爲糟粕，「群以吾國文學之舊而欲痛絕廢
棄之」。同時，一般人又都醉心歐化。揚西抑中，不尚有舊，人
人都在誦習「蟹行文字」，舉一事，革一弊都以西方學說爲準，
把西方典籍視同神聖，這樣，中國文化就面臨著一個空前的浩劫
，「十三經、二十四史、諸子百家之文」，「黃帝、堯、舜、文
、武、周公、孔子之學」，不及十年，都將盡歸煙滅，「國學之
阨，未有甚於今日者矣」！⑨

　　四、他們認爲，學術、文化是立國之本，是禮俗政教產生的
基礎。學亡，文化亡，則國亡，民族亡。「欲謀保國，必先保學

」⑩；要挽救中國的滅亡危機，必須首先修述故業，挽救民族文化，保存國學，人民的愛國心將因此得到發揚。當然，也可以吸收一點西方的東西，但必須是借西學證明中學，彼爲客觀，我爲主觀，折衷至當。

基於以上論點，《國粹學報》諸人痛心疾首地指斥當時先進的中國人向西方學習的熱潮，辱罵他們「鬻道於夷」，放棄道德，掊擊仁義，其罪等於賣國，結果是「快意一時，流禍百世，數典而忘其祖，出門不佑其鄉」。⑪在排斥西方文化的同時，他們則大力提倡中國的精神文明，宣揚神州歷史、文化的光榮。他們希望通過自己的工作轉移世風，使人們重見先正典型、前賢風徽，使中國的古文化能得到恢復：「東土光明，廣照大千；神州舊學，不遠而復。」⑫

當然，革命陣線中的國粹派的觀點並不是完全統一的，他們之間也存在著一些差異，這裏，我們簡要地介紹章炳麟的文化思想。

章炳麟的思想包含著複雜的矛盾。一方面，他認爲西方可以學習，問題是不應委心事人，自輕自賤。在《國故論衡·原學》中，他說：「四裔誠可效，然不足一切頽畫以自輕薄。」但同時他又對向西方學習的人採取鄙夷態度，稱之爲「新學鄙生」和「浮華之士」。他認爲這種「新學」的傳播會是中國文化的災難，必將「滅我聖文」，「非一隅之憂也」⑬。在《原學》中，他列舉了大量的中國政治、經濟、文化中的「精粹」，然後和西方作比較，證明自家的好東西遠較西方爲多，接著得出了結論，「贍於己者無輕效人」，當時革命派的任務是「恢彊」民族傳統，而不是「儀型」西方。他說：「世人以不類遠西爲恥，余以不類方更爲榮。」

章炳麟也說過一些不應復古的話。他認爲古今政俗變遷各有一時之宜，古代的東西並非都是盡善盡美的，因而不可盡行於今

，更不可定一尊於先聖。他激烈地反對定孔教爲國教，批評孔子
膽小，不敢聯合平民以覬覦帝位，甚至說孔子嘩衆取寵，污邪詐
僞，湛心利祿。這是一方面。在另一方面，他又稱頌孔子是中國
保民開化之宗，極力把孔子推崇爲中國古代文化的保存者。他相
信中國的古文化可以用來振興20世紀條件下的中國，國學興，則
「種性可復」，只要使「耳孫小子耿耿不能忘先代」，則「國有
與立」。他甚至認爲只要他的樸學老師孫詒讓能活得長一點，有
人能繼承他的學術，「令民志無攜貳」，中國就可以興盛了。⑭
他以闡揚中國古文化——「支那閎壯碩美之學」的任務自責，反
對對這種文化的批判，說：「抨彈國粹者，正使人爲異種役耳。
」他號召革命黨人愛惜自己的歷史，一是語言文字，二是典章制
度，三是人物事跡；要選出幾個功業學問上的「中國舊人」，學
步他們；要利用古事古跡來動人愛國心思。⑮他甚至設想，革命
軍所到之處，應該首先保護那些能夠宣揚國學、傳播舊學的人，
即使如大劣紳王先謙之流也不例外，因爲他們要比「新學鄙生」
更有用於中國。革命勝利後，對於「黎儀舊德」，更應予以特別
之「保護」。⑯

　　可以看出，章炳麟的文化思想雖然與《國粹學報》諸人有些
差異，但基本上仍然是一致的。

三

　　在章炳麟以及《國粹學報》諸人的思想中，是包含著若干合
理內核的，即：中國有悠久、豐富的歷史、文化遺產，要熱愛這
份遺產，繼承並發揚它。要有民族自尊心，不應該盲目迷洋，認
爲什麼都是外國的好。應該懂得自己祖國的歷史，「不明一國之
學，不能治一國之事」，對自己的祖先完全無知是可恥的，等等
。他們中的個別人並且認識到西洋資本主義文化的虛僞一面，「
始創自由、平等於己國之人，即實施最不自由、平等於他國之人

」⑰，例如章炳麟。但是，從主要的方面考察，章炳麟等人的思想又仍然是錯誤的。

精神生產是需要隨著物質生產的改造而改造的。一定的文化永遠是一定的社會政治經濟條件的反映，爲一定社會的經濟基礎服務。革命，不僅要改變舊的生產關係、社會關係，也必須改變由這些關係所產生出來的觀念。近代中國資產階級爲了鬥爭的需要，必須建立反映本階級利益的意識形態體系，必須與建立在舊的經濟基礎和社會關係上的舊文化作堅決鬥爭。這樣，他就必然會面臨兩個問題：一、如何對待西方文化；二、如何對待本國的文化遺產，主要是封建社會中所形成的文化。這就是中學與西學，新學與舊的問題。毛澤東說：「在『五四』以前，中國文化戰線上的鬥爭，是資產階級的新文化和封建階級的舊文化的鬥爭。……學校與科學之爭，新學與舊學之爭，西學與中學之爭，都帶著這種性質。」⑱因而，如何回答這些問題，贊成西學、新學還是贊成中學、舊學，就反映著資產階級和封建地主階級兩種不同的利益和立場。

在近代，傳儷西方文化的有兩種人。一種是帝國主義的傳教士李提摩太之流和一部分資產階級洋奴買辦，他們認爲中國要全盤西化，中國什麼都不如西方。這是爲帝國主義的侵略政策服務的。其中的一些帝國主義分子，不僅不反對中國舊學，相反，倒是支持封建地主階級的復古論的。另一種人，也是占大多數的，介紹的是西方資產階級上升時期的民主主義文化。辛亥革命前，中國資產階級的革命者把《民約論》、天賦人權論以及平等、自由、博愛等學說作爲福音，以之作爲批判封建文化、封建制度的武器，這就是當時的所謂「新學」。這種「新學」，反映著資產階級的狹隘私利，是不能眞正解決中國的出路問題的，但在當時，正如毛澤東所指出，它「有同中國封建思想作鬥爭的革命作用，是替舊時期的資產階級民主革命服務的。」⑲而章炳麟及《國

粹學報》諸人卻不區別這兩情況，對西方文化採取鄙夷和排斥的
態度，他們不了解革命思想從來沒有國家的界限，錯誤地把西方
資產階級民主主義文化稱爲「異域之學」、「皙種之學」，中國
人學習這種文化就是「末學紛馳，樂不操土」，就會導致民族文
化的毀滅。他們這樣說，就阻礙和打擊了新思想的傳播和發展。
這是一。

　　第二，舊傳統、舊觀念往往是一種巨大的束縛力量。要建立
新文化，就必須徹底地批判舊文化。沒有這個批判，就不可能從
封建階級的思想禁錮下解放出來，因而也就不能建立起新文化。
恩格斯曾經指出過：「每一個新的前進步驟，都必然是加於某一
種神聖事物的凌辱，都是對於一種陳舊衰頹但爲習慣所崇奉的秩
序所舉行的反叛。」⑳他熱情洋溢地贊頌了18世紀法國資產階級
革命準備時期的啓蒙思想家們，稱譽他們對封建的思想和文化所
作的戰鬥和「最無情的批判」㉑。辛亥革命前的中國資產階級中
的一部分人也正是企圖這樣對中國傳統文化重新審查並作出估價
的。但是，正當他們對這種文化的神聖性有了一點懷疑，作了一
點批判的時候，國粹派就氣衝衝地大叫大嚷起來了。他們說，中
國傳統文好得很呀！應當寶之爲國粹呀！你們這樣做，就是「驚
外忘祖」呀！就是「芻狗群籍，糞土典墳」呀！他們這樣說，實
際上就維護了中國傳統的封建文化的神聖地位。

　　民族文化從來都不是統一的，正如列寧所說，每一種民族文
化中都包含著兩種對立的成分。毛澤東也指出，中國封建社會中
確曾創造了燦爛的古代文化，但其中既有民主性的精華，也有封
建性的糟粕。而章炳麟及《國粹學報》諸人恰恰是承認有一種超
階級的統一的全民文化，並把它視之爲立國精神，從而籠統地號
召保存國粹，其結果必然是保存了那些封建的腐朽的陳舊的東西

　　當然，一個革命的階級不是絕對不可以利用前代的文化。事
實上，思想史、文化史的規律總是這樣，新興文化是要利用前代

文化的某些材料的。但是，不能「拿來主義」，不能照搬。因為前代文化總是產生在前代的政治、經濟條件下，不可能完全適應、甚至根本不可能適應新的政治、經濟條件，這就需要對前代文化，即使是其精華部分，予以革命的揚棄、改造，只有這樣，才能使之為新的經濟基礎服務並從而有利於新興文化的創造和發展。而國粹派卻不是這樣。在他們看來，民族文化已經好到無以復加了，可以永垂萬代；不管社會條件發生了怎樣的改變，這種文化都是使中國強盛的萬靈藥方，不必批判，也不必創新，任務只是保存。這實際上就是使民族文化長期停滯，使封建文化萬古長存。

歷史證明，奢談「恢張」民族傳統，拒絕對外國革命進步文化的借鑒；奢談繼承，不談革新，其實質都是在宣揚和維護舊的思想、舊的觀念、舊的文化；其結果都必然走上復古主義，墮落成為抱殘守缺的孤臣孽子，成為時代前進的反對者。

這裏，我們不妨看看章炳麟的例子。

章炳麟在東京的那次演說中號召革命黨人愛惜祖國的歷史。他的這種觀點，直到今天還有一些同志為之叫好。但是，問題就在於這「愛惜」二字。章炳麟不區別什麼是人民鬥爭史，什麼是封建壓迫史，什麼是歷史中的民主精華，什麼是歷史中的封建糟粕。他表面上雖然承認古制不可盡行於今，中國政治總是君權專制，本沒有什麼可貴，但在具體評述時卻總是把中國歷史說得好到不能再好，說什麼中國的典章制度，總是近於「社會主義」。例證之一是中國實行了均田，所以貧富不甚懸絕；之二是刑名法律的大公無私，犯了罪，「憑你有陶朱、猗頓的家財，到〔都〕得受刑」；之三是科場選舉，這原是最惡劣的了，但做工營農的貧民也就有了「參預政權」的希望。章炳麟說：「我們今日崇拜中國的典章制度……那不好的，雖要改良，那好的，必定應該頂禮膜拜。」㉒然而，既然連刑名法律、科場選舉這「本來極不好

的」，「尙且帶有幾分社會主義性質」，那末，還有什麼應該改良的呢？豈不是一切都應該「頂禮膜拜」嗎？實際上，章炳麟正是這樣，他在辛亥革命前的理想就是「光復舊物」，神往於貞觀、開元之治，覺得專制制度比資產階級「立憲代議」政體好，科舉比學校好、舊學比新學好，舊黨比新黨好。在辛亥革命後，他就提議「循常守法」㉓，認爲淸王朝的錯誤只在於「偏任皇族」，「賄賂公行」兩椿，其他舊法則「多應遵循」㉔，連婚姻、家族等制度都「宜仍舊」了。

　　章炳麟認爲中國古文化中有許多精粹，特別是「言文歌詩」，更是西方各國所萬萬不及。他說：「中國文字，與地球各國絕異，每一個字，有他的本義，又有引申之義……因造字的先後就可以推見建置事物的先後……」㉕，也是好得毫無缺點，應在「愛惜」之列的。於是，他起勁地反對當時一部分人關於漢語拼音和減少漢字常用字數的意見，反對語言和文字的發展變革。他對革命黨人大講小學，提倡揚雄、司馬相如的「奇字」；他的文章充斥了大量早已死亡了的古字，即使有通用字，也非用古字不可。在散文的體裁風格上，他提倡中國散文最初階段的那種樸拙狀態，鄙視唐宋文，反對白話文，企圖使語言「一返皇古」。爲了反對近代出現的日益與口語接近的新體散文，他甚至在辛亥革命後支持桐城派，說什麼「乃至今日而明末之風復作，報章、小說，人奉爲宗。幸其流派未亡，稍存綱紀，學者守此，不致墮入下流」㉖。對於詩歌，他也認爲愈古愈好，漢魏六朝以前的都是好的，此後則「代益凌遲，今遂塗地」，主張「宜取近體一切斷之」。他自己的詩也大都古奧詰屈，確乎是漢、魏以上的作品。

　　在所謂「保存國學」的口號下，《國粹學報》諸人就走得比章炳麟更遠了。他們明確地倡言復古，說什麼20世紀將是中國古學復興的時代，一切學術文章都將「寢復乎古」。有人給他們寫了篇文章，主張定孔敎爲國敎，孔子爲國魂，把《六經》提到如

印度的《四韋馱》、基督教的《舊約》的地位，他們加了按語說
：「陳義確當，同人無任佩服。」他們認為一切都應該以古代為
典範，編輯中有個叫黃節的，當時孜孜於華夷之辨，以光復舊學
自任。他做了一部《黃史》，其中《禮俗書》一節，對革命後人
民衣食住行的各方面都作了設計。他建議，婚姻，不必如西方的
婚姻自由，而應採用《周官》舊禮；喪禮，依明太祖制，為父母
斬衰三年；祭祀，返乎三代；住房，遠法商代的「四阿屋」。據
黃節考證，古代還有所謂「通天屋」，比現代的摩天樓還好。冠
服，古代有「留幕」，又有「窄衣」，可以仿製；音樂，國樂已
亡，幸而尚存《詩經》中的《鹿鳴》之譜，可以「庶幾彷彿皇漢
」；舞蹈，《周官》有干舞，跳起來也可以「不失陶唐氏之遺」
㉗。

在章炳麟式的「學步中國舊人」的思想指導下，他們認為「
前賢學派，各有師承；懿言嘉行，在在可法」。在劉師培編寫的
《編輯鄉土志序例》中，不僅包括名臣傳、紳耆傳、孝義傳、一
行傳（忠臣、孝子、義僕），甚至也包括列女傳，目的在於「表
揚名德，闡揚幽光」。

在文學方面，《國粹學報》諸人和章炳麟一樣反對白話文、
新體散文，稱之為粗淺鄙俗，不雅馴；稱新體詩歌是「新曲俚詞
」，拼音簡字是「愚誣之說」；提高小說地位是「尊稗官為正史
」。他們自己的作品則標榜「純用古人體裁」，「文辭務求古」
，「擇言求雅」，甚至說什麼「群經多有韻之文，舊典盡排偶之
作」，提倡形式主義的駢體文。他們又騰出大量篇幅來發表陳三
立、鄭孝胥、朱古微、王闓運等同光體、常州詞派作家的作品，
拉攏嚴復、林紓等參加國學保存會，和舊文化合流。

吳玉章先生在《辛亥革命》一文中指出過，辛亥革命時的中
國資產階級「沒有強有力的思想革命作先導」，「未能攻破封建
主義的思想堡壘」。「他們在理論方面不但缺乏創造性的活動，

而且對西方十七、八世紀啓蒙學者的著作和十九世紀中葉的主要
思想家的著作也都沒有系統的介紹。」這種情況，是同國粹主義
思潮在革命派內部得到廣泛傳播的事實互爲表裏的。

四

　　在文學團體南社身上，最清楚地說明了國粹主義思潮怎樣窒
息了近代中國革命文化人的創造活力，使之在後期逐漸蛻變爲文
化復古組織。

　　南社成員在其初期有許多人都屬於新型知識分子階層，在反
對封建制度、封建文化上採取著激烈的態度。例如寧調元曾經痛
罵孔子是「民賊」，「致貽中國二千年專制之毒，民族衰弱之禍
」。柳亞子則是盧梭的崇拜者，認爲中國的倫理、政治「皆以壓
制爲第一義。」他熱烈地呼喊「民權」、「自由」，特別積極提
倡女權，批判「三從七出」等封建綱常。高旭，以「鼓吹歐潮」
自責，宣稱「我愛自由如愛命」。他根據進化論的原理批判保守
復古傾向，要求發展變革，聲言「我說爲父者，斷勿肖其祖；我
說爲子者，斷勿肖其父……愈演而愈上，今必勝於古」，「物種
能變易，即爲天所佑……一成而不變，斯義實大謬」。在文學上
，他是新體詩的積極提倡者。周實，認爲對中國的古文化，即使
是聖賢的「大義微言」，也應該「壓其精華而棄其糟粕」，認爲
儒家「甚不廣大」，反對在各地遍設存古學堂。林獬，積極提倡
「種田的、做手藝的、做買賣的以及那當兵的弟兄們」都能讀得
懂的白話文。在南社成立前，他們辦的刊物也大都富於開創精神
和改革勇氣。例如1904年陳去病、柳亞子等辦的《二十世紀大舞
台》提倡戲劇改良，「新曲新理」，發表過一些表現當時現實的
「時事劇」，以「開通下等社會」、「收普及之效」爲目的。語
言則「或尙文采，或演白話，不拘一例」。又如1906年出版的《
復報》首期，發刊詞即標名「通俗體」。此後每期均發表新體詩

及歌詞。但是，在南社成立後，這些成果並不曾鮮明地反映到它的綱領和文學活動中去，其原因就在於國粹派的影響。

　　南社的醞釀過程正是保存國學的呼聲在革命派內部愈來愈高的時期。上文已經談過，南社的主要成員大都參加過國學保存社；南社的主要發起人之一陳去病更曾一度擔任過《國粹學報》的編輯，因而國粹派的觀點反映到南社內部去也就毫不奇怪了。在南社成立前，一部分社員曾經對社的性質、任務等問題交換過意見。高旭後來回憶說，陳去病為什麼要發起南社呢，是因為覺得「入同盟會者思想有餘而學問不足」㉘。何謂「思想」？顯然是資產階級革命思想；何謂「學問」？顯然就是「國學」了。高旭請寧調元為《南社集》作序，寧調元在回信中說：《南社》應該「固雜誌之藩籬」，以「保神州之國粹」為目標。㉙正是在這種復古思潮的影響下，一部分本來具有革新勇氣的人認識模糊了，妥協了。例如高旭，這時就表現了一種搖擺的傾向。在《願無盡廬詩話》中，他一方面認為「世界日新，文界詩界當造出一新天地」；但另一方面，又認為「新意義、新理想、新感情的詩詞，終不若守國粹的用陳舊語句為愈有味也。」在這種情況下寫出的《南社啟》，就接受了國粹派的觀點：

> 國有魂，則國存；國無魂，則國將從此亡矣……然則國魂果何所寄，曰寄於國學。欲存國魂，必自存國學始。而中國國學之尤可貴者，端推文學。蓋中國文學為世界各國冠，泰西遠不逮也。而今之醉心歐化者，乃奴此而主彼。……嗟呼！痛哉！伊呂倭音，迷漫大陸，蟹行文字，橫掃神州，此果黃民之福乎！人心世道之憂，正不知伊於胡底矣。㉚

這份文件代表了南社中相當多成員的看法，對南社的文學活動起了一定的影響。於是，詩界革命、文界革命的線斷了，新派詩，新體散文不被提倡了，發表在《南社叢刻》上的仍然是傳統的「

詩古文詞」，甚至還有駢文。此外，傳播革命新思想的文章少見了，而代之以宋明遺民、鄉賢事跡的宣揚。《二十世紀大舞台》提倡的戲劇改良，《中國白話報》的通俗文傳統被扔開了，許多社員一心一意以明代的幾社、復社文人為榜樣。南社的這一傾向迅速得到了國粹派的歡呼。

辛亥革命後，國粹派立刻成立國學商兌會，發行自己的刊物，號召抱殘守缺，保衛先聖之傳，宗邦之舊，主張定孔教為國教，並且最後把柳亞子趕下了台，取得了南社的領導權。「五四」時期，這一部分人激烈地反對白話文，白話詩，說：「方今滄海橫流，國學廢墜，新進鄙文言為迂腐，士夫競白話為神奇，直使吾國數千年文學淵源日就淪胥之域。」㉛這就使得南社這一革命的文學團體終於淪為復古派的組織。在南社解體以後，南社中的國粹派又匯合而為南社湘集，和接受了「五四」運動影響的新南社相對立。

五

國粹主義思潮是一種復古思潮。它的特點是抵制外來進步文化，反對變革發展，在保存民族遺產的幌子下保存封建文化，或用以抵制革命，或用以抵制革命的新文化。提倡國粹的人當然也有不同：張之洞等代表著清王朝的利益，孔教會諸人則依附於袁世凱和北洋軍閥，而章炳麟等國粹派則代表革命黨內一部分對舊文化濡染甚深而又深情脈脈的人。像章炳麟等人，為了挽救民族危機，他們對封建制度、封建文化的最霉爛、腐朽的部分有所唾棄，有接受新思想的要求，但是，這種唾棄和接受都有一定的限度。一方面，他們認為「『西哲』的本領雖然要學」，但另一方面，「『子曰詩云』也更要昌明」㉜。一到了學「西哲」而有礙於「子曰詩云」的「昌明」的時候，一到了反封建的革命愈益深入的時候，他們便捨棄西哲、捨棄革命，而只要「子曰詩云」了

。如果說，章炳麟等一類國粹派在辛亥革命前還帶有若干新色彩，他們也發表過若干正確的對當時革命有利的言論的話，那末，在辛亥革命後，特別在新文化運動後，他們的新色彩就日益消失，而只剩下封建復古的一面了。「五四」前夜，在北京大學內部與新文化派對壘、創辦《國故》月刊的，正是被稱為「章太炎學派」的《國粹學報》編輯劉師培等人。1918年正是資產階級急進民主派高呼扎倒孔家店，擁護德先生、賽先生的時候，黃節在上海重新遇見了《國粹學報》的主編鄧實，曾經寫了一首詩給他：

> 國事如斯豈可期，當年與子辨華夷。數人心力能回變，廿
> 載流光坐致悲。不反江河仍日下，每聞風雨動吾思。重逢
> 莫作蹉跎語，正為栖栖在亂離。

廿載心力，孜孜於華夷之辨，不料人心仍如江河日下，國粹將亡，自然感慨繫之，其聲淒以厲了。後來鄧實在上海以書畫古玩自娛，鬱鬱以終，章炳麟「退居於寧靜的學者」和時代隔絕了，其原因都在這裏。

對國粹主義思潮的復古實質，辛亥革命時曾有少數人有所認識，他們提出過「尊今賤古」、「厲其精華，棄其糟粕」等進步的命題來與之對抗，但是並未形成強有力的思潮，大多數人則聽任國粹主義在革命派內部傳播，不少人還隨聲應和，這就使得在政治、思想、文化領域內未能高舉徹底反封建的大旗，使得一度出現過的蓬蓬勃勃的現象逐漸消失，並使歷史發生了某種倒退。

徹底地展開對封建文化的批判，徹底地展開對國粹派的鬥爭，這一任務是「五四」時期才提出來的。「五四」新文化運動揭出了反對舊道德，提倡新道德；反對舊文學，提倡新文學的大旗。這是一個了不起的功績，使它稱得起是中國歷史上以前不曾有過的偉大的文化革命。

（原載《新建設》，1905年第 2 期，略有修訂）

【註　釋】

① 張之洞：《保存國粹疏》，光緒三十三年江蘇活字印本。

② 轉引自黃遵憲致梁啓超書，光緒二十八年八月，北京圖書館藏稿。

③ 《法國革命史論》，《新民叢報》第87期。

④ 《東方》3 年 3 期。

⑤ 鄧實：《古學復興論》，《國粹學報》第 9 期。

⑥ 鄧實：《國學保存會小集序》，《乙巳政藝叢書·湖海青燈集》。

⑦ 鄧實：《雞鳴風雨樓獨立書》，《政藝通報》癸卯(1903)第24號。

⑧ 鄧實：《雞鳴風雨樓著議第二·學強》，《政藝通報》壬寅(1902)第 3 號。

⑨ 《擬設國粹學堂啓》，《國粹學報》第26期。

⑩ 同前註。

⑪ 鄧實：《國粹學報》第一周年紀念詞，《國粹學報》第 3 期。

⑫ 《國粹學報》發刊詞。

⑬ 《俞先生傳》，《太炎文錄》卷二。

⑭ 《瑞安孫先生哀辭》，《民報》第20號。

⑮ 《演說錄》，《民報》第 6 號。

⑯ 《主客語》，《民報》第22號。

⑰ 《五無論》，《民報》第16號。

⑱ 《毛澤東選集》，第 2 卷，第 689-690 頁。

⑲ 《毛澤東選集》，第 2 卷，第 690 頁。

⑳ 《馬克思恩格斯文選》兩卷集，第 2 卷，第 379-380 頁。

㉑ 《馬克思恩格斯文選》兩卷集，第 2 卷，第 117-118 頁。

㉒ 《演說錄》，《民報》第 6 號。

㉓ 《訄漢微言》。

㉔ 《自述學術次第》。

㉕ 《演說錄》，《民報》第 6 號。

㉖ 同註㉓。

㉗　《國粹學報》第 3、4 期。

㉘　《周實丹烈士遺集序》，《南社》第 7 集。

㉙　《與高天梅書》，《太一遺書・太一箋啓》。

㉚　《南社通訊錄》，辛亥正月版。

㉛　馬士傑：《與高吹萬書》，《國粹叢選》第13、14集合刊。

㉜　《魯迅全集》第 1 卷，第 409 頁。

論《天義報》劉師培等人的
無政府主義

　　無政府主義思潮在20世紀初年傳入中國，至1907年，出現東京《天義報》和巴黎《新世紀》兩個傳播中心。它們人數雖不多，卻分別形成了自己的思想特色，在中國近代革命史和思想史上發生了影響。

　　《天義報》創刊於1907年 6 月10日，共發行19期。1908年 4月28日，東京的中國無政府主義者們另出《衡報》，它實際上是《天義報》的繼續。二者的創辦人、編輯人和大部分文章的執筆人都是劉師培。他是這一派的理論代表。本文將以考察他的無政府主義思想爲主，兼及他的妻子何震和有關人物。

絕望於資產階級民主革命

　　在西歐歷史上，無政府主義產生於19世紀的上半葉，盛行於下半葉，它反映了小資產階級對迅速膨脹的資本主義的抗議；在近代中國，無政府主義產生於資產階級民主革命的發展時期，它反映了小資產階級對這一革命的絕望。

　　20世紀初年，世界資本主義已經發展到了帝國主義階段，它的各種固有矛盾日益尖銳。啓蒙思想家應許過的理想社會並沒有實現，相反，暴露於光天化日之下的卻是這個制度的遍身膿瘡。1900年至1905年間，法國罷工人數達到 110 餘萬，德國每年發生罷工1400餘次。劉師培等人生活在日本，他們較易了解西方世界的眞實狀況，也充分看到了日本資本主義和軍國主義發展所造成的惡果。1907年 6 月 4 日，日本足尾銅山礦工罷工，並迅速發展

為暴動，成為震動全日本的重大事件。這一年，日本全國共發生罷工鬥爭57起。這些事件，對於去國離鄉，尋找救國救民真理的中國革命黨人不能不是一個強烈的刺激。在日本社會黨人和無政府主義者的啓發和影響下，他們迅速感到，資本主義決不是一條美好的出路。

《天義報》諸人思想的突出之點是反對資產階級和資本主義。劉師培指責資本家「獨占生產機關」，役使並剝削工人，鎮壓工人罷工，道德最為腐敗。他說：「嗚呼！富民之財悉出於佣工之所賜，使無佣工之勞力，則富民無由殖其財。今乃忘彼大德，妄肆暴威，既奪其財，兼役其身，非惟奪其財產權也，並且奪其生命之權，此非不道德之極端耶！」①他看出了資本家的剝削是人民貧困的根源。《大盜與政府》一文說：「資本家用攫財之術，以一人之身而兼有百千萬人之財，盜百千萬人之財而歸於一人，下民安得不貧！」②因此，他強烈地反對在中國發展資本主義，認為「振興實業，名曰富國，然富民愈眾，全國之民悉陷於困窮之境，則實業之結果，不過為胺削貧民計耳！」③

劉師培對資產階級和資本主義的批判一般是從倫理學角度，但是，也有個別文章引用了政府經濟學概念。《論中國資產階級之發達》一文說：「通州紗布各廠所獲之利尤巨，其剩餘價格均為各股東所吸收。例如工人於一日間織布六丈，每丈售價五角，則六丈可售三元。然原料約一元五角，機器損耗約三角，房屋費約攤一角，是所餘尚一元一角，然工人作工一日不過得三角，是股東竟得剩餘價格八角也。」④發現剩餘價值是馬克思的一項劃時代的功績，它構成了馬克思主義經濟理論的基石。本文將剩餘價值譯為「剩餘價格」，失去了它應有的科學性和準確性，但是，它把這一概念引進中國來，有助於人們認識資本主義剝削的秘密。

劉師培認為，帝國主義是資本主義發展的結果。他說：「試

考帝國主義發達之原因，蓋政府、資本家，欲攫取異國之金錢，利其愚弱，制以威力，由是托殖民之名，以擴政府、資本家之實。」⑤又說：「資本家欲擴充商業，吸收他境之財源，盜爲己有」，「遂成戕殺之世界」⑥。這些看法，接觸到了問題的本質。劉師培尖銳地揭露帝國主義對殖民地人民和本國人民的壓迫，稱帝國主義爲「現今世界之蟊賊」。他說：「今日歐美各國，政府及富民勢力日增，而人民日趨於貧苦，則帝國主義盛行之故也。」⑦劉師培的上述認識，雖然還缺乏足夠的理論深度，但對20世紀初年的中國思想界來說，仍然有其新穎感和啓發性。

　　戊戌維新前後的一段時期，以西方資本主義爲師曾經是先進中國人的理想。他們認爲，那一套相當美妙。劉師培對資本階級和資本主義的批判，無疑是一帖清涼劑。但是，劉師培既是缺乏辯證觀念的形而上學者，又是生吞活剝外國經驗的教條主義者。他不了解，在歷史上，資產階級和資本主義都曾經是革命的、進步的；當它在西方已經弊端叢出的時候，在落後的中國，仍有其存在和發展的必要。他錯誤地得出了應該和年輕的中國民族資產階級進行戰鬥的結論。《論中國資產階級之發達》一文說：「中國自今而往，資本階級之勢力必步歐、美、日本之後塵，則抵抗資本階級，固當今之急務，而吾黨所當從事者也。」⑧這樣，他在對中國社會主要矛盾和革命對象的認識上，就遠遠偏離了實際。劉師培在有的文章中並進一步聲稱，要「殺盡資本家」⑨。無政府主義思想常常具有狂熱的特徵，表現在這裏的就是一種極端的狂熱。

　　在當時，劉師培等反對孫中山的資產階級民主革命綱領，民族、民權、民生三大主義一一受到指責。

　　民族主義，劉師培讅之爲學術謬誤、心術險惡、政策偏頗。在他的筆下，孫中山等人提出這一主義完全出於不光彩的目的，「希冀代滿人握統治之權」，「利用光復之名，以攫重利」⑩，

No 10 第十號
EQUITY
The Chinese Anarchist News.

衡報

每月發行三次

ISSUED THREE TIMES A MONTH.

編輯者 劉申叔

EDITOR LIEU SUN SOH.

價 目 表

每張售 日金 二錢 (內化郵費)
全年三十六張 日金 一圓

中曆戊申年七月十二日 出版
西曆 1908 年 8 月 8 日

General objects

衡報大旨

1. Anarchist communism

顛覆人治實行共產

2. Antimilitarism and General strike

提倡非軍備主義及總同盟罷工

3. Peoples worry jotting

記錄民生疾苦

4. International revolutionary and laborer Association.

聯結世界勞動團體及直接行動派之民黨

Correspondent department.

No. 21, 6chome

Iidamachi,

Kojimachiku.

Tokyo,

Japan.

凡寄稿通函及定報者
均寄東京通信所
編輯所 澳門平民社
發行所 同 上
通信所
日本東京麴町區飯田
町六丁目廿一

圖二十一 中國無政府主義者的第一份報紙
（採自中共中央宣傳部圖書館）

「黠者具帝王思想，卑者冀爲開國元勛」⑪。他們說：革命派的「排滿」和改良派的「保滿」沒有什麼區別，「排滿亦出於私，與倡保滿者相同」，結論是：「民族主義，乃不合於公理之最甚者也。」⑫

民族主義不是無產階級的世界觀。孫中山的民族主義思想缺乏階級觀點，部分革命黨人的思想內則還包含著狹隘的種族主義成分，指出這些局限是可以的。《衡報》的一篇文章就曾試圖說明：「排滿主義不必以種族革命自標，謂之階級鬥爭之革命可也。」⑬但是，在革命鬥爭中，應該肯定和支持進步的民族主義。劉師培等醜化孫中山的民族主義，混淆革命和保皇的界限，這只能打擊革命派，「適以保護滿政府」⑭。

沒有提出反對帝國主義的口號是孫中山民族主義思想的大缺陷。和孫中山不同，劉師培提出了建立廣泛的國際團結以反對帝國主義的思想。他說：「非亞洲弱種實行獨立，不能顛覆強族之政府」，「亞洲弱種非與強國諸民黨相聯，不能實行獨立」⑮。但是，他的實際主張又嚴重地有害於反對帝國主義、爭取民族獨立的鬥爭。

鴉片戰爭以後，中華民族遭受帝國主義的欺凌，每一個有愛國心的中國人都渴望祖國的富強，然而，劉師培卻攻擊「富強」二字爲「公理之大敵」，是什麼「大盜之術」。⑯他不去辨明帝國主義的侵略戰爭和殖民地、半殖民地人民反侵略的正義戰爭之間的本質區別，卻跟在歐洲和日本的無政府主義或半無政府主義者的屁股後面，提倡「非軍備主義」，主張「廢兵」，要求解散軍隊。按照這些主張做去，中國人民在經濟上就只能永遠被帝國主義剝削，軍事上則永遠挨打。

孫中山的民權主義提出了包括議會制在內的一整套民主共和制度。對此，劉師培強烈反對。他尖銳地揭露資產階級選舉制、代議制的欺騙性，認爲在這種制度下，「貧民雖有選舉之名，實

則失選舉自由之柄。」《破壞社會論》一文說：「今法美各國，號爲民主之國矣，然主治者與被治者階級未能盡除也，貧富之界非惟不能破，抑且變本加厲。富者收佣工以增己富，因富而攬權；佣工爲貧而仰給於人，因以自失其權。由是貧者之命懸於富者之手，名曰普通選舉，實則貧者並無生命權，其選舉之時，勢不得不舉富人以仰其鼻息，則所謂選舉者，與專制何異？乃號其名曰共和，吾不知其何者爲共，何者爲和也，則共和政體非公明矣！」⑰他們認爲在中國實行這種制度的結果也只能是富民得益，貧民受病。

應該承認，在揭露資產階級民主的虛僞上，劉師培等人的思想有其深刻性。但是，他們不了解，和封建專制主義比較起來，資產階級民主仍然是一個大進步。這個進步，對歷史發展和勞動人民的鬥爭有利；在當時的中國，也正需要這樣一種進步。列寧說：「資產階級的共和制、議會制和普選制，所有這一切，從全世界社會發展來看，是一種巨大的進步」。「它們使無產階級有可能達到現在這樣的統一和團結，有可能組成步伐整齊紀律嚴明的隊伍去同資本家進行有系統的鬥爭。農奴連稍微近似這點的東西也沒有，奴隸就更不用說了。」⑱資產階級民主的虛僞主要決定於它的階級內容，而不在於共和制等形式。

「平均地權」是孫中山民生思想的核心。對此，劉師培譏之爲漢武帝的鹽鐵專營和王莽改制。他說：「土地財產國有之說，名曰均財，實則易爲政府所利用。觀於漢武、王莽之所爲，則今之欲設政府，又以平均地權愚民者，均漢武、王莽之流也。」⑲歷史上，漢武帝的鹽鐵官營和王莽改制都沒有給人民帶來什麼好處；在劉師培看來，孫中山的「平均地權」也不過爾爾。

劉師培等對孫中山領導的資產階級民主革命感到絕望。他們認爲，這不過是以暴易暴，「勢必舉歐美、日本之僞文明推行於中國」，「所謂法律、租稅、官吏、警察、資本家之弊，無一不

足以病民，而中國人民愈無自由，愈無幸福，較之今日爲尤甚」
⑳。因此，他們表示要「別籌革命之方」㉑——提倡「無政府革
命」。劉師培說：「吾輩之意，惟欲於滿洲政府顛覆後即行無政
府，決不欲排滿以後另立新政府也。」㉒

　　不承認資產階級民主革命的進步和不可避免性，以爲這一革
命的結果反而不如不革命，這一觀點自然是荒謬的，但是，剝去
它的荒謬部分，我們卻又可以看到，這一觀點反映著中國革命所
面臨的深刻矛盾：世界資本主義的發展歷史已經證明了，舊的西
方資產階級民主革命的結果並不十分美好，中國人民必須走一條
新的道路。從這個意義上說，「別籌革命之方」的提法並不錯，
問題是所「籌」之「方」錯了。

在介紹馬克思主義的同時，又攻擊馬克思主義

　　由於日本社會主義運動的影響，劉師培等人接觸過馬克思主
義。《天義》第8、9、10卷合冊的《新刊預告》中，曾列入《
共產黨宣言》一書，宣布已請同志編譯，不日出版。後來，它發
表了恩格斯1888年爲《宣言》英文版所寫的序言和《宣言》第一
章：《資產者和無產者》。此外，它還發表過第二章《無產者和
共產黨人》以及恩格斯《家庭、私有制和國家的起源》一書中的
個別段落。在爲《宣言》中譯本所寫的序言中，劉師培充分肯定
了馬克思主義的階級鬥爭學說對工人運動、研究歷史和西歐資本
主義制度的巨大意義。他說：「觀此《宣言》所敍述，於歐洲社
會變遷纖細靡遺，而其要歸，則在萬國勞民團結，以行階級鬥爭
，固不易之說也。」㉓又說：「欲明歐洲資本制之發達，不可不
研究斯編；復以古今社會變更均由階級之相競，則對於史學發明
之功甚巨，討論史編，亦不得不奉爲圭臬。」㉔　《天義報》還
譯載過英國社會黨領袖海德門的一本《社會主義經濟論》，譯者

完全同意恩格斯對馬克思學說的高度評價，按語說：「自馬爾克斯以爲古今各社會均援產業制度而遷，凡一切歷史之事實，均因經營組織而殊，惟階級鬥爭，則古今一軌。自此誼發明，然後言社會主義者始得所根據，因格爾斯以馬氏發現此等歷史，與達爾文發現生物學，其功不殊，誠不誣也。」㉕譯者批評中國學者不懂得研究經濟發展，認爲「經濟變遷實一切歷史之樞紐」㉖，這就接觸到了歷史唯物主義的核心思想。在辛亥革命準備時期，《浙江潮》、《新民叢報》、《民報》等刊物都對馬克思主義有所介紹，比較起來，以《天義報》劉師培等人的水平爲最高。

但是，在若干重大問題上，劉師培又攻擊馬克思主義。其一是鬥爭策略。劉師培完全反對議會鬥爭，並把導致第二國際機會主義的責任推到馬克思身上。他說：「夫馬氏暮年宗旨，雖與巴枯寧離析，致現今社會民主黨利用國會政策，陷身卑猥。」㉗其二是國家學說。劉師培反對無產階級在推翻資產階級的統治後，還必須建立自己的國家。他說：「惟彼之所謂共產者，係民主制之共產，非無政府制之共產也。故共產主義漸融於集產主義中，則以既認國家之組織，致財產支配不得不歸之中心也。由是共產之良法美意亦漸失其眞，此馬氏學說之弊也。」㉘在劉師培等看來，建立了國家，有了管理和發展社會生產的「中心」，其結果必然是：「多數勞動者昔爲個人奴隸，今一易而爲國家之奴隸，其監督之嚴，或增一層之慘酷。」㉙他們把任何國家形態都看成壞東西，視政府爲萬惡之源，總結了兩條公式：一條叫國家之利與人民之利成反比例，國家愈盛，則人民愈苦，一條叫政府與公理成反比例，政府存在，則公理不昌。㉚《社會主義與國會政策》一文宣布：「由今而降，如有借社會主義之名，希望政權者，決非吾人所主張之政策，雖目爲敵仇，不爲過矣！」㉛

肯定馬克思主義的階級鬥爭學說和歷史唯物主義的部分思想，這一點，劉師培等和蒲魯東以來的許多無政府主義者有區別，

共產黨宣言 Manifesto of the Communist

馬爾克斯 Marx
因格爾斯 Engels 合 著

民 鳴 譯

共產黨宣言

歐州諸國有異物流行于其間即共產主義是也昔歐州之有權力者欲施禁止之策乃加入神聖同盟若羅馬法皇若俄皇若梅特湼（奧相）Metternich 若額佐 Guizot 若法國急進黨若德國偵探。

試觀在野之政黨有不受在朝政黨之詆毀而目爲共產主義者乎又試觀于在野之政黨對于急進各黨及保守諸政敵有不詆爲共產主義者乎。

即此專實足知如左之二事。

一共產主義者致使歐州權力各階級認爲有勢力之一派。

二共產黨員克公布其意見目的及趨向促世界人民之注目並以黨員自爲發表之宣言與關于共產主義各論議互相對峙今其機已熟。

因此目的故各國共產黨員集會倫敦而草如左之宣言以英法德意 Flomisk 荷

圖二十一 《共產黨宣言》的最早中譯（1908年）（採自《天義》第16、17、18、19四冊合刊）

但是，在反對馬克思主義的國家學說和無產階級專政理論上，又表現了無政府主義的共同特點。

辛亥革命時的中國，還不是實行社會主義的問題，但是，馬克思主義卻是一盞可以指導中國革命走向勝利的明燈。劉師培等絕望於舊的資產階級革命，這本來是一個接受馬克思主義的契機，但是，他們卻失之交臂。中國人民要接受馬克思主義，還必須走過一段曲折的途程。

「完全平等」的無政府烏托邦

無政府主義在其發展過程中，曾經產生過幾個不同的流派，如個人無政府主義、社會無政府主義、消極無政府主義、共產無

政府主義等。劉師培對上述各派都作過考察，他選擇了共產無政府主義。

斯諦納爾是所謂個人無政府主義者。他認為「我」是萬事萬物的主體，人類的進化之途是由集合之體分化為個體，由國家、社會分化為個人，達到不受任何制限，「各逐我性」的境界。劉師培接受過斯諦納爾的影響。《戒學政法歌》以「國家」為「第一邪說」，以「團體」為「第二邪說」，歌云：「第二邪說即團體，侈說合群眞放屁。高張團體升九天，壓制個人沉九淵。天網恢張眾莫避，譬如獸罟與魚筌。團體公意眾人守，空立規條垂永久。有人欲逐自由性，便罵野蠻相掣肘。互相束縛互箝制，活潑精神更何有；試看群花大放時，眾瓣各與苞蕊離。人類進化無止境，當使人人呈個性，人非團體不能生，畢竟野蠻風未盡。」㉜要求「人人呈個性」，把「團體」視為束縛自由的「獸罟魚筌」，這正是斯諦納爾的個人無政府主義。但是，劉師培認為，當時的人民還達不到這種程度：「蓋近今之民，決不能捨群而獨立。」他把希望放在遙遠的將來：「異日物質文明倍為進步，或一切事物可以自為自用，則斯氏之說，或有實行之一日。」㉝然而，劉師培有時又感到，「自為自用」不僅永遠做不到，而且流弊很大。他舉例說：建築一座房子，決非一人之力所能勝任。人人都「自為自用」，必將「人人各私其所有，彼此不復相顧，一遇天災，死傷必眾。」㉞這就實際上否定了個人無政府主義。比起斯諦納爾來，劉師培要清醒一些，他的理論多了一點集體主義的色彩。

托爾斯泰是所謂「消極無政府主義者」。1907年，日本報刊先後發表了他的《答日本報知新聞社書》、《致中國人書》和《俄國革命之旨趣》等文，引起中國革命黨人的注意。劉師培高度肯定托爾斯泰對西方資本主義制度的指責，尤其欣賞他對中國傳統農業社會的贊美，認為「欲改革中國重農之俗而以工商立國者

」，不可不讀托爾斯泰的著作㉟。但是，他不同意托爾斯泰對近代物質文明的完全否定，認為在有政府有階級的社會裏，物質文明是掠奪平民的工具，而在無政府、無階級的社會裏，「物質文明日進，則人民愈便利」㊱。比起托爾斯泰來，劉師培也似乎要開通一些。

在當時，劉師培主要信奉克魯泡特金的共產無政府主義。這種主義主張，發揚人類天賦的互助精神，「以自由結合之團體代現今之國家政府，以共產之制代現今財產私有之制」。㊲劉師培認為它「最為適宜」㊳，準備在破壞現存社會後立即付諸實施。他的無政府烏托邦主要是根據克魯泡特金的學說臆想的。但是，劉師培的思想並不是對前人學說的簡單重複，它有著自己的創造，這就是以「完全平等」作為最高原則。

劉師培認為，人類有三大權：一是平等權，「權利、義務無復差別之謂也」；二是獨立權，「不役他人，不倚他人之謂也」；三是自由權，「不受制於人，不受役於人之謂也」。這三大權都屬於天賦人權，其中，尤以平等權最為重要。他說：「無政府主義雖為吾等所確認，然與個人無政府主義不同，於共產、社會二主義均有所採。惟彼等所言無政府，在於恢復人類完全之自由；而吾之言無政府，則兼重實行人類完全之平等。」㊴劉師培的這段話道出了自己的理論特色，下面的一段話就更清楚了。他說：「獨立、自由二權，以個人為本位，而平等之權必合人類全體而後見，故為人類全體謀幸福，當以平等之權為尤重。獨立權者，所以維持平等權者也。惟過用其自由之權，則與他人之自由發生衝突，與人類平等之旨或相背馳，故欲維持人類平等權，寧可限制個人自由權。」㊵歷來的無政府主義者都以個人的「完全自由」或「絕對自由」作為最高原則，而劉師培卻獨張異幟，表示為了「人類平等」，可以限制「個人自由」，從而形成一種變態的無政府主義。

劉師培臆想的無政府烏托邦特點有三：

一、無中心、無畛域。劉師培說：「無政府主義非無稽之說也，蔽以一言，則無中心、無畛域已耳。無中心故可無政府，無畛域故可無國家。」㊶他設想，在破壞固有之社會，破除國界、種界後，「凡人口達千人以上，則區畫爲鄉。每鄉之中，均設老幼栖息所。人民自初生以後，無論男女，均入栖息所；老者年逾五十，亦入栖息所，以養育稚子爲職務。」另設閱書和會食之地，作爲人民共集之區。在這樣的社會裏，沒有任何「在上」之人，連管理生產和分配的人員也不需要。㊷

近代生產是社會化的大生產，它需要廣泛的合作、聯繫和高度的組織性。拘限於「千人之鄉」，沒有具有一定權威的管理「中心」，任何社會化的大生產都無法進行，所謂「無畛域」也就是一句空話。

二、實行共產。劉師培認爲，在無政府的情況下，如果不實行「共產」，那末，富民橫暴、盜賊劫掠等現象都將不可避免，只有實行「共產」，「使人人不以財物自私，則相侵相害之事將絕跡於世界」㊸。這裏所說的「共產」，不僅指土地、工廠等生產資料，而且也指一切產品和財富。《廢兵廢財論》說：「於民生日用之物，合眾人之力以爲之，即爲眾人所公用。」㊹《人類均力說》稱：「凡所製之器，置於公共市場，爲人民所共有。」㊺劉師培等設想：由於社會產品無限豐富，可以聽任人們「各取所需」，不需要任何分配者和分配制度：「凡吃的、穿的、用的，都擺在一個地方，無論男人、女人，只要做一點工，要哪樣就有哪樣，要多少就有多少，同海裏挑水一樣。」㊻

劉師培認爲，由於實行「共產」，因此根本不需要貿易、交換，因而也就不需要貨幣。他說：「使人人不以財產自私，則貿易之法廢，貿易之法廢，則財幣爲易中之品者，亦失其行使之權。雖財幣豐盈，於己身曾無絲毫之利，則人人將以芻狗視之矣！

」⑰

　　劉師培曾經注意到生產力問題。他認為，「中國欲行此制，必先行之於一鄉一邑中，將田主所有之田，官吏所存之產，富商所蓄之財，均取為共有，以為共產之濫觴。若各境之民互相效法，則此制可立見施行。此制既行，復改良物質，圖生產力之發達，使民生日用之物足供全社會人民之使用，則共產制度亦可永遠保存」。⑱這就是說，可以先「共產」，後發展生產力。在有些文章中，他甚至認為，鬧災荒的時候實行「共產」最容易。《論水災為實行共產之機會》一文說：「我現在奉告饑民的話，就是教他殺官、搶富戶。這兩件事做到盡頭，就可以做成共產無政府了。」⑲

　　沒有高度發展的生產力不可能建成共產主義，也不可能消滅商品和貨幣。劉師培這種超前發展生產關係，先「共產」，後發展生產力的設想，在實踐上只能破壞生產力，並在分配上通向絕對平均主義。關於後一點，他們的言論已現端倪，如要求「人人衣食居處均一律」⑳，「所築之室，其長短廣狹均一律，人各一室」等㉑。

　　三、實行均力。劉師培認為，人人作工，人人勞動，固然是平等的，但是，同一作工，苦樂難易大不相同，還是不平等，例如造釘製針，所費勞力甚少，而築路築室，則所費勞力甚多。因此，他又提出，要消滅「分業社會」，實行「均力主義」。其方案是：每個社會成員20歲之前在上述的「栖息所」受教育，20歲後即須出而勞動，按年齡依次輪換工種，即21歲至36歲一律從事農業勞動，同時兼做其他工作（21歲築路，22歲開礦、伐木，23歲至26歲蓋房，27歲至30歲製造陶器，31歲至36歲紡織及製衣），37歲至40歲烹飪，41歲至45歲運輸貨物，46歲至50歲為工技師及醫師，50歲以後養育幼童並任教師。劉師培把這種情況叫做「人人為工，人人為農，人人為士」，又叫做「人人不倚他人，人

人不受役於人」。據他說，這樣做就「權利相等，義務相均」，苦樂相齊，完全平等，達到「大道爲公」的境界了。⑤

人類歷史上出現的分工造成了工業和農業的分離，城市和鄉村的分離，體力勞動和腦力勞動的分離，劉師培的「人類均力」說包含著對上述情況的不滿和抗議。但是，分工是生產力發展的結果，社會化大生產的特點是高度的分工和專門化。不考慮勞動者的專長、知識水平、技藝熟練程度和個人志趣；一律機械地按年齡輪換，要求「一人而兼衆藝」，遍歷所有勞動部門，這種做法，感情上是痛快的，理論上是徹底的，但是，它只能造成社會生產力和科學文化事業的大破壞、大倒退。在蘇聯的社會主義建設中，斯大林曾經批評過一些「左派」糊塗蟲的「平均主義兒戲」，認爲它給工業帶來了巨大的損害。⑤劉師培等也是一些「左派」糊塗蟲，「均力」說實際上也是一種兒戲！

劉師培的「均力」說在某些地方很類似於傅立葉的「和諧制度」。在這種制度下，以「法郎吉」（協作社）爲基層組織，每個「法郎吉」擁有1620人，分成若干「謝利葉」（生產隊）。勞動者可以經常地調換工種。劉師培在構思他的烏托邦時可能受過傅立葉的影響⑤，不同的是：傅立葉的工種調換完全以勞動者的個人興趣爲依據，劉師培的職業輪換則以年齡爲標準，勞動者本人沒有任何選擇的餘地。它典型地體現了劉師培的理論原則——「欲維持人類平等權，寧可限制個人自由權」。

可以看出，劉師培的「完全平等」說的核心是絕對平均。在中國古代，農民有過「均貧富」、「均田」的要求，到了劉師培的「均力」說，平均主義就發展到了登峰造極的地步了。

劉師培的無政府主張有著明顯的矛盾。

要使所有社會成員的勞動都準確無誤地列入「均力」說的時間表中去，要人們都住一樣大小的房子，穿一個式樣的衣服，吃一律的飯，就必須建立嚴密而有力的管理機構，還必須伴以無情

的强制。當時，曾有人致書《天義報》，認爲劉師培等「標無政府之名」，「終難逃有政府之實」⑮，這是擊中了劉師培的要害的。劉師培要使他的烏托邦化爲現實，就必須建立政府，而且必須是一個高度專制的政府。無政府主義和專制主義有時是對立面，有時則是如影隨形的孿生兄弟。

　　正像沒有什麼「完全自由」或「絕對自由」一樣，世界上也不可能有劉師培幻想的「完全平等」或「絕對平等」。恩格斯說：在各個國家、省份、地區之間，「總會有生活條件方面的某種不平等存在，這種不平等可以減少到最低限度，但是永遠不可能完全消除。」⑯隨著社會主義、共產主義事業和生產力的發展、工業和農業、城市和鄉村、體力勞動和腦力勞動之間的本質差別會消滅，但是，不可能消滅一切差別。無產階級的平等要求只能限於消滅階級，超出這個範圍，就必然要流於荒謬。

　　自由、平等、博愛都是資產階級上升時期出現的口號，它代表了資產階級的利益和要求。劉師培看出了，不能以「自由」作爲社會生活的最高原則，這反映了他對資產階級思想體係的某種不滿；但是，他又標榜「完全平等」，這就說明，小資產階級最終跳不出資產階級思想的範疇。

　　劉師培宣稱，他並不摒棄近代物質文明，相反，主張機器生產。這一點，他和蒲魯東主義不同，也和托爾斯泰主義不同，但是，他實際上並不熟悉近代文明。不論是「無中心」的「千人之鄉」也好，「殺官、搶富戶」的「共產主義」也好，以農爲主、半農半工的「均力主義」也好，處處都鐫刻著小生產者狹隘經驗的印記。

　　劉師培又說：「原人之初，人人肆意爲生，無所謂邦國，無所謂法律，人人均獨立，人人均不爲人所制，故人人俱平等。」又說：「上古之初，人人自食其力，未嘗仰給於人，亦未嘗受役於人，雖所治之業至爲簡單，然分業而治則固上古所未有也。」

㊼20世紀初年,人們對原始社會已經有了相當了解。劉師培在構思他的無政府烏托邦時,除了依據小生產者的狹隘經驗外,也吸取了關於原始共產制的某些知識。顯然,它不是對未來社會的天才猜測,而是一種倒退的臆想。

以「勞民」為革命動力

革命必須依靠一定的社會力量,辛亥革命前夜的革命家們對此有不同的認識。有的籠統地提出要依靠「國民」,有的認為要靠「中等社會」和「學生社會」,有的認為要靠會黨和新軍;與上述各種認識迥然不同,劉師培等人明確指出,必須靠占人口大多數的「勞民」,即農民和工人。

劉師培看出了歐美資產階級革命的狹隘性質,也看出了當時中國革命黨人活動範圍的窄小。他認為:法國革命,只是巴黎市民的革命,美國獨立,只是商人的革命,因此革命成功之後,平民依然吃苦;只有像俄國民粹主義運動一樣,使「革命之思想普及於農工各社會並普及於全國之中」,「革命出於多數平民」,才能叫「根本之革命」㊺。張繼說:「無論行何種革命,均當以勞民為基礎。」㊻《衡報》說:「現今中國,欲興真正大革命,必以勞民革命為根本。」⑩他們並且指出,在這種革命中,「勞民」不僅是參加者,而且應是「主動者」。《衡報》說「中國革命非由勞民為主動,則革命不成。」㊱

劉師培等認為,革命黨人的活動必須以「運動農工為本位」㊲,首先從事「勞民結合」。為此,《衡報》曾發表長文《論中國宜組織勞民協會》,說明組織勞民協會「乃當今之急務」㊳。張繼當時流亡在歐洲,他建議仿照法國勞民協會的辦法,在中國各地設立「工黨」。這些地方,說明他們和19世紀末年以來的無政府工團主義者一致,張繼並建議革命黨人甩掉紳士氣派,「脫卸長衣,或入工場,或為農人,或往服兵」,從而為中國革命奠

定基礎。⑭在上海的無政府主義者則建議制訂「工會組織法」，編寫白話小冊子，以便運動工人⑮。

　　從世界歷史看，任何一次較為徹底的革命都必須有廣大的勞動群眾參加，否則就要夭折，或者浮皮潦草地結束。辛亥時期大多數革命家們嚴重忽略了的地方，劉師培等無政府主義者卻看出來了。應該承認，這一點，他們對中國近代思想史和革命史也有貢獻。

　　劉師培重視農民問題。他曾發起組織農民疾苦調查會。章程云：「中國幅員廣大，以農民為最眾，亦以農民為最苦，惜困厄之狀，鮮有宣於口、筆於書者。迄今所出各報紙，於各省政治、實業雖多記載，然於民事則弗詳，民事之中，又以農事為最略。嗟我農人，誠古代所謂無告之民矣。僕等有鑒於此，爰設農民疾苦調查會，舉官吏，富民之虐，據事直陳，以籌救濟之方，兼為申儆平民之助。」⑯其後，《天義報》、《衡報》陸續發表了一批調查記，如《貴州農民疾苦調查》、《川省農民疾苦談》、《山西佃民之疾苦》、《山東沂州佃民之苦》、《皖北佃民之苦》、《江蘇松江農民之疾苦》等，也發表了一些反映中國早期工人生活狀況的調查記，如《四川工人之悲苦》等，這是近代中國最早的農村調查和社會調查。當資產階級革命派熱心於陳述滿洲貴族帶給中國人民的苦難時，農民疾苦調查會的活動顯然別具一格。

　　劉師培等人沒有停留在表象上，而是揭示了農民受剝削、受壓迫的社會根源——地主階級。在《悲佃篇》一文中，劉師培指責「田主」為「大盜」，「始也操蘊利之術，以殖其財，財盈則用以市田，田多則恃以攘利，民受其厄，與暴君同」⑰。《衡報》並發表專文《論中國田主之罪惡》，分析中國地主制度的特點和演變。該文認為：「重農之國，民間以田多為富，欲壟斷多數之土地，不能不使役多數之農民，而田主、佃民之階級遂一成而不可易。」「佃民者，其生命財產之權均操於田主，謂之佃民，

導言

農民疾苦調查會章程

中國幅員廣大以農民爲最衆亦以農民爲最苦惜困厄之狀鮮有宣於口筆於書者。

近今所出各報紙於各省政治實業雖多記載然於民事則弗詳民事之中又以農事

爲最蓋嗟我農人誠古代所謂無告之民矣僕等有鑒於此爰設農民疾苦調查會舉

官吏富民之虐據事直陳以籲農民救濟之方兼爲申儆平民之助海內志士如有熱

心平民主義者均乞代任調查或各舉所知通函本會則多數農民之幸也今將調查

簡章列於後。

一趙无國有當言曰聞不如一見農民疾苦有此省與彼省不同者有此府與他府不

同者卽一府一縣之中所罹之苦亦或殊異惟以本境之人述本境人民之況斯與

傳聞之說不同故擬任調查諸君無論留學日本及身居祖國所陳之事均乞以本

邑爲限或以他鄉所目睹之事爲憑。

署名

圖二十三　農民疾苦調查會章程（1907年）
（採自《天義》第8、9、10合刊）

不若謂之農奴。」文章的結論是：「為今日農民之大害者，田主而已。」⑱資產階級革命派專注於「排滿」，因而放過了地主階級，劉師培等人卻把它揪住了，雖然，他們還認識不到地主階級乃是中國封建社會的支柱。

劉師培號召實行「農民革命」。《悲佃篇》提出：「欲籍豪富之田，又必自農人革命始。」⑲《衡報》曾專門出版「農民號」，其中《無政府革命與農民革命》一文提出：要在中國實行無政府革命，必須從「農民革命」開始。文章充分估計了農民的力量：「中國人民仍以農民占多數，農民革命者，即全國大多數人民之革命也。以多數抵抗少數，收效至速。」文章駁斥了中國農民沒有「革命之資格」等說法，針鋒相對地表示，農民有團結之性，有抵抗之能力，「革命黨出於農民」。它說：「試觀之中國歷史，則陳涉起於傭耕，劉秀起於力農，而唐初之時，劉黑闥起於漳南，其所率均農民，此固彰彰可考者矣。自此以外，則西晉之時，流民擾亂亦均無食之農民。明代之時，則鄧茂七以佃民之微，起兵閩省。明末之亂，亦以無食農民占多數。近世捻匪之眾蔓延北方各省，然觀曾國藩諸人所奏疏，均謂聚則為匪，散則為農，則革命黨出於農民，益有徵矣！」⑳從陳勝開始綿延中國歷史近兩千年的農民起義，第一次得到了充分的評價。

在土地問題上，《衡報》提出了兩步走的設想。第一步，當革命初起之時，農民擺脫田主和國家的羈絆，實行「完全之個人私有制」；第二步，當革命成功之後，擴充農民固有的共產制，「使人人不自有其田，推為共有，以公同之勞力從事於公同之生產，而均享其利」。㉑巴枯寧、克魯泡特金等無政府主義者都主張土地共有，但是這種主張在中國推行起來，必將脫離渴望得到土地的佃農和占有少量土地的貧農。《衡報》兩步走的設想是一個創造。

必須指出，劉師培號召的「農民革命」並不是武裝起義，而

是一種停留於自發鬥爭階段的騷動。《衡報》列舉的「革命」方式有二。一為抗稅，即各境農民互相結合，誓不納稅、納租；佃民自有其田，不再承認土地為田主所私有。當田主訟於官署，差役捕人或索租時，合群力相敵，或加以毆擊，同時驅逐為官效力的保正、莊頭等出境。二為劫穀，即破壞各村大地主的糧倉，分其穀米；劫掠富民所開的典當，分其貨物；各債主有貸財取息，強迫農民以田地作抵者，以強力相加，收為己有。文章認為，在發生上述鬥爭後，官府必然派兵鎮壓，但農村廣大，政府兵力不夠分配；農民不售穀，不納稅，政府軍必然饑而自潰。⑫文章中雖然有「相敵」、「毆擊」、「強力」一類字眼，但完全是自衛性質，無政府主義者所倡導的「非軍備主義」使他們不允許有組織農民武裝，進行農民戰爭的思想。他們雖然充分肯定陳勝等舊式農民起義，但在實際鬥爭的要求上，他們還趕不上陳勝等人。

劉師培等提倡的另一種鬥爭形式是總同盟罷工。

總同盟罷工是西方無政府主義者多年的號召，德國人羅列以此為題，專門寫過一本小冊子，被視為無政府主義的經典。該書認為，總同盟罷工是資本主義條件下「第一流的革命方法」，可以在一旦之間把社會攪成亂泥，從而迅速摧毀資產階級及其統治。張繼、劉師培、章炳麟等人都非常欣賞這種鬥爭形式。劉師培說：「倘羅氏之策推行禹域，閭閻驛騷，紛若羹沸，則握政之人，喪其所依。即以甲兵相耀，其資糧屢屝之供，亦匱竭莫復繼。」⑬在他看來，這種鬥爭形式完全可以戰勝統治者的「甲兵」，建立「泯等威而均民樂」的太平世界。1908年5月，漢口發生攤販騷動，漢口警局強迫各處攤販一律遷往指定地區，激起公憤。攤販們聚眾萬餘，拆毀警棚，焚毀警局，威脅商民罷市。《衡報》把這看作總同盟罷工的中國模式，立即作了報導，按語說：「此實中國勞民之最大示威運動也。前歲上海罷市，其主動由於紳商、新黨，其目的在於對外；此次漢口罷市，其主動出於小商，

其目的在於對內。語云：『冤有頭，債有主』，漢口此舉，殆中國社會革命之先聲矣！惟望中國勞民踵此而興，反抗官吏、資本家，以實行勞民大革命，則共產無政府之社會施行未遠矣！吾黨謹爲中國勞民賀，並願以西曆五月十四日爲中國勞民革命紀念日。」⑦隨即發表長文，提出了在漢口實行總同盟罷工的方案。該文認爲，漢口爲適中之地，工業發達，擁有數萬工人，一旦罷工，武昌、漢陽、大冶等處的工人和湖北各地的農民必然紛起響應，「以多數之勞民，抗敵少數之兵警，夫復何難之有！」⑦

總同盟罷工具有一定的威力，但是，誇大這種鬥爭形式的作用，以之作爲「唯一」的革命方法，同樣是一種幼稚的幻想。

主張以「勞民」爲革命的動力，重視農民問題，肯定農民的革命性格，呼籲革命黨人到工人、農民、士兵中去做發動工作，這些地方，劉師培等人高於孫中山，但是，在堅持武裝鬥爭上，卻又遠遠落後於孫中山。

被吹脹了的「男女革命」論

婦女問題受到劉師培等人的特別注意。

《天義報》曾用大量篇幅揭露過中國婦女在封建社會所受的種種壓迫，而特別集矢於儒家。何震說：「儒家之學術，以重男輕女標其宗。」她認爲，自孔丘開始，經過漢、宋儒者，形成了以「夫爲妻綱」爲核心的一整套壓迫婦女的學說。她憤憤地喊道：「儒家之學術，均殺人之學術也。」又說：「前儒所言之禮，不啻殘殺女子之具。」⑦這是戴震以來對儒家思想最強烈的控訴。

何震認爲：在資本主義社會中，婦女結婚、離婚自由，有和男子同受教育、同入交際場等權利，這些地方，較中國封建社會爲勝。但是，婦女只獲得了肉體上的解放，而沒有獲得精神上的解放。她舉例說，資本主義的婚姻取決於金錢、門第等因素，「男子以多財相耀而誘女子，或女子挾家資之富而引男子愛慕之心

」，名義上實行一夫一妻制，而實際上存在的是多妻制和多夫制。因此，「女子有自由之名，而無自由之實；有平等之名，而無平等之實」。⑦應該承認，何震的這些看法有一定見地。

何震呼籲人們實行「男女革命」，破除中國幾千年來的重男輕女之風。她的具體主張一部分是合理的。如：實行一夫一妻制；男女並重，做父母的要「視女猶子，視女之所出如孫」；男女養育同等，教育同等，有擔任同等職務的權利，社會上的一切事務都必須有婦女參加；夫婦感情不合，可以分離；廢盡天下娼寮，去盡娼女等。⑧這些主張，反映了中國婦女擺脫男權和夫權壓迫的願望。但是，由於小資產階級的狂熱性和思想上的形而上學與絕對化，她的「男女革命」論又是極大地吹脹了的。

何震聲稱：「欲破社會固有之階級，必自破男女階級始。」⑦這樣，「男女革命」就提到了一切革命的首位。與何震的觀點類似，另有人則提倡毀家，認為有家而後有私，家為萬惡之首，只有毀家，才能拉開社會革命的大幕⑧。她們不了解婦女問題和家庭問題的社會根源，不懂得婦女的解放決不能先於社會的解放，把主次完全顛倒了。

由於不了解婦女問題和家庭問題的社會根源，因而也就不能正確地分析並揭示革命的對象。何震宣布所有的男子都是「大敵」，說是：「今男子之於女子也，既無一而非虐；而女子之於男子也，亦無一而非仇。」⑧她鼓吹「女子復仇論」，聲言要「革盡天下壓制婦女之男子」。不僅如此，她還表示，要「革盡天下甘受壓制之女子」。⑧例如，女子「甘事多妻之夫」者，她們要「共起而誅之」！未婚之女嫁再婚之男者，她們也要「共起而誅之」。⑧這樣，何震就把千千萬萬和浩浩蕩蕩的人們都列入了打擊計劃。按照她的理論做去，必將出現一個亂誅亂鬥的局面。

參加公共勞動是婦女解放的先決條件。在資本主義社會中，一大批婦女走出家庭，參加社會生產，這對於提高婦女的地位是

有作用的。但是，劉師培等卻對此持全盤否定態度。他們認爲，這是由「玩物」發展爲「用物」，「既屈其身，兼竭其力」，地位更加低下⑭。同樣，他們也不能正確地評價資本主義社會中婦女爭取選擇權的運動，認爲只能造成一批「助上級男子之惡」⑮的女子貴族，徒然增加一重壓迫。

稍後，在個別問題上，劉師培等認識了自己的錯誤。他們從《共產黨宣言》和《家庭、私有制和國家的起源》二書中得到啓示。《女子問題研究》一文說：「以上所言，均因氏（指恩格斯——筆者）所論財婚之弊也。彼以今之結婚均由財產，故由法律上言之，雖結婚由於男女之契約，實則均由經濟之關係而生耳，無異雇主之於工人也。觀於彼說，則女子欲求解放，必自經濟革命始，彰彰明矣。」⑯從「必自破男女階級始」到「必自經濟革命始」，認識上前了一大步，但是，他們仍然不能找到一條婦女解放的正確道路。

何震說：「今日之女子，與其對男子爭權，不若盡覆人治。」⑰把婦女解放和「無政府革命」聯繫在一起，當然只能是一條死胡同。

歌頌中國封建社會

歷史現象竟是這樣地有意思，當劉師培等批判資本主義，宣揚最徹底、最圓滿的「無政府革命」時，他們表現出狂熱的「左」派姿態，然而同時，他們卻又在深情脈脈地爲中國封建社會唱贊歌，表現出貨眞價實的右派本色。

據劉師培說，中國社會具有和西方迥然不同的若干特點，因此，西方各國實行無政府很難，而中國則和無政府主義理想很接近，實行起來比較容易。理由有三：

第一，中國政治主放任而不主干涉，劉師培說：「中國數千年之政治，出於儒、道二家之學說。儒道二家之學說主於放任，

故中國之政治主放任而不主干涉。名曰專制，實則上不親民，民
不信官，法律不過具文，官吏僅同虛設，無一眞有權之人，亦無
一眞奉法之人。上之於下，視若草木禽獸，任其自生自滅；下之
於上，視若獰鬼惡神，可近而不可親。名曰有政府，實與無政府
無異。」⑧⑧

　　中國的封建統治建立在廣大的小農經濟上，因此，不可避免
地存在著分散、閉塞、割據的狀態，也不可避免地要產生因循、
苟且、疲惰等作風，而資產階級的統治則不同。馬克思、恩格斯
曾經指出：「資產階級日甚一日地消滅生產資料、財產和人口的
分散狀態。它使人口密集起來，使生產資料集中起來，使財產聚
集在少數人的手裏。由此必然產生的後果就是政治的集中。各自
獨立的、幾乎只有同盟關係的、各有不同利益、不同法律、不同
政府、不同關稅的各個地區，現在已經結合爲一個擁有統一的政
府、統一的法律、統一的民族利益和統一的關稅的國家了。」⑧⑨
資產階級以現代化的手段建立了龐大的、強有力的、高效能的國
家機器（包括政府、軍隊、法庭、警察、監獄等），這是封建統
治者所望塵莫及的。關於此，劉師培有一個對比。他認爲，中國
自兩漢迄今，雖然是專制政體，但距國都較遠的地方，政府干涉
力就不能達到，而歐洲今日，交通機關，日益發達，殺人之器，
日益發明，加上巡警偵探，分布都市，人民稍有反抗，立即遭到
鎮壓。因此，他得出結論說：「野蠻之國，人民之自由權尙克維
持；文明之國，人民決無自由權。」⑨⑩

　　資產階級的統治遠較封建統治嚴密、強化，資產階級直接的
、露骨的壓迫也有別於用儒、道思想包裹起來的中國式的封建壓
迫。如果指出上述兩點，自然是正確的；如果竟據此認爲中國封
建社會是一個「不主干涉」的「自由」社會，那當然是一種美化

　　第二，中國社會早就消滅了貴族，法律平等。劉師培說：「
若中國去封建時代已數千年，爲之民者，習於放任政治，以保無

形之自由。貴族之制既除，富民之威未振，捨君主官吏專制外，貴賤貧富，治以同一之法律，其制本屬差公。」⑨

歐洲封建社會長期處於領主制經濟形態，自國王至諸侯、家臣、騎士，構成了一系列貴族等級。他們在分封的領地內既是土地占有者，又是政治統治者，握有行政、司法、征稅、鑄幣等特權。中國封建社會長期處於地主制經濟形態。秦王朝廢分封，改郡縣，勛臣、貴戚、地主們雖然占有土地，但行政、司法、征稅、鑄幣等權則概歸中央政府派出的地方官吏掌握。漢以後，歷代大體相沿秦制。

正確地分析並指出歐洲和中國兩種封建經濟形態及其政治結構的不同是必要的，但據此而認為中國封建社會早已消滅了貴族，法律平等，同樣是一種美化。

第三，中國社會賤兵賤商，以農為本。劉師培說：「中國自三代以來，以迄秦漢，其學術思想，均以弭兵抑商為宗，觀老子言佳兵不祥，孟子言善戰者服上刑，推之宋牼言罷兵，許行倡並耕，董仲舒言限田，一以利民為主，而雜霸之談，商賈之行，則為學士所羞稱，故以德為本，以兵為末，以農為本，以商為末，其制迥勝於今。」⑫

不同的經濟基礎上矗立著不同的意識形態體系。歐洲資本主義建立在近代工業和高度發展的商品經濟上，為了保護和促進商品流通，開拓市場，必然貴兵貴商；中國封建社會建立在自給自足的自然經濟上，為了保持這個農業社會的封閉性和穩固性，自然賤兵賤商，它是中國長期落後、軟弱、停滯的重要原因，並不是什麼「迥勝於今」的寶貝。

劉師培既然認為中國封建社會有上述種種優點，邏輯的結論必然是封建主義遠勝於資本主義，一切改革都沒有必要。他曾舉學堂、代議政體、實業為例，說明「新政」只能「病民」：「若即社會之近況言之，則科舉廢而士人失業，汽車行而擔夫嗟生，

輪舟行而舟人失所，加以迷信既破，而術數之業，不克恃以謀身，電信既通，而郵驛之夫不克恃以謀食，平民疾苦，爲往昔所未聞。且近日商埠之地，恃御車爲業者以數萬計，均屬昔日之農民，今上海之地，改試電車，則御車者又失業。援是以推，則所謂新政者，果爲利民之具耶？抑爲害民之具耶？毋亦所利者在於少數人民，而所害則在於多數人民乎？」㊙因此，他的結論是：學堂不如科舉，立憲不如專制，維新不如守舊。

對資本主義的批判常常來自不同方面：一是地主階級頑固派，一是受到資本主義發展威脅的農民、手工業者和小商人；一是工人階級。辛亥革命前夜，東南一帶由於外資輸入和民族資本的初步發展，農村自然經濟解體，手工業遭到衝擊，擔夫，舟人等傳統行業受到挑戰，不少農民棄農作工，淪爲雇傭奴隸。這些人，在封建主義的夾縫中還可以生存，而在資本主義條件下，他們卻成了沒落者，因此，不是沉溺於幻想，就是緬懷往古。劉師培等人的無政府主義正代表了這一社會階層的聲音。正如馬克思、恩格斯所說：「中間等級，即小工業家、小商人、手工業者、農民，他們同資產階級作鬥爭，都是爲了維護他們這種中間等級的生存，以免於滅亡。所以，他們不是革命的，而是保守的。不僅如此，他們甚至是反動的，因爲他們力圖使歷史的車輪倒轉。」㊙劉師培的無政府主義之所以具有強烈的封建色彩和國粹主義氣息，這固然和他的出身、教養有關——劉師培出身於三代治《春秋左氏傳》的書香門第，極爲熟悉中國封建社會的歷史和文化，同時，也和他企圖依附的小生產者這一社會階層有關。小生產者和封建地主階級既有其對立的方面，又有其一致的方面，這就是都具有狹隘、保守的階級性格，都恐懼並反對資本主義，都企圖保存自給自足的自然經濟。從這個意義上來說，「左」的無政府主義和右的國粹主義合流並不奇怪，劉師培從提倡「無政府革命」到投降端方，後來又依附袁世凱，高唱「君政復古」也並不奇

怪。

結　語

劉師培等人無政府主義思想的出現，既有其特定的時代背景，又有其深刻的社會根源。

以蒲魯東、巴枯寧為代表的無政府主義思潮曾經受到過馬克思、恩格斯毀滅性的批判。但是，在恩格斯逝世後，第二國際為鼓吹議會道路的機會主義路線所統治，作為它的對立面，「左」的無政府主義便死灰復燃了。在某些資本主義雖發展，而小生產仍占優勢的國家裏，它就更為活躍。日本的社會主義運動就正表現了這種情況。中國是個小生產者極為廣大的國家，劉師培等人大都是小資產階級知識分子，他們受到無政府主義的吸引是很自然的。

在中國近代史上，劉師培等較早介紹了馬克思主義。他們揭露資產階級和資本主義，強調以農工為革命的動力，看到了資產階級革命民主派所看不到的方面，提出了資產階級革命民主派所提不出的問題，有一定貢獻，不應該完全抹煞。

但是，劉師培等在介紹馬思主義的時候又攻擊馬克思主義。他們有時站在以孫中山為代表的資產階級革命民主派的「左」面，有時又站在右面，攪亂了革命黨人的思想。同盟會上層在1907年的分裂和劉師培等人無政府主義思想的傳播有著密切的關係。

劉師培等人的思想是近代中國無政府主義思潮的源頭，它的短暫的表現給我們提供的政治上和理論上的教訓是深刻的。

第一，革命的徹底程度永遠不能超出歷史進程的需要和可能，必須善於識別並拋棄各種高調。從人類歷史的長河看，某些思想、綱領、政策可能是不徹底的，然而，從當時歷史條件看，它卻是現實的、合理的。人們不應該把那些只能在明天做的事情勉強搬到今天來做。劉師培提倡的「無政府革命」貌似徹底，然而

，它超越歷史進程，脫離社會實際，調子愈高，對革命也愈有害

第二，反對資本主義有不同的立場，也有不同的發展方向。小資產階級由於受到資本主義的威脅，因而，有著一種對資本主義的強烈憎恨。這種憎恨可能向「左」發展，成為否定一切的無政府主義，也可能向右發展，退向封建主義。劉師培等人的政治歷程正生動地說明了這一點。

第三，必須善於擺脫小生產者的狹隘經驗和目光。小生產者，由於生產方式落後，其社會改造方案不可能不是空想的，也不可能不是倒退的。只有熟悉社會化的大生產，了解它的特點和要求，才可能提出科學的、切實的、進步的社會改造方案。

（原載《近代中國人物》，《近代史研究》專刊，

重慶出版社1983年8月版）

【註　釋】

① 《無政府主義之平等觀》，《天義》第5卷。

② 《天義》第1卷。

③ 《論種族革命與無政府革命之得失》，《天義》第7卷。

④ 《衡報》第5號。

⑤ 《亞洲現勢論》，《天義》第11、12卷合冊。

⑥ 同前註。

⑦ 同註①。

⑧ 同註④。

⑨ 《女子勞動問題》，《天義》第5卷。

⑩ 《保滿與排滿》，《天義》第3卷。

⑪ 《論種族革命與無政府革命之得失》，《天義》第6卷。

⑫ 《保滿與排滿》，《天義》第3卷。

⑬ 《社會革命與排滿》，《衡報》第3號。

⑭ 鐵錚：《政府論》，《民報》第17期。

⑮ 《亞洲現勢論》，《天義》第11、12卷合冊。

⑯ 《廢兵廢財論》，《天義》第2卷。

⑰ 《天義》第1卷。

⑱ 《論國家》，《列寧全集》第29卷，第442頁。

⑲ 《西漢社會主義學發達考》，《天義》第5卷。

⑳ 《社會主義講習會第一次開會記事》，《天義》第6卷。

㉑ 同前註。

㉒ 《俄國革命之旨趣》，《天義》第16-19卷合冊。

㉓ 《天義》第16-19卷合冊。

㉔ 同前註。

㉕ 同註㉓。

㉖ 同註㉓。

㉗ 《〈共產黨宣言〉序》，《天義》第16-19卷合冊。

㉘ 同前註。

㉙ 《苦魯巴特金學術述略》，《天義》第13、14卷合冊。

㉚ 《論國家之利與人民之利成一相反之比例》，《衡報》第1號；《政府者，萬惡之源也》，《天義》第3卷。

㉛ 《天義》第15卷。

㉜ 《天義》第8-10卷合冊。

㉝ 《苦魯巴特金學術述略》，《天義》第13、14合卷。

㉞ 《人類均力說》，《天義》第3卷。

㉟ 《天義》第5卷。

㊱ 同註㉝。

㊲ 同註㉝。

㊳ 同註㉝。

㊴ 《無政府主義之平等觀》，《天義》第4卷。

㊵ 同前註。

㊶ 《無政府主義之平等觀》，《天義》第7卷。

㊷　《人類均力說》，《天義》第 3 卷；參見《論女子當知共產主義》，《天義》第8-10卷合冊。

㊸　同註⑪。

㊹　《天義》第 2 卷。

㊺　《天義》第 3 卷。

㊻　《論女子當知共產主義》，《天義》第8-10卷合冊。

㊼　《廢兵廢財論》，《天義》第 2 卷。

㊽　《論共產制易行於中國》，《衡報》第 2 號。

㊾　《衡報》第 3 號。

㊿　《破壞社會論》，《天義》第 1 卷。

五一　《人類均力說》，《天義》第 3 卷。

五二　同前註。

五三　《斯大林全集》第13卷，人民出版社1956年版，第 316 頁。

五四　《天義報》曾在 16-19 卷合冊介紹過傅立葉的學說。

五五　鏟平王：《世界平等政府談》，《天義》第13、14卷合冊。

五六　《給奧·倍倍爾的信》，《馬克思恩格斯全集》第19卷，第 8 頁。

五七　同註㊴。

五八　同註⑪。

五九　《張繼君由倫敦來函》，《衡報》第 4 號。

六十　《論中國宜組織勞民協會》，《衡報》第 5 號。

六一　《漢口暴動論》，《衡報》第 4 號。

六二　同註⑪。

六三　《論中國宜組織勞民協會》，《衡報》第 5 、 6 號。

六四　同註五九。

六五　《平原斷侵君來函》，《衡報》第10號。

六六　同註㉜。

六七　《民報》第15期。

六八　《衡報》第 7 號。

⑥⑨　同註⑥⑦。

⑦⓪　同註⑥⑧。

⑦①　同註⑥⑧。

⑦②　《無政府革命與農民革命》，《衡報》第 7 號。

⑦③　同註③②。

⑦④　《衡報》第 3 號。

⑦⑤　同註⑥①。

⑦⑥　《女子復仇論》，《天義》第 3 卷。

⑦⑦　《女子解放問題》，《天義》第 7 卷。

⑦⑧　《女子宣布書》，《天義》第 1 卷。

⑦⑨　《天義報啓》，《復報》第 10 期。

⑧⓪　漢一：《毀家論》，《天義》第 4 卷。

⑧①　《女子復仇論》，《天義》第 2 卷。

⑧②　同註⑤⓪。

⑧③　同註⑦⑧。

⑧④　《論女子勞動問題》，《天義》第 5 卷。

⑧⑤　《女子解放問題》，《天義》第8-10卷合冊。

⑧⑥　《天義》第 16-19 卷合冊。

⑧⑦　同註⑧⑤。

⑧⑧　同註②⓪。

⑧⑨　《共產黨宣言》，《馬克思恩格斯選集》第 1 卷，人民出版社1972年版，第 255-256 頁。

⑨⓪　同註①。

⑨①　《論新政爲病民之根》，《天義》第8-10卷合冊。

⑨②　《廢兵廢財論》，《天義》第 2 卷。

⑨③　《論新政爲病民之根》，《天義》第8-10卷合冊。

⑨④　《共產黨宣言》，《馬克思恩格斯選集》第 1 卷，人民出版社1972年版，第 261 頁。